可以大声

陈百强：深爱着你

你说过爱在这一生里　有过快乐与心碎　你说过爱在我的身边　悄悄看我熟睡　听说你在这刻想我　听说你在记起我　我也记着每刻往事

蛋泥儿君 ◎著

浙江文艺出版社
Zhejiang Literature & Art Publishing House

图书在版编目（CIP）数据

陈百强：深爱着你 / 蛋泥儿君著. — 杭州：浙江
文艺出版社，2025.7. — ISBN 978-7-5339-7940-9

Ⅰ.K825.76

中国国家版本馆 CIP 数据核字第 2025DA3610 号

出 品 人	曹元勇
策 划 人	蔡哲轩
责任编辑	胡远行
营销编辑	耿德加　胡凤凡
责任印制	吴春娟
校　　对	李子涵
装帧设计	道辙 at Compus Studio
数字编辑	姜梦冉　诸婧琦

陈百强：深爱着你

蛋泥儿君　著

出版发行	浙江文艺出版社
地　　址	杭州市环城北路 177 号
邮　　编	310003
电　　话	0571-85176953（总编办）
	0571-85152727（市场部）
印　　刷	上海盛通时代印刷有限公司
开　　本	787 毫米 × 1092 毫米　1/32
字　　数	212 千字
印　　张	14.125
插　　页	2
版　　次	2025 年 7 月第 1 版
印　　次	2025 年 7 月第 1 次印刷
书　　号	ISBN 978-7-5339-7940-9
定　　价	59.00 元

| 目　录

第一章　深爱着你

在您开始阅读本书时，请先思考一个问题：如何评价陈百强在香港乐坛的历史地位？在回答这个问题之前，让我们先来简要地回顾一下陈百强的音乐人生。陈百强，英文名 Danny Chan，出生于 1958 年 9 月 7 日，人们更喜欢以英文名来称呼他，所以在本书后文也都用 Danny 来称呼他。Danny 的音乐生涯大致可以分为五个时期：

一、萌芽时期

自年幼时，Danny 便展现出对音乐的热爱。他自学了电子琴，中学时便参加了很多音乐活动，是校际的明星人物。Danny 在 1974 年 7 月——还不满十六周岁时——报名参加了雅马哈（YAMAHA，又名山叶）电子琴大赛，获得了初级组亚军。1978 年，他第三次报名参赛，获得了高级组冠军。一身白衣弹奏白色电子琴也成了 Danny 的标志性形象。除了电子琴比赛，Danny 还在 1977 年 9 月参加了无线电视台（TVB）主办的"流行歌曲创作邀请赛"①，并以自己作曲的"The Rocky Road"（崎岖之路）拿到了第

———————————

① 1974 年举办第一届比赛，冠军顾嘉辉、亚军黄霑、季军黎小田。

三名，这也让他成为 TVB 的签约歌手。1978 年，Danny
又创作了 "The Sunrise" 报名参赛，不过没有获奖。

Danny 作为合约歌手于 1977 年与百代唱片（EMI）签约
两年，他曾在 1978 年举办的第二届香港金唱片颁奖典礼 [①]
上作为 EMI 的代表上台领奖并发表简短的获奖感言。不过
当时的 EMI 并没有为 Danny 推出个人大碟 [②] 的计划，Danny
只在杂锦碟（合辑）中翻唱过英文歌 [③]。Danny 还曾唱过广告
歌，比如家乐牌鸡精的广告歌，也在影视剧中客串演出。

这个阶段，Danny 虽然还没有获得事业上的突破，但各
种经历和积累都为 Danny 之后在乐坛大展拳脚打下了基础。

[①] "金唱片颁奖典礼"为国际唱片业协会（IFPI）香港分会与 TVB 合办
的流行音乐颁奖典礼，自 1977 年开始举办，根据唱片销量颁发金唱片
及白金唱片奖。香港地区的标准原为：金唱片——销量超过一万五千
张，白金唱片——销量超过三万张。自 1980 年标准改为：金唱片——
销量超过两万五千张，白金唱片——销量超过五万张。故人们将销量超
过十万张的唱片称为双白金唱片，将销量超过十五万张的唱片称为三白
金唱片，以此类推。2006 年后标准有所降低
[②] 香港称全长专辑为"大碟"，语义来自黑胶唱片，自 1991 年—1992
年，香港各唱片公司开始陆续停产黑胶唱片，只推出 CD 和卡带版专
辑，但"大碟"之称谓依然被保留了下来。
[③] 详见本书第七章《在这孤独晚上》。

二、谭国基时期

1979 年，Danny 迎来了人生的转机，遇到了他的伯乐谭国基（K.K.Tam）。谭国基非常看好 Danny 的发展前景，认为 Danny 是位极有潜质的歌手，于是用自己的公司 Hollywood Casting Agency 签下了 Danny 的经纪约，成为 Danny 的经理人。之后三年间，谭国基全盘为 Danny 打造艺术形象并规划演艺之路，因此笔者将 Danny 的这个阶段称作谭国基时期。

谭国基自己出资为 Danny 录制了两张大碟并交给 EMI 发行，他身兼唱片监制，请来了顾嘉辉、鲍比达编曲，郑国江填写粤语歌词，这三位大师级人物也成为之后数年 Danny 在音乐制作上最重要的合作伙伴。Danny 的第一张个人大碟 *First Love* 于 1979 年 9 月发行，主打歌《眼泪为你流》成为中文歌曲龙虎榜的冠军曲目[①]，令 Danny 一炮而

---

① 《中文歌曲龙虎榜》是香港电台自 1976 年开始于每周六中午 12 时至下午 2 时播出的广播节目，从 1977 年 6 月开始每周列出 10 首最受欢迎歌曲，为香港历史最悠久的中文歌曲排行榜。Danny 自 1979 年—1991 年共有 21 首独唱歌曲及 2 首合唱歌曲成为中文歌曲龙虎榜的冠军曲目。

红，之后更是入选第二届十大中文金曲①，也让Danny成为香港乐坛第一位推出首张大碟即凭借自己创作的作品拿到十大中文金曲奖的歌手。Danny 创作歌手的身份及学生王子的形象从此为人所知，他亦成为公认的香港乐坛第一位偶像歌手。1980 年 3 月，Danny 的第二张个人大碟《飞跃彩虹／不再流泪》②发行。主打歌《飞越彩虹》是香港电台广播剧《民间传奇之柳荫记》的主题歌，成为中文歌曲龙虎榜 1980 年第 21、22 周的冠军歌；另一首主打歌《不再流泪》是 Danny 的曲作，成为了中文歌曲龙虎榜第 25 周的冠军歌。

在谭国基的运作下，Danny 于 1980 年 4 月与香港华纳唱片签约，开启了他的第一个华纳时期。除了签约新

---

① 十大中文金曲是由香港电台主办的香港流行音乐颁奖音乐会，自1979 年开始，通常在每年 1 月举办，评选上一年度的十首最受欢迎歌曲，以"第 X 届十大中文金曲"命名，是香港乐坛历史最悠久的颁奖典礼。前八届只有广播录音，第九届开始有现场录像。Danny 共有 8 首曲目入选年度十大中文金曲。

② 1980 年发行的黑胶版封面标题为《飞越彩虹》，封底标题为《不再流泪》，1986 年首次推出 CD 时封面标题为《不再流泪》，本书后文均称该大碟为《不再流泪》。

公司，谭国基还量身定做了 Danny 第一部主演的电影《喝彩》[①]，于 1980 年 10 月上映，这不仅是香港影坛的第一部青春偶像电影，Danny 作曲并演唱的电影同名主题歌亦成为香港乐坛的永恒经典。Danny 在华纳推出的第一张大碟，也是个人第三张大碟《陈百强与你几分钟的约会》于 1980 年 12 月发行，收录有《喝彩》《几分钟的约会》。大碟上市第一天已超越金唱片销量，在 1981 年举办的第五届金唱片颁奖典礼上，Danny 凭此大碟获得他的首个白金唱片奖[②]。

谭国基的目标是让 Danny 成为影视歌三栖明星，这也是香港艺人惯用的发展策略，因此再次为 Danny 量身定制了电影《失业生》，于 1981 年暑假上映。影片结尾处 Danny 一身白衣在中环置地广场弹奏钢琴演唱《有了你》的一幕是那一代香港年轻人的共同回忆。配合电影于

---

① 电影《喝彩》、歌曲《喝彩》，发布时均以"喝采"为名，当下各平台"喝采""喝彩"均有出现，本书统一为"喝彩"。
② 一说 Danny 的前两张大碟均取得白金销量，因 EMI 没有向 IFPI 上报销量，导致 Danny 错失白金唱片奖。

1981 年 6 月发行的 Danny 第四张大碟《失业生主题曲》[①]，收录了电影主题歌《有了你》、插曲《太阳花》以及感念父母养育之恩的《念亲恩》，销量再次超越白金唱片。谭国基还安排 Danny 主演了 1981 年 12 月 24 日开播的 TVB 电视剧《突破》，收录主题歌、插曲的新歌 + 精选曲目的《突破精选》于 1982 年 7 月推出后销量超过三白金。Danny 自作曲的电视剧插曲《涟漪》成了中文歌曲龙虎榜 1982 年第 29 周的冠军歌以及 Danny 的第二首入选十大中文金曲的作品。在 1982 年举办的第六届金唱片颁奖典礼上，Danny 再次凭借《有了你》拿到白金唱片奖。

虽然谭国基帮助 Danny 在三年间从新人快速成长为手握多首经典作品的一线歌手，但他为 Danny 安排了过多音乐以外的工作，使得二人在发展路线上逐渐产生了分歧。经过协商，双方于 1982 年 9 月和平解约。

三、巅峰时期

与谭国基解约后，Danny 成为了自己的经理人，为自己

[①]　本书后文以《有了你》称呼这张大碟，不再赘注。

谋划音乐人生。他亲自担任自己的唱片监制，更多地参与音乐的制作过程，展现出对于音乐作品全方位的把控能力。

1982年12月，Danny担任监制的首张大碟《倾诉》发行，从学生式的纯情转向成熟的风格，名作有励志经典《疾风》以及旧曲新编的《今宵多珍重》。《今宵多珍重》改编自崔萍的同名国语时代曲[1]，Danny交给郑国江填上粤语词并由鲍比达重新编曲后，让这首经典歌曲在三十年后焕发出新时代的光彩。Danny的歌迷以往以年轻人居多，《今宵多珍重》则让Danny获得了各年龄段听众的青睐。《今宵多珍重》接连成为中文歌曲龙虎榜1983年第2周的冠军歌以及1983年劲歌金曲第一季的季选金曲[2]。在1983年举办的第七届金唱片颁奖典礼上，Danny凭借《突破精选》和《倾诉》拿到了两张白金唱片奖。

---

[1] 崔萍，1938年出生，香港五六十年代国语时代曲歌星。国语版《今宵多珍重》由王福龄作曲，首次发表于1956年。

[2] 《劲歌金曲季选》，TVB自1983年4月开始播出的电视节目，每季度选出十首（偶有更多首）的季选金曲，年终从季选金曲中评选出年度十大曲目，称为"××年度十大劲歌金曲"，1984年1月举办首届（1983年度）十大劲歌金曲颁奖典礼。Danny共有17首曲目入选劲歌金曲季选，3首曲目入选年度十大劲歌金曲。

1983 年 8 月，Danny 推出了首张同名大碟①，第一主打歌《相思河畔》同样改编自崔萍的同名国语名曲②，第三主打歌《脉搏奔流》与励志歌《不》亦很受欢迎。大碟中成绩最好的是 Danny 作曲的《偏偏喜欢你》，这首中国小调式抒情曲，旋律异常优美，充分展现了 Danny 过人的作曲天赋，是超越时代的经典金曲。9 月，Danny 首次在红馆举办演唱会③，是第三位在红馆开演唱会的歌手，其还以 25 岁的年龄成为八十年代在红馆举办个唱最年轻的歌手。《倾诉》和《偏偏喜欢你》两张大碟的销量均超过五白金——25 万张，分别是 1982 年、1983 年香港出品的销量最高的唱片④。1984 年 1 月 28 日，在首次举办的（1983 年度）十大劲歌金曲颁奖典礼上，《今宵多珍重》不仅成为了

① 唱片封面上只印了"陈百强"三个字，即人们常说的"同名大碟"，本书后文以其中最著名的歌曲《偏偏喜欢你》称之。Danny 于 1988 年 2 月推出第二张同名大碟，本书以该碟主打歌《神仙也移民》称之，后文不再赘注。
② 原曲为泰国歌手 Anat Phutthamat 的《爱的立场》，国语版首唱者为崔萍还是顾媚存有争议，崔萍的版本发表于 1958 年。
③ 关于 Danny 的历次红馆演唱会详见本书第四章《我和你》。
④ 《偏偏喜欢你》与谭咏麟的《春……迟来的春天》并列为 1983 年销量最高的唱片。

这个日后与十大中文金曲并称为"双十大"的奖项历史上公布的第一首年度十大劲歌金曲，还获得了最后颁发的终极大奖——"AGB 观众抽样调查最受欢迎奖"，即"金曲金奖"的前身。在 2 月 12 日举办的第六届十大中文金曲颁奖典礼上，Danny 凭借《偏偏喜欢你》第三次获奖。Danny 迎来了音乐事业的巅峰。

1984 年 7 月，Danny 的新碟《百强'84》发行，大碟主打节奏强劲的舞曲《创世记》《粉红色的一生》，但慢歌商业成绩更佳：禁毒宣传曲《摘星》在中文歌曲龙虎榜蝉联三周冠军并入选第七届十大中文金曲；Danny 为 TVB 电视剧《画出彩虹》配唱的同名主题曲亦流传甚广。Danny 为林姗姗作曲的《恋爱预告》成为中文歌曲龙虎榜 1984 年第 34 周的冠军歌曲。12 月，Danny 主演的贺岁片《圣诞快乐》上映，他创作的插曲《等》再次成为超级金曲，蝉联两周中文歌曲龙虎榜冠军，入选 1985 年劲歌金曲第一季季选。收录《等》的《'85 精选》① 于 1985 年 1 月发行，同月，Danny 第二次在红馆举办个唱，是首位两次在红馆举办演

---

① 唱片封面写为"陈百强精选"，亦为 Danny 的第二张新歌 + 精选大碟。

唱会的歌手。Danny 与林姗姗合唱的《再见 Puppy Love》在中文歌曲龙虎榜获得 1985 年第 12 周的冠军。1985 年 7 月 4 日，Danny 推出了收录多首经典金曲的"神碟"《深爱着你》，这张大碟及 Danny 在 1985 年前后的经历是本书后文的核心内容，故不在此展开论述。1986 年 5 月，Danny 在第一个华纳时期的最后一张大碟《当我想起你》发行，《当我想起你》成为中文歌曲龙虎榜冠军歌，自传式作品《偶像》入选劲歌金曲第二季季选。

四、DMI 时期

1986 年 8 月 1 日，潘迪生旗下的迪生娱乐影业有限公司（Dickson Picture And Entertainment Ltd.）与 EMI 合组成立 DMI 唱片公司（Dickson Music Industries Ltd.），这是专为 Danny 而成立的厂牌。之后的两年半中，Danny 在歌曲类型的选择、合作的音乐人范围以及唱片封套的概念设计上都拥有了前所未有的自由度。Danny 在 DMI 时期推出的六张大碟中进行了许多大胆的尝试，这也是 Danny 的音乐风格最为多元的阶段。

Danny 在 DMI 成立前已经开始灌录新歌，自 1986 年

6 月起"Greatest Love of All"《至爱》《迷失中有着你》《凝望》陆续派台打榜。9 月 12 日，DMI 的创业猛碟《凝望》发行，《至爱》蝉联劲歌金榜[①]两周冠军并入选劲歌金曲第三季季选，《凝望》获得中文歌曲龙虎榜第 39 周冠军，入选劲歌金曲第四季季选及第九届十大中文金曲。Danny 在秋季赴美国拍摄电影《秋天的童话》，12 月在红馆举办"前进演唱会"。1987 年 1 月，Danny 在 DMI 的第二张大碟《痴心眼内藏》发行，主打歌《冰封的心》拿到中文歌曲龙虎榜冠军，TVB 剧集《钻石王老五》主题歌《痴心眼内藏》入选劲歌金曲第一季季选。8 月，Danny 的又一张"神碟"《梦里人》发行，主打歌《未唱的歌》《我的故事》接连拿下中文歌曲龙虎榜冠军，同名 TVB 剧集主题歌《错爱》入选劲歌金曲第三季季选，《我的故事》入选劲歌金曲第四季季选及第十届十大中文金曲。

1988 年 2 月 2 日，大碟《神仙也移民》上市，第一主打歌《神仙也移民》以当年香港的移民潮为主题，轻快幽

---

① TVB 的《劲歌金曲》节目自 1986 年 1 月 25 日增设的流行音乐排行榜栏目，每期列出该星期最受欢迎的十首歌曲。

默的风格是 Danny 又一次新尝试；第三主打歌《烟雨凄迷》成为中文歌曲龙虎榜第 10 周冠军，入选劲歌金曲第一季季选、1988 年度十大劲歌金曲及第十一届十大中文金曲，是 Danny 的第一首"双十大"金曲。Danny 于 4 月在红馆举办"'88 存真演唱会"，6 月在第十届金唱片颁奖典礼上获得三张白金唱片奖。8 月，《无声胜有声》大碟发行，主打歌《从今以后》再次成为中文歌曲龙虎榜冠军歌并入选劲歌金曲第三季季选。Danny 于 10 月在广州天河体育场举办演唱会，是最早在内地举办演唱会的香港歌手之一。12 月，Danny 在 DMI 的最后一张大碟《冬暖》发行，收录 Danny 的又一首旧曲新编《盼三年》以及突破唱片公司壁垒的合唱曲《燃点真爱》，《感情到老》成为中文歌曲龙虎榜、劲歌金榜及叱咤乐坛流行榜[①]三台冠军歌。

五、第二个华纳时期

Danny 在 1988 年 12 月 1 日正式对外宣布，与 DMI 约

---

① 《叱咤乐坛流行榜》是香港商业电台自 1988 年 3 月 21 日开办的流行音乐排行榜节目。

满后不再续约，再次签约华纳唱片。Danny 在第二个华纳时期推出的作品水准依然很高，且不乏新潮之作。

1989 年 4 月，TVB 经典电视剧《义不容情》开播，Danny 演绎的主题歌《一生何求》唱到街知巷闻，成为 Danny 的第二首三台冠军歌，并接连入选劲歌金曲第一季季选、1989 年度十大劲歌金曲及第十二届十大中文金曲。《一生何求》是 Danny 在第二个华纳时期最为重要的作品，与《偏偏喜欢你》同为 Danny 在内地最为深入人心的歌曲。6 月 7 日，Danny 重回华纳的首张大碟《一生何求》发行，在记者会上，Danny 首次表示有意于三年后退出乐坛，转行开设时装服饰店。《一生何求》是内地引进发行的首张 Danny 的专辑[①]。7 月 2 日，TVB 播出为纪念 Danny 发表个人唱片十周年制作的《感情写真音乐特辑》。Danny 先后于 8 月 8 日至 9 日在澳大利亚悉尼举办两场"感情到老十周年演唱会"，9 月 29 日至 10 月 8 日在红馆举办六场"劲量陈百强十周年纪念演唱会"。

---

① 《一生何求》之前，《梦里人》《神仙也移民》《无声胜有声》三张专辑曾以进口版的形式在内地发行，Danny 的首个内地引进版不是专辑，而是精选辑《我的所有》。

1990 年 1 月，新碟《等待您》发行，主打歌《试问谁没错》成为中文歌曲龙虎榜及劲歌金榜的冠军歌，并入选劲歌金曲第一季季选，重新填词的 Danny 曲作《对酒当歌》亦深受歌迷的喜爱。Danny 于 4 月在深圳体育馆举办演唱会，7 月推出第三张新曲 + 精选大碟《陈百强 90 浪漫心曲经典》，收录了一首新歌《半分缘》。1991 年 3 月，*Love in L.A.* 大碟推出，内地引进发行并更名为《天生不是情人》，《南北一家亲》《一生不可自决》均获得劲歌金榜冠军，《一生不可自决》入选劲歌金曲第一季季选，亦是大碟中最出名的作品。3 月末，Danny 在红馆举办 "'91 紫色个体演唱会"，是 Danny 唯一一次有官方音像出版物推出的演唱会。9 月，《只因爱你》大碟发行，标题曲再次成为中文歌曲龙虎榜冠军歌并入选劲歌金曲第三季季选。1992 年 1 月 30 日，Danny 在上海举办 "'告别'上海演唱会"，他本意是顺应潮流在年内推出两张新专辑（包括一张国语专辑）后退出歌坛，但意外的发生使他没能够完美谢幕，留给世人无尽的遗憾。1992 年 10 月，华纳发行了《亲爱的您陈百强 92' 精选》，收录了 Danny 已经录好的新歌《亲爱的您》《离不开》，这也是 Danny 最后发表的音乐作品。

回顾了 Danny 的音乐历程，让我们再来思考本章伊始的问题。笔者将从以下十个方面来阐述 Danny 的历史地位：

一、香港乐坛的第一位偶像歌手

七十年代中期的香港，经过二战后近三十年间音乐潮流的不断转变，如今的人们所熟悉的粤语流行歌[①]终于在此时确定了其在香港听众心目中的主流地位，"香港音乐找到了自己的独特声音"[②]，香港的唱片业开始稳步快速发展，日后人们熟悉的各大排行榜、流行音乐奖项逐一创设。伴随着经济水平的不断攀升，香港出现了一定数量的中产阶级人群，良好的经济基础也让出自这些家庭的青少年具备了一定的消费能力。随着电视在七十年代初逐渐在家庭普及，电视剧歌曲成为了最主流的流行音乐类型，不过这代表着的依然是成年人的审美，年轻人需要一个区别于父母等长辈、能够代表他们自己的声音。

① 区别于以粤曲为基本元素的老派粤语流行歌。
② 黄霑：《粤语流行曲的发展与兴衰：香港流行音乐研究（1949—1997）》。

Danny 的出现既顺应了时代的需求亦弥补了香港乐坛的缺位。俊朗的形象、优雅的气质、清新的歌曲、优质的嗓音，21 岁的 Danny 推出的第一张大碟即深受年轻人的青睐，唱片大卖特卖，无数年轻人以 Danny 作为自己的偶像，其中不乏林姗姗、黄凯芹、梁汉文、杨千嬅等香港乐坛的后辈歌手。Danny 的作品亦冲破了影视剧歌曲在排行榜和颁奖礼的重重包围，引领着香港流行音乐迎接新的潮流，走向新的方向。

Danny 被人们视为香港乐坛的第一位偶像歌手，他不仅是歌迷心目中的偶像，也是无数流行音乐从业者竞相学习与模仿的偶像。

二、香港乐坛最出色的创作歌手之一

说到香港的创作歌手，人们首先会想到的是"歌神"许冠杰①，他在七十年代中后期陆续发表的《铁塔凌云》(亦名《就此模样》，1972)、《天才白痴往日情》(1975)、《半斤

---

① 许冠杰，英文名 Samuel Hui，1967 年加入莲花乐队担任主唱，1971 年开始推出个人唱片，是香港第一代"歌神"。

八两》（1976）、《浪子心声》（1976）、《财神到》（1978）都是他自己的创作，这些歌曲不仅是奠定粤语流行歌被大众接受这一基础的启蒙作品，也是香港乐坛的永恒经典。不过许冠杰最初横扫乐坛的那几年，日后在香港乐坛最重要的十大中文金曲和十大劲歌金曲奖都还没有设立。从首届十大中文金曲开始，许冠杰共拿到过五首十大中文金曲，其中的《卖身契》（1978）、《加价热潮》（1979）、《印象》（1981）、《最紧要好玩》（1985）四首歌是由许冠杰本人作曲的，1986年获奖的《心思思》则是填词歌。同时期另一位著名的创作歌手林子祥，其作曲的《分分钟需要你》（1980）、《在水中央》（1980）、《活色生香》（1981）三度入选十大中文金曲。然而在之后的数年中，帮助林子祥拿到十大中文金曲的作品——《爱到发烧》（1984）、《每一个晚上》（1985）、《阿Lam日记》（1986）、《千亿个夜晚》（1987）都是填词歌。直到1988年林子祥才再有自己作曲、他与太极乐队合唱的《真的汉子》入选十大中文金曲。与许冠杰一样，林子祥也只有四首曲作入选过十大中文金曲。

Danny的《眼泪为你流》（1979）、《涟漪》（1982）、《偏偏喜欢你》（1983）、《凝望》（1986）、《我的故事》（1987）先

后五夺十大中文金曲，是香港乐坛至今唯一一位凭借自己的曲作拿到五首十大中文金曲的歌手，这其中还不包括《喝彩》（1980）、《等》（1985）这样在当年未获奖，但成了香港乐坛永恒经典的金曲。许多创作者会在年轻时的某个时间段，迸发出超强的创作力，集中在几年内创作出他人生中最好的那些作品，当缪斯女神离他而去，日后就再也难以创作出令人惊艳的作品来了。Danny 作为出色的创作人最为难得的是，入选十大中文金曲的五首曲作，时间跨度有足足八年。这八年时间，Danny 要面对的不仅是自己创作灵感的起伏，还有乐坛格局以及流行趋势的不断变化。Danny 创下的这一纪录即使过去了近四十年也无人能够打破。

后辈音乐人中，本来最有可能打破 Danny 这个纪录的是 Beyond 乐队的黄家驹，他作曲的《真的爱你》（1989）、《俾面派对》（1990）、"AMANI"（1991）、《海阔天空》（1993）帮助 Beyond 乐队四度入选十大中文金曲，遗憾的是家驹亦在 1993 年因意外英年早逝。Danny 与家驹的离世，让香港乐坛重新开始关注本地的音乐创作人，自九十年代中后期开始，本地原创作品的数量明显回升，然而优秀的唱作歌手依然是凤毛麟角。进入新世纪后，王菀之[①]的出现一度让人们再次看到了 Danny 的纪录被打破的可能，她先后凭借自己作曲的《月亮说》(2009)、《末日》(2011)、《哥歌》(2013) 三次拿到十大中文金曲，然而 2015 年后 Ivana 将工作重心转向了当演员而减少了音乐创作。至今，Danny 依然是十大中文金曲奖历史上凭借自己作曲的作品获奖次数最多的歌手。

需要指出的是，Danny 活跃的时代，流行音乐的生态与笔者写作的现今是很不一样的。互联网兴起后对于传统唱片行业的冲击，使得有创作能力的音乐人更多以独立音乐人的形态出现，自作自唱的创作歌手越来越多见。然而如 Danny 和他的歌曲那样能够凝聚广大民众关注的歌手和音乐作品却很难再出现了。类似"十大金曲"这样的传统评奖体系虽依然存在，但日渐式微。流行音乐市场分众化已成为在短期内不可逆转的趋势。这也让 Danny 那个时代诞生的经典作品愈加凸显其珍贵价值。

Danny 还是香港乐坛至今唯一一位推出第一张个人大

---

① 王菀之，英文名 Ivana Wong，2005 年开始推出个人唱作专辑。

碟即凭借自己作曲的作品入选十大中文金曲的歌手。流行乐坛不乏成名后用自己的创作锦上添花，或原本并不会创作，在音乐圈熏陶久了也开始学着创作的歌手。能够凭借自己的曲作一举成名的歌手，在七八十年代的香港乐坛，除了许冠杰就只有 Danny 了。对于新人歌手来说，最重要的一件事就是唱出一首成名曲，一旦成名，后续的发展便会顺利得多。在竞争激烈、新人层出不穷的流行乐坛，让大众接受一个新鲜的面孔与声音是非常困难的事情。很多日后大红大紫的歌手，都经历过长时间打不开局面，苦苦寻觅成名曲而不得的阶段。谭咏麟于 1979 年自温拿乐队单飞后，在近两年的时间内，始终没有在香港乐坛取得突破，他一度已经将工作重心转至台湾并以演员身份发展。直到 1981 年，他演唱的日本改编歌《忘不了您》①才第一次得到香港歌迷的认可。张国荣早在 1977 年即已推出过个人唱片，但一直不红，直到 1984 年唱了 "Monica" 才尝到了成功的滋味。林子祥自 1976 年开始推出个人专辑，

---

① 原曲为五轮真弓《恋人よ》，日本 1980 年单曲年榜第五名；填词：林敏骢。

前三张大碟都是翻唱英文歌，1978年的首张粤语大碟以其作曲的《各师各法》作为主打歌，派台后却石沉大海。直到1979年唱了顾嘉煇作曲、黄霑填词的电视剧主题歌《抉择》，阿Lam才有了自己的第一首中文歌曲龙虎榜冠军歌。上述三位歌手或是凭借填词歌或是凭借其他音乐人的作品成名，成名后他们的创作才陆续被世人所肯定。Danny则是完全凭借自己的创作闯出了一片天地。他先是用自己的曲作"The Rocky Road"拿到创作比赛第三名，开始在业内崭露头角。在推出第一张个人大碟时，监制及唱片公司选用他作曲的"First Love"作为大碟标题是对Danny作曲实力的充分肯定。《眼泪为你流》推出后拿到中文歌曲龙虎榜冠军并入选十大中文金曲，世人因这首佳作很快便接受了这位新人，Danny凭借自己的作品一举成名！如此神迹，冠绝香港乐坛四十余年，后无来者。

三、香港乐坛的无冕之王

　　1982年12月、1983年8月先后推出的《今宵多珍重》和《偏偏喜欢你》让Danny成了全香港男女老幼都喜爱的超级明星。两首旷世金曲除了成为排行榜冠军并将当时能够拿到的全部大奖都收入囊中以外，所属的两张大碟亦均成为香港当年最畅销的唱片。"AGB观众抽样调查最受欢迎奖"只在首届（1983年度）十大劲歌金曲颁奖礼上设置过，从第二届（1984年度）开始更名为"金曲金奖"。"金曲金奖"在日后成为竞争最激烈的奖项之一，标志着一首歌被官方认定为这一年香港乐坛出品的最佳作品，而这首歌也必定来自于当年的"天王"或"天后"。《今宵多珍重》获得"AGB观众抽样调查最受欢迎奖"实质上已经确立了Danny在当年香港乐坛的王者地位。

日后的人们用来确认"天王"、"天后"的标志性奖项——最受欢迎男/女歌手奖在首届（1983年度）十大劲歌金曲颁奖典礼上还没有设立。自第二届（1984年度）十大劲歌金曲颁奖典礼开设最受欢迎男歌手奖开始，谭咏麟连续四届（1984—1987）获奖，在他宣布退出领奖后，张国荣在1988、1989年连续两届获奖；梅艳芳则在1985至1989年蝉联了五届最受欢迎女歌手奖。这就是日后人们口中"谭张梅"的来源。殊不知，早于这些重量级奖项设立之前，Danny已经先他们一步站在了香港乐坛的巅峰。

在Danny的心中，从未有与人"争"的想法，他因喜欢而唱歌，而不是为了名利而唱歌。综合1983年全年到1984年初这段时间歌曲的受欢迎程度、所获奖项以及唱片销量，Danny是毫无疑问的当年香港乐坛的王者，只因为缺少一个奖项为他的王位加冕，所以很多人有意或无意地忽视了这一点。

四、香港乐坛黄金十年的代表性歌手

八十年代的香港乐坛是唱片销量激增、影响力不断扩大、巨星层出不穷的黄金十年。八十年代最初的几年中，许冠杰、罗文、郑少秋、甄妮、关正杰、徐小凤等老一辈歌手依然代表着歌坛主流，林子祥、谭咏麟只是初露峥嵘，随着时间的流转，前辈歌手有的淡出了乐坛，没有淡出的影响力也逐渐被新一代歌手取代，消失在颁奖典礼的舞台上。八十年代中期，以梅艳芳、张国荣为代表的中生代歌手纷纷跻身一线行列，香港乐坛的格局发生了巨大变化。到了八十年代末，陈慧娴、叶蒨文、张学友、吕方、林忆莲、李克勤、刘美君、杜德伟等新生代歌手以及第三代乐队潮又为香港乐坛带来了全新的空气。

在这风云变幻的十年间，Danny也经历过事业的跌宕起伏，但唯一不变的是他始终能够为香港乐坛贡献出高质量的作品。Danny 在八十年代的每一个年份都有经典金曲推出，这一点"谭张梅"均无法企及，更加难能可贵的是，其中还有多首是他自己的创作。Danny 见证了香港乐坛的黄金十年，他也是这个黄金时代最杰出的代表之一。以下按照发表年份简单列举几首 Danny 在八十年代各个年份的代表作：

1980 年：《不再流泪》《喝彩》《几分钟的约会》；

1981 年：《有了你》《太阳花》《念亲恩》；

1982 年：《涟漪》《今宵多珍重》《疾风》；

1983 年：《偏偏喜欢你》《相思河畔》《不》；

1984 年：《摘星》《创世记》《粉红色的一生》《恋爱预告》（为林姗姗创作）；

1985 年：《等》《再见 Puppy Love》（与林姗姗合唱）、《深爱着你》《盼望的缘分》《不再问究竟》；

1986 年：《当我想起你》《偶像》《凝望》《至爱》；

1987 年：《痴心眼内藏》《我的故事》《错爱》《未唱的歌》（与关正杰合唱）；

1988 年：《神仙也移民》《烟雨凄迷》《从今以后》《燃点

真爱》(与陈慧娴、林忆莲、刘美君合唱)、《感情到老》;

1989 年:《一生何求》《对不对》;

五、香港乐坛最年轻的为自己担任唱片监制的歌手

Danny 刚出道时,由经理人谭国基担任唱片监制。与谭国基解约后,Danny 亲自担任了自己的唱片监制,从明确唱片风格、选歌、邀歌、确定歌词内容、混音等方面全方位参与音乐的制作过程。担任唱片监制需要对音乐作品有足够的把控能力,亦要对作曲人、填词人、编曲人(甚至乐手与和声歌手)有足够的了解,将作品交给适当的音乐人去具体操作,这是既需要天分又需要时间的积累之后才能够具备的实力。香港乐坛此前有许冠杰、罗文、林子祥为自己担任唱片监制的先例,不过其时三人均已届而立之年,而 Danny 开始担任唱片监制时才刚刚年满二十四岁,也难怪华纳的宣传海报上会用"天才音乐人"来形容 Danny。

Danny 担任唱片监制后,选择将自己的歌路由清新逐渐向成熟的风格转变,开始唱优美、伤感的歌曲,标志性作品是《今宵多珍重》以及中西合璧式的《偏偏喜欢你》。

Danny 既是当时香港乐坛潮流的引领者，也是后来为人们所熟悉的粤语流行歌音乐风格的确立者和奠基者之一。之后数年，他不断寻求音乐上的突破，黑人舞曲、灵魂乐、R&B、Eurobeat、电子迷幻舞曲、摇滚等等，他都勇于尝试。

Danny 在担任唱片监制期间先后启用了周启生、林慕德、郭小霖、徐日勤、林敏怡、杜自持、唐奕聪等音乐人为自己作曲、编曲，歌词方面则陆续与林振强、林敏骢、潘源良、潘伟源、小美、向雪怀、梁伟文等填词人展开合作。这些日后在香港乐坛响当当的名字，几乎都是在刚进入乐坛两三年内的时间，Danny 便邀请他们与自己合作。与新人合作始终保持开放态度，使得 Danny 的音乐作品中从来不乏新鲜的空气，他一直引领着时代，从未落伍。

六、格调高雅的时尚艺术家

Danny 的艺术品味极高，不仅一直有收藏艺术品的爱好，衣着品味也为人称道，他的个人形象和大量的唱片封套都是自己设计的。

Danny 是自己的形象设计师，他也喜欢亲力亲为，自己吹头发、化妆，拍唱片封套和 MV 亦都是自己准备服装。他对时尚有着独到的理解，衣着品位极佳。无论演出还是出席各种活动，他的着装总能给人以时尚、优雅之感。香港时装设计师协会于 1987 年、1990 年两次将 Danny 评为"香港十大杰出衣着人士"，商业电台亦于 1989 年评选 Danny 为"香港十大靓人"。

Danny 有多张唱片封套的概念是他自己设计的，这些封套各具特色，充分展现了 Danny 的美学与品位，是他艺术观念的集中体现。《偏偏喜欢你》大碟的封套上，Danny 外套黑色唐装短衫，内穿白色的中华立领衬衫，手拿西洋乐器小号，中西融合的形象与大碟的音乐风格相得益彰；同期举办的金唱片颁奖典礼上，Danny 亦身穿唐装上台领奖。《百强 '84》大碟主打活力舞曲，封面上的 Danny 一改往日的翩翩公子形象，爆炸头戴墨镜身穿背心身处画面左侧，右侧以明亮的蔚蓝色泳池为背景，给人以新鲜夺目的视觉冲击；封底 Danny 一展健壮身姿，颇有西方歌手的风范。拍摄于 Danny 新居浴室的《凝望》大碟封面唯美浪漫，Danny 落寞的神情与白色浴袍下露出的胸肌，令人大呼性感！在 Danny 家客厅拍摄的《痴心眼内藏》大碟封套，

"采用冷暖色的对比效果，黑色神秘冷傲、啡色庄重雅致、金色尊贵，啡色衣着打扮的 Danny 面带微笑，在玻璃门与黑色垂地百叶帘衬托下，给人留下深刻的印象"[1]。除了自家宅邸，Danny 的私家车也被他贡献了出来作为拍摄素材；黑白色的《梦里人》大碟封套上，面露亲切笑容的 Danny 穿着 Armani 西装外套、T 恤，配牛仔裤，随意地靠在他的敞篷跑车上，一张经典照片就此诞生，所有细节都是 Danny 自己搭配好的。《神仙也移民》大碟的封套以纯白色为背景，配上 Danny 四款风度翩翩的造型，仿如一本时装设计书。Danny 从他的一件 T 恤上获得灵感，以自己拥抱着半裸长发美女童玲的正反两面照片分别为《无声胜有声》大碟的封面和封底；很多人只关注到了封面上童玲曼妙的背部曲线，却忘记了封底上 Danny 的背影亦极具杀伤力！《冬暖》大碟的封套"反传统的以小横幅相片设计，封面以黑色为主，调配上紫、绿冷暖色，散发浓浓的冬日暖意，像送给乐迷的一张典雅圣诞卡"[2]。《等待您》大碟封套

---

① 引自 Kark Woo 撰写的文章。
② 同上。

设计得颇为巧妙：封面上 Danny 身穿优雅的黑色礼服在餐厅座位上微笑着望向远方，似是等待着某人；黑胶大碟对开的封套内侧，Danny 满面春风地站起迎向画面以外的某人；黑胶版封底与封面原本是同一张宽幅照片的左右两边，但如果单看封底会只看到搭在椅背上的外套，给人以 Danny 走到了画面之外的错觉；在黑胶唱片附赠的大海报中，Danny 在阳光下露出灿烂的笑容。动态又有情节感的设计令人浮想联翩，想来 Danny 满心欢喜等待的一定是位他心仪的佳人。

七、重视本地原创的先锋人物

重视原创作品在笔者写作的如今已经成为业界与歌迷的共识，但在 1995 年商业电台推出"原创歌运动"之前，香港乐坛的改编歌之风已经刮了几十年有余。由于特殊的历史原因，香港乐坛历来有翻唱、改编英文歌的习惯，自八十年代开始大量改编日本歌及其他语种作品，八十年代末又兴起改编台湾作品的风潮。八十年代中后期是香港乐坛改编歌最为盛行之时，改编歌称霸排行榜、颁奖典礼的现象达到高峰，产生了大量非本地原创的"Hit Song"。改编歌的大量出现，是有限的本地音乐人数量与无限扩张的香港唱片市场之间供需矛盾的体现。随着香港唱片业在八十年代发展的愈发兴旺，有大量的歌手需要出片，甚至一年两片、三片，改编歌无疑成为凑足唱片曲目的最好方法。欧美及日本乐坛先进、新潮的作、编曲技艺，对本地原创作品形成了碾压局势，因此大量被选为主打歌派台打榜、争夺奖项。这样的做法，虽然短时间内促进了香港唱片业的发展，使得港产流行歌一度成为横扫海峡两岸暨香港、澳门甚至东南亚市场的现象级文化产品，但从长远眼光看，却阻碍了很多本地音乐人的发展。本地原创作品中少有能够成为排行榜冠军曲目并拿到奖项的作品，虚假的繁荣红的只是歌星，让唱片公司赚得盆满钵满，却挤压了本地音乐人的生存空间。"本地创作人作品没有出路，对整个行业发展自然是不健康和负面的。"① 虽然对于很多从八十年代一路听来的歌迷来说，经历"原创歌运动"后的港产流行歌不如以前好听了，但正是经过这样一个阵痛期

————————

① 黄霑：《粤语流行曲的发展与兴衰：香港流行音乐研究（1949—1997）》。

之后，从 2005 年左右，香港的流行音乐重新形成了一种独特的自我风格，虽然听者褒贬不一，但至少是香港音乐人自己原创的音乐。

相比同时代的许多歌手如果去掉填词歌，很难让人想起还有什么代表作的情况，Danny 选用填词歌作为主打歌的比例是很低的，名作中更以自己的曲作和本地音乐人的原创作品为主。有歌迷统计了香港乐坛八十年代（1980—1989）最重要的四位男歌手的中文歌曲龙虎榜冠军歌的来源比例[1]：

谭咏麟，冠军歌 28 首，自作曲率 7%，非自作曲本地原创率 29%，非本地原创率 64%；

林子祥，冠军歌 23 首，自作曲率 39%，非自作曲本地原创率 13%，非本地原创率 48%；

Danny，冠军歌 20 首，自作曲率 35%，非自作曲本地原创率 50%，非本地原创率 15%；

张国荣，冠军歌 19 首，自作曲率 16%，非自作曲本

———————

[1]　引自 B 站 up 主 "其实我不过踏我路" 2023 年 7 月 9 日发布的《港乐黄金时代——香港电台龙虎榜歌曲来源分析》视频。

地原创率 26%，非本地原创率 58%。

在四位歌手中，Danny 冠军歌中的本地原创率是最高的，而且明显高于其他三位歌手。身兼唱片监制的 Danny 并不依靠填词歌来争取商业成绩，他只改编自己喜欢的作品来唱。本身是作曲人的 Danny 亦深知创作的不易，乐于给予新晋音乐人机会，演唱了许多初入乐坛不久的新人的作品，这样领先于时代的理念在八十年代竞争激烈的香港乐坛实属难得。不知有多少音乐人是因为自己的作品能够在 Danny 的唱片中发表而深受鼓舞，于是选择继续为自己的理想而奋斗，之后成为了香港乐坛的中坚力量。

Danny 的坚持在多年后得到了后辈音乐人的广泛认可。2020 年，IFPI 香港部发起了"音乐永续计划"，以补贴唱片业重新编制香港乐坛经典曲目的方式，希望在疫情下带动本地乐坛的振兴。在该计划总共 113 首曲目中，Danny 共有 8 首作品被新一代音乐人选来翻唱（谭咏麟、张国荣、林子祥共有 9 首作品入选），《我爱白云》《涟漪》《我的故事》是 Danny 自己的曲作，《几分钟的约会》《画出彩虹》《爱没有不对》《烟雨凄迷》是本地原创作品（唯一的填词歌是《深爱着你》）。这代表了新一代香港音乐人的理念，他们更加认可本地创作，认为这才是香港乐坛最值得传承下去的经典。而许多当年风靡一时的填词歌，则会逐渐被时代的浪潮所抛弃。

八、香港华纳的"创业功臣"

香港华纳于 1978 年成立后，最初以代理发行外国唱片为主要业务，旗下并无成名的本地歌手。其时，香港本土的娱乐唱片、永恒唱片以及外资的宝丽金（Polydor，1979 年更名为 PolyGram）、百代（EMI）、新力（CBS/SONY）都已经手握香港大牌歌手，在本地唱片市场搞得风生水起。香港华纳总裁 Paul Ewing 希望深受年轻歌迷欢迎的 Danny 能够帮助香港华纳开拓本地中文歌市场，于是从 EMI 挖来了日渐走红的 Danny，Danny 也是香港华纳最早签下的本地歌手之一。

Danny 加盟后推出的第一张大碟《陈百强与你几分钟的约会》便超过了白金销量，在第五届金唱片颁奖典礼上拿到了白金唱片奖。这也是香港华纳的第一张本地白金唱片，在此前的四届金唱片颁奖典礼上，华纳均无本地唱片获奖，Danny 让华纳第一次尝到了成功的滋味。之后 Danny 推出的每一张大碟均超过了白金销量，尤其是1982年7月发行的《突破精选》，突破15万张的销量令香港华纳扭亏为盈。

正是Danny加盟后最初推出的三张畅销大碟，为香港华纳日后的长远发展打下了坚实的基础，让"WEA"这个标识[①] 在竞争激烈的香港乐坛站稳了脚跟。之后香港华纳才能陆续签下林子祥、叶蒨文、苏芮、吕方、林忆莲等实力派歌手，并不断发展壮大，在八十年代末成为有实力与宝丽金在香港乐坛掰手腕的"乐坛班霸"[②]。

九、热心公益、慈善事业的绅士

心地纯良的Danny一直热心为公益和慈善事业出力。他演唱的《公益心》成为"香港公益金"活动的主题曲，《摘星》是1984—1985年禁毒活动的宣传曲，1986年演唱了旨在推动社会公益活动、服务社会精神的TVB宣传歌曲

[①] 香港华纳成立后在唱片上使用的标识，WEA是Warner Brothers + Elektra + Atlantic的缩写，九十年代将标识改为Warner Music Hongkong。
[②] 语出2007年环球唱片发行的合辑《乐坛班霸——宝丽金华纳10年对垒》。

《事事关心 歌》①，1987年参与合唱慈善歌曲《地球大合唱》。Danny将"'85演唱会"的部分收入捐给了香港保良局作慈善之用；《痴心眼内藏》大碟推出时，他捐出了五百张签名彩印版唱片义卖，为联合国儿童基金会筹款；他还在1986、1987两年先后赴泰国、新加坡做慈善演出；1988年12月在家乡台山举办演唱会后，他将收入全部捐给了当地红十字会；每年圣诞节，他还会带礼物秘密探访孤儿院。

Danny多次参加"博爱欢乐传万家""白金巨星耀保良"等筹款演出。在1990年12月8日播出的《欢乐满东华'90》慈善节目中，Danny身体力行游冬泳募集善款。他在晚上只有十几度的户外泳池游了2300米，筹得56万元善款。即使上岸后身体冻僵不停打寒战，他依然面露微笑，感谢大家的支持。Danny就是这样一个善良的人，他真心为人，希望尽自己的能力帮助到他人，无论是认识或不认识的人。

十、无可超越的灵魂歌者

相比许多嗓音极具辨识度的歌手，Danny的声线不属

---

① 《事事关心 歌》由顾嘉辉作曲，只在电视中播放，没有出版发行。

于特点突出的类型，唱腔也并不刻意追求别致，很多作品音域跨度并不算大，因此很多人乍听之下会认为 Danny 的歌曲难度不高。然而唱过之后才发现，想要唱出 Danny 的味道几乎是无法完成的任务。甚至一些被人们普遍认为唱功精湛的歌手，唱起 Danny 的歌来每每令人大失所望，正所谓没有对比就没有伤害。四十年来，少有能够成功翻唱 Danny 作品的歌手，更遑论超越原作之人。

Danny 的歌声中气十足、咬字清晰、声声入耳，尤其是 1982 年赴美国进修声乐后，他的音色更加圆润饱满，给人温暖之感，极适合演绎抒情歌曲。他善于运用强弱声的对比表现情绪的层次与变化。Danny 理解音乐的精髓之深刻，把握感情的脉络之准确，香港乐坛无人能出其右。他的演唱看似没有技巧，实则有着最难学到的对于感觉精准的拿捏，收放自如，恰到好处。如同武林之中的绝世高手，化有招为无招，令旁人无从模仿更无法破解。

Danny 唱的歌大多是自己选的，选定曲目之时他已开始构思如何去表现这首作品，到进录音室时，他已对演绎之法胸有成竹。即使如此，他依然精益求精，有的歌甚至要录上几十遍，直到他满意为止。Danny 将自己的灵魂全情投入到音乐之中，也正因如此，他的歌声中总有着饱满的情绪与深厚的感情。Danny 对于细节的处理更是绝妙，比如《深爱着你》第二遍副歌"记起我"处动听的转音，如是范例举不胜举。本书后文亦将结合具体作品对 Danny 的演唱详加评述。

集作曲、监制、演唱于一身的 Danny，在十几年的音乐生涯中创作出了众多叫好又叫座的精彩大碟，哪一张是个中翘楚呢？对于艺术作品，每个人都会有自己的评价。尤其是对于 Danny 这样一位时间跨度大、作品数量多的歌手来说，从哪张大碟开始聆听他的歌，也会因为先入为主而产生不同的结论。在 Danny 的歌迷群体以及香港流行音乐的唱片收藏爱好者当中，普遍达成共识的 Danny 最佳大碟正是 1985 年 7 月 4 日由香港华纳唱片公司发行的《深爱着你》。

《深爱着你》大碟依旧由 Danny 亲自担任唱片监制，全碟选曲极为出色且作品来源十分均衡，十二首曲目中有七首是本地原创，另外五首是填词歌。七首本地原创中有两首 Danny 的曲作：《恋爱预告》此前已由林姗姗发表了首唱版本，《深爱着你》大碟中的《恋爱预告》是 Danny 第一次重新演绎他为别人作曲的作品；《盼望的缘分》[1] 在《偏偏喜欢你》大碟制作的同期已经创作完成，Danny 留到《深爱着你》大碟中发表，与整张碟的风格完美契合，这也说明 Danny 对于自己作品的表现力有着充分了解与把握。五首本地其他音乐人的作品中，此前已与 Danny 合作过的林慕德作曲的《不再问究竟》流传最广；《永不改变》是少见的旋律线和 Danny 的唱腔均为硬朗风格的作品；才女林敏怡的《永恒的爱》是 Danny 的隐藏神曲，也是林敏怡的最爱；《伤心人》的热带风情在 Danny 的作品中亦属罕见；《如果没有你》是徐日勤为 Danny 贡献的第一首曲作，日后他亦成为与 Danny 合作最密切的音乐人。《深爱着你》是历年来 Danny 选用填词歌最多的一张大碟。两首欧美创作《在这孤独晚上》《最深刻的记忆》一快一慢，擅长演唱英文歌的 Danny 唱出了旁人无法企及的中西合璧的味道。Danny 此前的大碟中改编日本歌从未多于一首，这次一口气改编了三首，应是受到前一年香港其他歌手演唱日本改编歌大获成功的影

---

① 歌曲《盼望的缘分》，发布时以"盼望的缘份"为名，当下各平台"缘份""缘分"均有出现，本书统一为"缘分"。

响以及华纳在商业成绩上给予Danny的压力。需要指出的是，前文所述的多用本地原创作品，从长远角度来讲的确是有利于乐坛健康发展的先进做法，但大量日本改编歌的出现，正是因为这类作品确实好听。不仅旋律相比欧美作品更加适合香港以及整个华人地区听众的口味，编曲水准亦比香港本地原创作品高出一筹——绝大多数改编歌的编曲都是照搬原版，所以只要填上恰当的歌词给适合的歌手唱就很容易制造出大热作品。《深爱着你》是Danny唯一一张选用日本改编歌作为主打歌和标题歌的大碟。事实上，在Danny历年的大碟中，只有两张大碟选用了填词歌作为大碟标题，除了《深爱着你》以外，另一张就是《一生何求》。《深爱着你》大碟中的另外两首日本改编歌并没有被选为主打歌派台打榜，但都是歌迷们非常喜爱的作品，《我和你》是Danny演唱会"接花和接吻"时间的专用曲目，《冷风中》更是堪称Danny所有日本改编歌中演唱方面的最佳作品。

创造出《倾诉》《偏偏喜欢你》《百强'84》三张大碟风格迥异的唱片封套之后，《深爱着你》在封套设计上继续求新求变，风格极为别致。与绝大多数的唱片封套采用歌星的整幅照片不同，《深爱着你》大碟的封面和封底均用一条从左下角至右上角的斜线将画面分成了两个部分。封面的左上方为 Danny 的照片以及暗红色手写体的大碟标题，右下方为纯白色底，紧贴着分割线用印刷粗体以淡淡的橙色、紫色、绿色分别写出"陈 百 强"三个字，右下角是 WEA 的标识。纵观 Danny 历年大碟的封面，"强"的写法并不相同，且与所属唱片公司无关：《不再流泪》《百强'84》《深爱着你》《神仙也移民》等是"強"，《有了你》《凝望》《梦里人》《一生何求》等则是"强"。《深爱着你》大碟封底的画面结构与封面相反，右下方为 Danny 的照片，左上方以浅蓝色为底色，紧贴着左边线和上边线用黑色字体印着歌名及每首歌的时长，并用从左上向右下方向一半对角线的长度以相同字色印出"陈百强监制"五个字。封面及封底的照片均以仰角拍摄，Danny 依靠在窗边目光炯炯望向他方，神情忧郁而又落寞，情绪与大碟中的伤感情歌极为契合。这些照片与电影《情书》[①]中少年藤井树靠在窗前看书的经典一幕颇有异曲同工之妙：安静的中学图书馆

① 《情书》，岩井俊二导演，中山美穗、丰川悦司等主演的经典爱情电影，1995 年 3 月 25 日于日本上映，柏原崇饰演少年男藤井树，酒井美纪饰演少年女藤井树，根据片中出现的松田圣子的《青い珊瑚礁》可以判断出藤井树的少年时代亦为八十年代初。

中，被风不断吹动的白色窗帘让靠在窗边的男藤井树的身影时隐时现，如梦似幻的场景让坐在不远处的女藤井树以及大荧幕前的观众都深深为之着迷。在现实中，不知有多少歌迷亦为《深爱着你》大碟封面上 Danny 英俊、帅气的照片所倾倒。封面上的 Danny 上身内穿一件米色衬衫，外套浅色图案衬衫，右手插裤袋，左手轻放胸前；封底照片上的 Danny 未再外套图案衬衫，且将米色衬衫扎进深色的裤内，肩上搭了一条毛巾，似是刚刚健身归来。看似随意的造型与姿态，却散发着优雅、迷人的气息，这是 Danny 自身独有的气质所致。经典的封面照片也以黑白色印在了黑胶版歌词页的背面，黑胶版还附赠了超大幅彩色海报，让歌迷可以将 Danny 的靓照贴于家中墙上尽情欣赏。同期拍摄的未使用照片也被华纳用在了于新加坡和马来西亚地区发行的《当我想起你》卡带的封面上。

《深爱着你》大碟推出时，Danny 正处于"85 事件"[①]的风暴眼中，亦适逢 Danny 与华纳即将约满，且 Danny 已明确不会与华纳续约，因此华纳并没有为《深爱着你》投入

---

① 关于"85 事件"，详见本书第八章《最深刻的记忆》。

合理的宣传费，只在少数几家报纸和杂志刊登了广告，并且在年底没有为 Danny 在十大中文金曲和十大劲歌金曲报名。这使得《深爱着你》大碟虽然凭借 Danny 的人气以及精彩的主打歌《深爱着你》《盼望的缘分》取得了超过白金唱片的销量，且在《中文歌曲擂台阵》获得了五周冠军，并入选第七届（1985 年度）"中文歌曲擂台奖"[①]，但在含金量最高的"双十大"颁奖典礼上一无所获，而且并没有取得与其超高的音乐品质相匹配的销量及成绩。不过真正热爱音乐的人们并不会因此而忽略这张经典的大碟。1985年时，CD 尚未在香港大面积普及，很多香港人家中还没有 CD 播放机，唱片公司因此也只挑有大卖潜力的专辑发行 CD 版，故多为精选辑。Danny 第一张同步发行 CD 版的也是精选辑——1985 年 1 月推出的《'85 精选》。EMI

① 香港商业电台一台创办的《中文歌曲擂台阵》广播节目，列出每周最受欢迎的十张大碟；依托于该节目，自 1979 年度开始评选每年最佳的二十张大碟，颁发"中文歌曲擂台奖"，Danny 自第一届至第八届每年各有一张大碟入选该奖项。1987 年度"中文歌曲擂台奖"改为评选每年最佳十张大碟及十首金曲，《未唱的歌》获得该届"最佳歌曲奖"及"最佳编曲奖"。1988 年 3 月 21 日，商业电台开办"叱咤乐坛流行榜"，"中文歌曲擂台奖"遂停办，由"叱咤乐坛流行榜颁奖典礼"取代。

于 1986 年发行了 *First Love* 和《不再流泪》的首版 CD，而 Danny 于 1985 年以前在华纳发表的专辑，则到了九十年代才有首版 CD 推出。《深爱着你》是 Danny 第二张同步发行 CD 的专辑，也是 Danny 第一张同步发行 CD 的全新专辑，首版 CD 由日本索尼制造。这一版品质超高的《深爱着你》专辑被某音响杂志评为"香港十大靓声 CD"之首 [①]，是"发烧"音响爱好者们心中公认的（香港地区出品的）最靓声中文碟，从 Danny 完美的演绎，到顶级水准的录音、制作，再到精良的压碟，无可挑剔。在这张经典大碟中传唱度最高的歌曲莫过于标题歌《深爱着你》！

《深爱着你》的原曲是日本歌手稻垣润一演唱的《誰がために……》，这并不是一首主打歌。日本乐坛以单曲（single）和专辑（album）两种形式发行唱片，由于业界普遍以单曲周榜的成绩作为衡量歌手水准的指标，因此相比专辑，单曲的成绩更加重要。八十年代的一线歌手或乐队，一年会出三到四张单曲，是保持热度和人气的关键。

---

① "香港十大靓声 CD"评选中所指的《深爱着你》CD 是索尼 11+++++ 凸字首版，内圈码：DIDZ-10168，亦有歌迷认为韩国 T113 首版 CD 的音质更胜一筹。

八十年代中前期，日本市场依然以七寸黑胶的形式推出单曲（到八十年代末才开始出现三寸 CD 单曲），黑胶的 A 面是主打歌，B 面收录非主打歌。比如《冷风中》的原曲《恋の予感》就是安全地带乐队的单曲主打歌，《我和你》的原曲《哀しみの街角》则是 Riff Raff 组合的单曲《東京涙倶楽部》B 面收录的非主打歌。《誰がために……》没有在单曲中推出过，首次发表于 1984 年 5 月 19 日发行的稻垣润一第 4 张专辑 *Personally* 当中。说来巧合，*Personally* 唱片封面上稻垣润一打电话的神态颇有些神似 *First Love* 大碟封面上的 Danny。*Personally* 专辑的制作人及《誰がために……》的作曲人是日本八十年代最重要的音乐人之一林哲司，他在 1984 年位居日本作曲家销量榜的第一位，1985 年、1986 年他亦位居三甲之列。林哲司为稻垣润一创作了大量作品，其中不乏稻垣润一最重要的几首经典歌曲。不过《誰がために……》并不算是稻垣润一最出名的作品，在纪念他出道二十五周年、三十周年的精选辑中均没有出现过，直到日本环球唱片在 2022 年为了纪念稻垣润一出道四十周年推出的精选辑《稻垣润一 meets 林哲司》中才终于收录了《誰がために……》。

负责制作统筹的黄柏高[1]将《誰がために……》推荐给Danny并找林敏骢填写粤语歌词，多少带着些顺应时代潮流、希望复刻前一年谭咏麟成功模式的意味[2]。林敏骢填词只用了45分钟，全篇没有艰深或华丽的辞藻，以浅白、平实的语言写出了恋爱中人的心声，又有谁不曾为爱红过泪眼呢？歌中道出的是每个恋爱过的人都曾生发过的情愫，令听者感受到强烈的共鸣，朗朗上口的词句即使只听过一遍也能跟唱。近四十年时日如飞，当林敏骢回顾他创作过的上百首歌词时依然认为最满意的就是《深爱着你》。

成功通过为《盼望的缘分》编曲这一"初试"之后，徐日勤赢得了Danny的信任，并迎来了一次"大考"——为Danny新专辑的主打歌编曲。徐日勤为《深爱着你》编曲时沿用了日文原版的整体架构，加强了极具Danny个人属性的钢琴音色比重。徐日勤弹奏的钢琴时而激昂时而温柔，清亮的钢

---

[1] 黄柏高，英文名Paco Wong，1951年出生，入职香港华纳后最初负责仓库管理，后转至中文部负责唱片制作，在八十年代末成为香港华纳总经理。Danny交给Paco的第一份工作是为《涟漪》混音，Paco自此担任了Danny在第一个华纳时期后续大碟的制作统筹工作。

[2] 谭咏麟于1984年1月推出的大热作品《雾之恋》为日本改编歌，由林敏骢填词；1984年7月推出的《爱的根源》大碟中有四首歌由林敏骢填词。

琴与厚重的弦乐音色对比明显，晶莹剔透的合成器音色点缀得恰到好处。同期的香港流行歌中很少能听到律动如此精彩的贝斯演奏，辅以稳健的鼓声，band sound 感十足，整体听感比日文原版更加时尚，且有着顾嘉辉大乐队式经典香港流行歌的独特味道。香港绝大多数改编歌在录音质量上要明显逊色于同时代的外文原版，《深爱着你》的人声与各乐器音色层次分明，音场饱满，重低音效果颇为震撼，录音水准高出《誰がために……》一筹，大碟中的其他曲目亦同样出色，难怪《深爱着你》被评为"最靓声中文碟"之首。

《深爱着你》对于乐曲结构的重新调整堪称精妙。《誰がために……》在第一遍完整的主副歌后，以收低乐声的方式引出第二遍主歌；第二遍副歌后以间奏连接桥段，并在其后的第三遍副歌升 key 演唱，全曲长达 5 分 21 秒，这对于当年的香港流行歌来说显得过于冗长。《深爱着你》在第一遍副歌后直接以间奏接上第二遍主歌，并在第二遍副歌时升 key，之后进入尾奏部分。《深爱着你》保留了最精华的乐段，自始至终保持着高涨的情绪，4 分 18 秒也是港人最习惯收听的歌曲长度。原版的尾奏处并无人声，Danny 在第二遍副歌后加入的"~hoo~"的唱段堪称神来之笔。Danny 此前已在《涟漪》和《等》中展示过他飘逸的假声，这一次再次极富创意地在尾奏中加入他的独门绝技，并在之后重唱副歌，全曲在歌声中以淡出的方式结束。饱满的情绪一直保持到结尾，令人意犹未尽。Danny 在改编作品时从来不是简单地照搬原版，身兼唱片监制的他在编曲人制作音乐时会给出自己的意见，而非很多歌手直到进录音室前才知道要唱哪首歌。Danny 在作品中融入自己独到的理解，往往能够超越原版或是在同一首歌的多个改编版中出类拔萃。《深爱着你》中最绝妙的独创部分莫过于 Danny 在副歌时为自己演唱的和声，紧接在主音之后此起彼伏的"心中想你""如今想你""怀念着你"仿佛是记忆之海中翻起的层层波浪，不断冲击着内心深处或甜蜜或苦涩的回忆。稻垣润一的嗓音高亢且细腻，与在八十年代末有多首作品被改编成粤语版而为港人所熟知的德永英明较为相似。稻垣润一高冷的音色在《誰がために……》的乐声中显得极为突出，与之同理的是，Danny 在《深爱着你》中的演唱并不如《冷风中》那么抢耳。这是因为 Danny 温暖的声线与《深爱着你》闪耀着金色阳光般的音乐完美融合在了一起，他的唱段似乎并不是在音乐制作完成后才录制而成的，他的歌声就是音乐本身，二者浑然一体，不可分离。Danny 清晰的将每一个字传递到听者的耳中，每一句饱含深情的歌声唱出的都像是发自听者内心中的回响，听后令人感慨万千。

《深爱着你》的感情基调明朗，节奏张弛有度，无论何时听来都令人眼前仿佛能够出现明亮蔚蓝的长空和朵朵淡薄的白云，正如《深爱着你》发表时的盛夏场景，又像是与昔日恋人共同度过的难忘夏日，那愉悦中带着一丝忧伤的心境，不正是爱情留在每个人心中最美妙的情怀吗？《深爱着你》推出后成为中文歌曲龙虎榜 1985 年第 29 周的冠军歌并且入选 1985 年劲歌金曲第二季季选。就在人们猜测着 Danny 在这一年"双十大"的获奖曲目是《等》还是《深爱着你》抑或双双得奖时，因为上文所述的原因，Danny 的名字并没有出现在年终的颁奖礼上。不过这无妨《深爱着你》极高的传唱度以及在歌迷心目中的地位，这是不需要用奖项来证明与衡量的。Danny 也深知这一点，因此他骄傲地称《深爱着你》为自己的"饮歌"①，并作为之后每一场演唱会的

————————

① 饮歌，粤语中意为"唱得最拿手的歌"。

保留曲目。《深爱着你》是 Danny 为香港乐坛乃至华语乐坛贡献的又一首经得起时间考验的永恒经典。

Danny 去世一周年之际，TVB 举办了"陈百强金曲纪念演唱会"，开场曲是由香港保良局朱正贤小学的小学生们与从观众席中走上舞台的罗文、钟镇涛、叶蒨文、李克勤等十余位歌手共同合唱的《深爱着你》。清亮的童声与众多成熟的声音一起唱出"心中想你，如今想你，怀念昨天的你"，有如无数热爱 Danny 的人们在心中对他千百次深情的呼唤……自此之后，《深爱着你》也增添了一层新的含义，由一首感怀过往恋人的情歌，成了寄托人们对 Danny 深切怀念之情的纪念金曲。

第二章 眈望的缘分

2023 年 7 月 21 日，在香港会议展览中心举办的第 33 届香港书展上，曾经的歌手、DJ 夏妙然博士举办了她的新书分享会，邀请郑国江、潘伟源、徐日勤及 Danny 的哥哥陈百灵、陈百良等十多位嘉宾上台与新书合影并与到场观众分享 Danny 的往事。在这本书中，夏妙然将她与二十位或与 Danny 合作过或没有合作过的艺术界人士的对谈记录下来，以"从我们与陈百强的缘分说起"为概念，汇聚成一本纪念 Danny 的书。在淡紫色的封皮上印着的书名借用的正是《深爱着你》大碟中的第二首歌《盼望的缘分》，这首歌的作曲人正是香港乐坛最出色的创作歌手之一——Danny Chan，陈百强。

Danny 的作曲才华在当年的香港乐坛独树一帜。他从来没有正式学习过音乐，但是他的乐感极好，对于旋律有着过耳不忘的能力。他自学了电子琴，在 1978 年举办的雅马哈电子琴大赛的决赛中，Danny 演奏了电影《星球大战》的主题音乐。他用一台电子琴演奏出了庞大的管弦乐队的效果，高超的演奏技艺给现场观赛的赵文海[1] 等人留

---

[1] 赵文海，香港音乐人，为 Danny 创作了《思想走了光》，在《有了你》大碟中为《念亲恩》等五首作品编曲。

下了深刻的印象。Danny 日后的曲作大多都是弹琴时创作出来的，这些旋律优美、流畅，令人过耳难忘，而且朗朗上口易于传唱，多首代表作不仅成为香港乐坛乃至华语乐坛的永恒经典，也是一代又一代华人的共同记忆。即使几十年岁月流转过后，香港歌手中作曲水准能够与 Danny 比肩者也是凤毛麟角。

Danny 第一次发表创作是在 1977 年，当时他刚从美国留学回港不久，得知 TVB 举办"流行歌曲创作邀请赛"，便写了一首曲准备报名参赛，并找刚认识不久的陈欣健[①]帮忙写歌词。陈欣健对比自己小十三岁的 Danny 大加鼓励，并用自己很喜欢的巧克力牌子"Rocky Road"作歌名，填出了一首寓意要克服人生道路的崎岖才能获得成功的歌词，不过由于他当时供职于丽的电视台[②]，曾有过投稿 TVB 举办的比赛被拒的经历，所以填词人没有署自己的名字[③]。

---

① 陈欣健，英文名 Philip Chan，香港演员、编剧、导演、制片人、主持人，入行前曾担任警察，1976 年进入演艺圈后成为著名的多面手。
② 丽的电视台，1957 年开播，是香港的第一家电视台及全球首家华语电视台，1982 年改名"亚洲电视"，2016 年停播。
③ "Rocky Road"填词故事参见 2018 年举办的 Danny 诞辰六十周年系列纪念活动中陈欣健自述。

Danny 将参赛曲目"The Rocky Road"交到 TVB 几天后便被通知进入了决赛。鲍比达①很欣赏 Danny 的才华,于是担任了"The Rocky Road"的编曲人。Danny 在 9 月 18 日举办的决赛上现场演唱"The Rocky Road"并拿到了第三名的好成绩,获得第四名的是当年还叫做卢国富的卢冠廷②。这是 Danny 的创作实力第一次获得世人的肯定。在两年后 Danny 推出的第一张个人大碟 *First Love* 中也收录了这首对于 Danny 的创作之路有着重要意义的作品,并将歌名最终确定为"Rocky Road",作词人记载的依然是 Danny。监制谭国基邀请已经赴美留学的鲍比达再次为"Rocky Road"编曲,这也开启了 Danny 与鲍比达长达八年的合作历程。鲍比达在年少时便展现出极高的音乐天赋,当他开始从事编曲及制作商业歌曲的工作后,逐渐在行业内获得知名度,并受邀于 1975 年出任香港 EMI 唱片的音乐总监。因国语时代曲时期的辉煌业绩,EMI 未针对六七十年代香港乐坛流行趋势的改变及时作出商业策略的调整,到七十年

① 鲍比达,英文名 Chris Babida,华语世界音乐大师。
② 陈百强与卢冠廷的故事,详见本书第六章《伤心人》。

代末，EMI 已经在业内被称作"唱片界坟墓"，这也导致鲍比达在此期间没有名作发表。鲍比达于 1978 年赴美国伯克利音乐学院学习音乐，毕业后又赴迪格罗夫音乐工作坊继续进修。正是在这个阶段，他接到了为 Danny 的第一张个人大碟编曲的工作，负责其中一半的曲目，尤其是为主打歌《眼泪为你流》给出的编曲，大气、缠绵，一举奠定了 Danny 的音乐风格。鲍比达在 First Love 大碟中编曲的这六首歌，也是他在华语乐坛留下的较早的足迹之一。八十年代初，鲍比达回到香港，首次担任唱片监制的 Danny 邀请他再次合作，他为 Danny 作曲、编曲的拉丁舞曲风格作品《疾风》及重新编曲的《今宵多珍重》令他名声大噪。世人大多只知道日后的鲍比达是华语音乐界的大师级人物，却少有人知，让他从当年香港众多音乐高手中脱颖而出的正是 Danny 的作品。

Danny 的首张大碟选用了 Danny 自己创作词曲的 "First Love" 作为标题歌。当 Danny 谱好曲后，便觉得英文词比中文词更加适合这段旋律。经过一位文学修养甚高的异性友人指点后，Danny 把儿时偷抽家里的雪茄后被呛倒（Choking on our stolen first cigar）、在晴天穿上雨衣（We wore our raincoats standing in the sun）等童年趣事写进了歌词里，成就了一首闪耀着回忆的光辉、情景俱佳的歌词。顾嘉辉用木吉他、钢琴加弦乐的民歌风格编曲，将 Danny 创作的旋律中优美、悠扬的气质完全发挥了出来。Danny 清新淡雅的演唱展现出歌词中情窦初开的少年心态，在当年迷倒了无数少女，即使多年之后，依然是她们难以忘怀的青春记忆及梦中之曲。能够选用新人自己作曲的歌曲作为首张大碟的标题歌，代表着监制谭国基对 Danny 作曲实力的充分肯定。多年后回顾来看，"First Love" 这个大碟标题既代表了 Danny 刚出道时的青涩年代，也承载着歌迷们对 Danny 的第一份爱。*First Love* 大碟推出后，Danny 立刻走红，动听的歌曲以及俊朗的形象，让他迅速成为无数少男少女心中的偶像。当时正在英国旅行的 Danny 也被谭国基紧急叫回香港宣传唱片。*First Love* 大碟的销量堪称一个奇迹，据报道，唱片曾在三个月内五度断市，其中起到最重要推动作用的曲目依然是 Danny 自己作曲的作品——《眼泪为你流》。Danny 原本为这段旋律也填写过歌词，他在词中将自己比作落单的孤雁。不过这样的意境并不是谭国基想要的，他希望有一首更加富有青春气息的歌词，于是便邀请郑国江^①重新填词，这也是郑国江与 Danny 这对黄金词曲搭档的第一次合作，就此奠定了 Danny 略带伤感的情歌基调及作品风格。谭国基为《眼泪为你流》设计了开篇电话接通后就挂断的情节，并以此作为 First Love 大碟封面的概念，亲自为 Danny 拍摄了封面照片。《眼泪为你流》推出后大受欢迎，不仅让 First Love 大碟大卖特卖，而且拿到了香港电台举办的第二届十大中文金曲，Danny 是当年的获奖歌手中最年轻的一位。在那个电视剧歌曲盛行的年代，《眼泪为你流》为香港乐坛带来了一股清新的气息，也标志着八十年代新音乐风格的到来。

虽然改变 Danny 创作原意的歌词大获成功，但郑国江并没有忘记 Danny 想要表达的意境。三年后，在 Danny 亲自担任监制的第一张大碟《倾诉》当中，郑国江借周启生的谱曲，写了一首《孤雁》还给了 Danny，虽然在郑 sir 心中，此孤雁非彼孤雁^②。或许正是"孤雁"变"眼泪为你流"的经历，让 Danny 明白自己的强项并不在填词上，因此在

① 郑国江，曾用笔名江羽、江上风等，香港著名填词人，与黄霑、卢国沾并称为粤语流行歌早期三大词人，正职为小学英语及美术教师。
② 关于《孤雁》，详见本书第六章《伤心人》。

之后的音乐生涯中，他没有再创作歌词，而是将全部精力都放在了作曲和唱片监制上。这也让收录在 *First Love* 大碟中的《两心痴》成为了 Danny 发表过的唯一一首粤语歌词。或许会有人以为 Danny 写的词如他谱的曲一样是浪漫的情歌，实则，Danny 在歌词中表现的是年轻人不因感情的挫折而消沉、期望创一番事业的雄心：

> 是青草遍地到处百花开，
> 是天空海阔万物任我裁，
> 到今天知道梦幻全灭散，
> 立誓听朝努力行。
> 共勉励，莫再跌低
> 立志誓，耀眼生辉。
> 莫再提，恨亦无谓，
> 志刚坚，劲冲天。

在 *First Love* 大碟中，除了六首英文歌和《两心痴》以外，其他五首粤语歌的歌词都是由郑国江填写的。而在 Danny 早期的——准确的说是谭国基为 Danny 担任监制的——四张大碟中，郑国江几乎包办了全部的歌词。*First Love*《不再流泪》及《陈百强与你几分钟的约会》都各只有一首粤语歌由其他人填词，《有了你》大碟中，郑国江则是在十二首歌中填了八首歌词。如果说 Danny 本人及顾嘉辉、鲍比达等众多优秀的作曲、编曲人一起塑造了人们最初认识且深入人心的 Danny 的音乐轮廓，那么郑国江则是用他的文字向大众具体地描绘了 Danny 的气质与样貌，他用一句句歌词表现青年人懵懂的爱情或励志向上的精神，树立了 Danny 纯真、积极、健康的形象，这正是谭国基想要打造出的那个学生王子。在此之前，香港乐坛从未有过这种类型的歌手，Danny 是公认的香港第一位偶像歌手。但对于"偶像"这个称谓，Danny 有着独到的思辨，他觉得人们口中的"偶像"多少带有"冇料"的意味，所以他认为自己是一半偶像、一半实力派。

Danny 在完成 *First Love* 大碟的录音工作后，赴东京第一次见到了自己的偶像、艺能界巨星山口百惠，他像普通歌迷追星一样，送给了山口百惠一座江西产的观音瓷像以及自己的唱片。这次难忘的经历给予了 Danny 作曲的灵感，让他创作出了收录在第二张大碟《不再流泪》中的《昨夜梦见你》。郑国江所填的歌词美如童话，令人陶醉："如我记得，梦中诗句，我想可以留住你。"这懵懂的爱恋思绪，谁人年轻时不曾有过？前奏处 Danny 的独白更是他本人为了追求新感觉的独具匠心。1980 年 9 月 3 日，Danny 在东京再次见到山口百惠，百惠还记得 Danny 送给她的礼物。与上一次只匆匆见了一面不同，这一次 Danny 与百惠在 disco 中共度了一晚，一起跳舞还留下了珍贵的合影。最美妙的经历是，Danny 的日本朋友在现场播放了《昨夜梦见你》，并且告诉百惠这是 Danny 为她创作的，Danny 也在百惠的要求下跟着音乐唱起了这首歌。唱完后，百惠开心地向 Danny 鞠躬道谢，还吻了 Danny 的脸颊。二人分开后不久，当晚又在另一处相遇，当时 Danny 在日本的朋友正在为他庆祝农历生日（农历七月二十四日），百惠知道后更是送香槟给 Danny。以后世的眼光来看，这是日本与香港的两位传奇巨星的一次历史性相会。此时的山口百惠即将与三浦友和结婚并隐退，如果 Danny 再晚来日本半年，恐怕就不那么容易再次见到百惠了。不过正是由于有了这一次见面的基础，Danny 在 1981 年再次去日本时又有机会与已经步入婚姻生活阶段的百惠见面，谈自己对于事业的计划。与许多隐退又复出、再隐退再复出的明星不同，山口百惠于 1980 年底隐退后至今已四十余年，除了以三浦百惠之名发表过几首歌词，近年来推出过图书《时间的花束》之外，再也没有登上过舞台。由于信息获取的不同步，生活在内地的绝大多数人都是从 1984 年中央电视台播放的电视剧《血疑》才第一次知道山口百惠的，主题歌《谢谢你 我的爱人》（ありがとう あなた）在中国内地的知名度也远超《横须贺的故事》（横须贺ストーリー）、《秋樱》（秋桜）、《佳日启程》（いい日旅立ち）这些山口百惠在日本真正的大名曲。《血疑》的播放曾在内地掀起过一段山口百惠热，虽然此时山口百惠已经隐退多年了。

1980 年 5 月，EMI 为 Danny 发行了第二张个人大碟，音乐上延续了 *First Love* 大碟的风格，Danny 再次创作了大碟标题歌——《眼泪为你流》的续篇《不再流泪》。作为对《眼泪为你流》中挂断电话的回应，《不再流泪》的开篇由香港电台 DJ 谭伟华出演的女声角色给 Danny 打来电话，Danny 谱写的也是一段有如约会的美好一般的温馨旋律。大碟封底上，Danny 穿着滚轴旱冰鞋开心地笑着——这样的表情在 Danny 的唱片封套上并不多见——引起了青少年们的注意，唱片公司随后应大众的要求举办了滚轴旱冰鞋竞技大赛，Danny与谭伟华一同担任了比赛评委。为了顺应当年的香港歌迷更喜欢听中文歌的习惯，《不再流泪》大碟中还收录了"First Love"的粤语版《初恋》，避免这样一首佳作因为语言的问题被歌迷们所忽略，林姗姗作为嘉宾在"'88存真演唱会"上独唱的就是粤语版的《初恋》。

1980年12月，Danny交出了加盟华纳后的第一份成绩单——《陈百强与你几分钟的约会》大碟，发行当日销量已超过3万张并在第五届金唱片颁奖典礼上拿到了白金唱片奖。《陈百强与你几分钟的约会》大碟之所以这么畅销，最重要的原因就是收录了Danny主演的第一部电影《喝彩》的同名主题歌，依然是由陈百强作曲＋郑国江填词的黄金组合。Danny擅长演奏钢琴，他的许多作品都是一边弹琴一边创作出来的，编曲人也多根据Danny的原始动机用钢琴或键盘来编排前奏继而引出主歌。《喝彩》却是个例外，鲍比达以吉他＋贝斯演奏前奏，副歌加入弦乐，使得整首乐曲张力极强，配合Danny谱写的柔中带刚的旋律，有一种催人奋进的力量。已经与Danny合作多次的郑国江在拿到填词任务时便知道这是为Danny主演的新

电影创作的主题歌，因此填词时也是煞费苦心，最终创作
出了一首蕴含着对友人细心呵护与劝勉意味的经典歌词。
由于《喝彩》作为电影主题歌在大碟发行前已被先期推出，
因此其受欢迎程度远超过大碟的标题歌《几分钟的约会》，
成了大碟的第一主打歌，并在 1981 年的第 1 周成为中文
歌曲龙虎榜的冠军歌。1984 年，在洛杉矶奥运会的现场，
曾有中国运动员在夺冠后唱起了《喝彩》。《喝彩》不仅是
60 后、70 后港人的青春记忆，影响力也一直延续至今，
在 2007 年被选入香港的中学音乐教材，并在众多影视剧
里被多次引用。不过对于郑国江来说，《喝彩》还有一个属
于他自己的故事。郑国江原本是以"鼓舞"为主题创作这
首歌词的，但因为《喝彩》电影的火爆效应，为了便于宣
传，唱片公司在推出《陈百强与你几分钟的约会》大碟时
没有征求他的意见就将歌名改为《喝彩》。笔者十四岁第
一次听《喝彩》时也曾疑惑歌名与歌词内容为何没有关联
性。一向以微笑面容示人、给人以温和印象的郑国江在这
件事上体现出了文人的执拗，经过他坚持多次在各种公开
场合讲述这个故事，《喝彩》如今也有了另一个名字，即最
初的《鼓舞 encouragement》。

Danny 在《陈百强与你几分钟的约会》大碟中展现了旺盛的创作力，一口气拿出了五首曲作，也是历年大碟中最多的一次。除了《喝彩》，还有日后被改编成《梦里人》的《我爱白云》①，这是在 1987 年之前仅有的两首并非由郑国江填词的 Danny 曲作之一。《飞出去》如《喝彩》一般，有着在 Danny 的曲作中不多见的明朗感情基调。郑国江用向父母倾诉的口吻，刻画出一位心怀崇高理想并决心为之奋斗的有志青年形象。"不恋祖荫""不愿做二世祖"的词句，与现今弥漫的"拼爹""炫富"、羡慕"富二代"的风气形成了巨大的反差，这正是 Danny 的心声。Danny 的父亲是位成功的商人，认识不少演艺圈的名流。但在 Danny 的成名之路上，从来没有用过家里的关系，完全是凭借着自己的才华和努力才取得的成功。《快乐丑小鸭》的旋律优美、流畅，编曲风格也与"First Love"接近，如果填上的是情歌歌词，或许会成为另一首《眼泪为你流》。笔者认为，大概是郑国江觉得已经给 Danny 写过太多的情歌，希望有一些变化，因此才填写了《快乐丑小鸭》这样一首外

---

① 该作的作词人是汤正川，香港电台 DJ，曾任职于华星唱片。

形仿佛童话、实则借物明志的作品，这也是在 Danny 的作品中第一次出现"偏偏喜欢你"的歌词，不知 Danny 在两年后改写"偏偏中意你"的瞬间脑中是否闪过了《快乐丑小鸭》呢？① 相比《快乐丑小鸭》的轻松、明快，《纪念册》的色调则显得灰暗了一些。郑国江所填的歌词，描写的是青年人初入社会遭遇挫折，心理上感受到落差，怀念学生时代与老师同学共度美好时光的心境，主题与大碟中的改编歌《失业生》②相呼应。八十年代末至九十年代初的香港乐坛，改编的风向继欧美、日本之后又转向了台湾，曾多次出现过在一张大碟内有多首歌曲改编自同一张台湾专辑的作品或是改编了同一位台湾音乐人为不同歌手创作的作品的情况，这体现了香港唱片业繁荣盛景背后本地原创实力匮乏的现实以及部分唱片公司高层对于本地原创作品不够重视的态度。或许没有人会想到，台湾乐坛也曾有过在一张专辑中有多首歌曲改编自同一张香港出品的大碟的情况。台湾歌手费玉清在 1981 年推出的国语专辑《送你一

① 笔者发现《快乐丑小鸭》2 分 12 秒处的贝斯弹错了，不知道为什么在混音时没有被发现。
② 关于《失业生》，详见本书第十二章《永不改变》。

把泥土》当中，有三首歌的原曲出自《陈百强与你几分钟的约会》大碟，分别是《飞出去》（原曲《飞出去》）、《夏日几时来》（原曲《纪念册》）、《毕业生》（原曲《失业生》），其中不仅有两首 Danny 的曲作，而且国语版的编曲几乎与原版无异，足见 Danny 当年的影响力有多么强大，虽然 Danny 从未在台湾推出过国语专辑。《喝彩》的国语版则在十二年后出现，出生于香港、成名于台湾的歌手邰正宵在1992 年 8 月推出专辑《为我喝彩》，标题歌正是《喝彩》的国语版。八十年代初的香港，经济实力强于台湾，制作的音乐产品相比台湾也更加前卫和西化。Danny 作为香港第一位偶像歌手，他的音乐作品更是代表着时尚的潮流，也成为了台湾的音乐人此时选择 copy 的对象。数年后，随着台湾经济的腾飞以及"解严"后新一代优秀音乐人的大量涌现，港台两地音乐创作实力的对比才发生了逆转。

谭国基在制作 Danny 的第四张大碟时选择了与大获成功的《陈百强与你几分钟的约会》相同的商业推广模式，即与 1981 年暑假上映的 Danny 主演的第二部电影《失业生》及主题歌捆绑宣传，标题便是《失业生主题曲》，唱片封面上也列明了两首主题歌《有了你》和《太阳花》，其中《有了你》①传唱更广，歌迷们日后也更习惯将这张大碟称作《有了你》。Danny 在《有了你》大碟中再次贡献了四首曲作，依然全部由郑国江填词。《太阳花》节奏轻快，给人以耳目一新之感，其他三首作品《沙滩中的脚印》《校门外》《快乐的拥抱》亦是清新的校园风。虽然这些作品依旧很受欢迎，但此时 Danny 已经开始寻求创作上的改变与突破。

一年之后，Danny 推出了他的第五张大碟，不过却不是一张全新大碟，而是一张新歌＋精选大碟——《突破精选》。由于华纳并没有 Danny 在 EMI 时期两张大碟的版权，所以《突破精选》大碟中的十二首歌，是由两首 Danny 为他主演的 TVB 电视剧《突破》配唱的新歌，以及《陈百强与你几分钟的约会》和《有了你》大碟中的各五首旧歌组成的。电视剧《突破》于 1981 年 12 月 24 日开播，由 Danny 与翁静晶、毛舜筠主演，围绕年轻人的恋爱故事展开，这也是唯一一部由 Danny 担任主演的电视剧。同名主题歌由顾嘉辉创作，这是已为 Danny 多次编曲的顾大师第一次

①　关于《有了你》，详见本书第十二章《永不改变》。

为 Danny 作曲，一首 Bossa Nova[①] 风格的作品，体现出顾大师对 Danny 尝试多种曲风的期待。插曲是 Danny 的作曲神作《涟漪》，旋律之优美令同为作曲高手的卢冠廷深感钦佩，即使四十年后依然感叹"最希望《涟漪》是我作的"。郑国江收到曲作时已得到导演"写情歌"的要求，他决定写一种能够打动年轻观众的淡然、纯洁的爱情。他想起了小学老师在教授冰心的散文《荷叶与红莲》时，曾用文中没有的"涟漪"二字来讲解文中雨点落到一缸荷花中的场景。老师在黑板上写下"涟漪"两个字并讲述"涟漪"扩散出去到静止的过程，让年幼的郑国江对"涟漪"两个字产生了很深的印象。四十年来，《涟漪》这首将旋律与文字美妙结合的歌曲，依然是华语流行音乐创作的教科书级作品。顾嘉辉的编曲[②] 以清亮的钢琴声开篇，在"生活淡淡似是流水"处加入木吉他和弦乐，全曲只有这三种乐器

① Bossa Nova，一种融合了巴西音乐节奏与美国西岸 Cool Jazz 的音乐风格。
② 《突破精选》大碟内页中未记载《涟漪》的编曲人信息，之后数年华纳推出的多张精选中亦是如此，直到《陈百强 90 浪漫心曲经典》中才第一次在唱片内页写明《涟漪》的编曲人是顾嘉辉。

的音色，看似简单的编配，在短短的三分钟内给听者以纯美的享受，彰显出顾嘉煇超高的编曲功力，周启生的钢琴演奏亦极为精彩。在当年人们的普遍观念中，歌星唱歌时是不能用假声的，假声是高音唱不上去的表现。Danny 在《涟漪》中突破性地用假声演唱了最高音的"涟漪"，这次完美的假声运用，让人们了解到，假声是一种可以增加歌曲表现力的演唱技巧，合理的运用可以令作品生发出令人耳目一新的美感。更何况 Danny 本身就是《涟漪》的曲作者，在作曲时他已经考虑到了自己的音域以及如何交替使用真、假声来演绎。完成录音后，Danny 便投身电视剧的拍摄，将混音交给刚刚由仓库管理工作转至制作岗的黄柏高。"初哥"黄柏高谨记 Danny 注重混响（reverb）效果的嘱托，指挥赵文海完成了《涟漪》的混音工作。Danny 与黄柏高在之后的工作中成为好友，Danny 去世后，黄柏高作为扶灵人送了 Danny 最后一程。值得一提的是，《突破》电视剧中播放的《涟漪》在尾奏处有 Danny 的哼唱，与大碟中收录的版本不同。剧中 Danny 还在简单的木吉他伴奏下清唱过《昨夜梦见你》和《有了你》，虽然剧情中表现的是 Danny 边弹木吉他边唱，不过从手法来看，当时的 Danny

应该是不太会弹吉他的。《涟漪》派台后成为中文歌曲龙虎榜 1982 年第 29 周的冠军歌，也让 Danny 第二次捧回了十大中文金曲奖。

与谭国基和平解约之后，Danny 开始担任自己的唱片监制。在全面统筹唱片制作的同时，角色的转换也让 Danny 对于自己的曲作有了更高的要求：重在质量而不是数量。自此之后，Danny 在一年内发表的作品再也没有超过三首，但几乎首首都成为经典曲目。首屈一指的就是堪称香港八十年代时代符号的《偏偏喜欢你》。Danny 在他担任监制的第二张大碟中希望表达出东西方文化融合的概念，这也正是香港这座城市的气质，既有着繁华大都市时尚、璀璨的一面，又有着极为传统的一面。没有经历长期大规模战乱及"除四旧"等运动的洗礼，香港保留了许多在内地——尤其是北方地区——难得一见的中华传统文化习俗。为此，Danny 不仅在大碟封面上为自己设计了融合中西方元素的形象，在音乐方面，更是创作了一首中国小调式的作品，这就是旋律极为优美的《偏偏喜欢你》。Danny 曾回忆说，自己作曲有时很快，有时需要花上几天时间，要看灵感：比如说《眼泪为你流》用了一天时间，

《偏偏喜欢你》是一个小时；《偏偏喜欢你》和《涟漪》都是他在中环的某个琴房，别人在买唱片，他在弹琴，弹着弹着就写出来了。

郑国江最初填写的歌词并不是"偏偏喜欢你"，这五个字的位置 Danny 最初给郑国江的旋律是"so mi re do do"。由于广东话的音乐性很强，每个字几乎都有特定的音阶，所以郑国江原来填的词是"偏偏钟意你"。但"钟意"两个字比较口语化，和整首歌词显得有点格格不入。于是收到歌词后 Danny 把旋律改成了"so mi re re do"，并将歌词改成了最终的"偏偏喜欢你"。试想，如果 Danny 当时没有进行修改，纵使这段旋律整体上已经极为优美，但最终的效果似乎也是会有些欠缺的。但正是因为这首歌是 Danny 自己作曲的，所以他才能如此恰到好处地落下这一点睛之笔。

《偏偏喜欢你》的录音过程并不顺利，曾有断电、机器出故障的波折。身兼监制的 Danny 对自己的演唱要求极高，录唱到第 46 遍才满意收工，一首经过反复打磨的经典作品就此诞生。《偏偏喜欢你》在推出时只是大碟的第二主打歌（第一主打歌是《相思河畔》），但获得的成功是空前的，不仅成为中文歌曲龙虎榜 1983 年第 35 周的冠军歌，还入选了 1983 年劲歌金曲第三季季选以及第六届十大中文金曲。《偏偏喜欢你》是 Danny 第三首入选十大中文金曲的作品，他的前三首入选作品全部是他自己的曲作，人们彻底为 Danny 的音乐才华所折服。比较遗憾的是，在首届十大劲歌金曲颁奖礼上，Danny 获奖的曲目是于 1982 年末推出的《今宵多珍重》，这也使得《偏偏喜欢你》没有能够成为 Danny 的第一首"双十大"金曲。在香港之外的地区，《偏偏喜欢你》的影响力超过了 Danny 以往推出的所有作品，遍及世界上全部的华人地区。尤其是在内地，《偏偏喜欢你》在当年并没有同步被介绍到内地，但是多年后，当内地的听众们从不同的渠道陆续听到《偏偏喜欢你》时，无不被其中优美的旋律所吸引，中西融合的曲风也很符合内地人对香港的印象。发表四十年来，有数不清的影视作品用《偏偏喜欢你》来代表并回顾香港那个最为辉煌的年代，一次又一次的引用也让《偏偏喜欢你》成为全球华人的共同回忆。

《偏偏喜欢你》是郑国江与 Danny 这对黄金词曲组合的又一次成功合作，几十年之后，郑国江依然能够回忆起 Danny 与他聊这首歌创作时的情景。虽然之前已经有过多次合作，但二人其实很少见面，一般都是监制或者唱片公司的工作人员来送 Demo。Danny 罕见地约郑国江亲手交歌，足见 Danny 对于这次的作品极为重视。那一天，Danny 约郑国江到位于太子道的 Captain's Table 饮茶聊天，他讲起自己对于要交给郑国江填词的两段旋律的感觉，还谈到了自己对于爱情的观感和态度。除了《偏偏喜欢你》，Danny 交给郑国江的另一段旋律就是收录在《深爱着你》大碟中的《盼望的缘分》。郑国江按照 Danny 的表述写出了 Danny 在爱情上的"人生观"，有人积极寻找爱情，有人被动等待爱情，但 Danny 与这二者都不同：他盼望着属于自己的爱情，宁可世人骂他痴傻，愿意豁出生命去担起爱情这副枷锁，遗憾的是他这半生终究没能迎来他盼望的爱情。

Danny 此前发表的作品，以六七十年代欧美流行的民歌风格为主，亦结合了中国小调以及粤曲的元素。《盼望的缘分》则更接近八十年代初欧美流行音乐的风格，虽然依旧是抒情曲，但感情基调明朗，旋律大开大合，这也是 Danny 创作中的第一次。制作《深爱着你》时，Danny 经顾嘉煇的推荐与其弟子徐日勤相识，Danny 交给徐日勤编的第一首歌就是《盼望的缘分》。徐日勤的编曲从前奏伊始便给人眼前一亮的感觉，虽然还是以电钢琴铺底，但第一次在 Danny 的作曲作品中出现大段电吉他 solo、充满力量感的鼓声，给人以全新的听觉体验；听者的情绪能够随着鼓槌的每一次落下感受到强烈的冲击，镲片的声音极为清晰，这是真的 band sound！层次分明的各种乐器的音色也是《深爱着你》大碟 "靓声" 的一个缩影。二十多年后，在香港电台制作的《不死传奇——陈百强特辑》电视节目中，徐日勤用钢琴弹起了他与 Danny 合作的第一首歌《盼望的缘分》来缅怀这位逝去已久的老朋友。①

　　Danny 在 1986 年接受电视节目访问时曾说，他最钟意的一首创作是《盼望的缘分》，因为其中一句歌词很绝，那就是 "自己孤单，还要天天唱着情歌"。这正是 Danny 的人生写照，明明生活中并不拥有爱情，但作为人们心中的情歌王子却还要唱着人们喜欢的情歌。他也曾在 " '86

---

① 徐日勤与 Danny 合作的更多作品介绍，详见本书第十一章《如果没有你》。

前进演唱会"上用"夭心夭肺"① 来评价《盼望的缘分》的歌词。Danny 此前演唱的情歌，无论是自己作曲还是别人作曲，歌词所写的都不是自己的故事，正所谓"仿佛听别人故事"，但《盼望的缘分》却真真正正写的是 Danny 自己，这也让他在演唱时投入了比以往都深厚的感情。《盼望的缘分》的音域跨度很大，Danny 在主歌部分唱到了罕见的低音区，在副歌要用假声来唱"担起枷锁"时的最高音。1984 年初赴美国灌录歌曲的经历，也让他学到了新的演唱方式，他在两遍"自己孤单，还要天天唱着情歌"后分别加唱的 double track 实乃神来之笔，如果没有这两段 double track，作品整体的表现力会减分许多，Danny 对于歌曲的整体表现力已经有了更高阶的把控能力。七年后，Danny 在《一生不可自决》中也采用了相似的唱法。

词曲创作完成后，Danny 认为《盼望的缘分》与《百强'84》大碟的其他作品风格不一致，所以并没有将这首歌收录其中，这也使得《百强'84》成为了第一张没有

---

① 广东方言，意思是人被某些语言或行为刺激后，又或者看到某些文章句子而产生感触时，内心仿佛被硬物掏挖般的刺痛感受。

Danny 曲作的大碟，直到以情歌为主的《深爱着你》大碟发行时才将《盼望的缘分》收入其中。在《深爱着你》大碟发行前的某天凌晨四点，Danny 曾打电话给黄柏高，说觉得《盼望的缘分》的拍子越来越慢。Paco 大惊，听过后却发现并没有问题，他认为可能是 Danny 听这首歌的次数实在太多了，沉浸于其中，感觉所有的事情都延误了，也就觉得歌曲慢了下来。《盼望的缘分》作为《深爱着你》大碟的第二主打歌，在华纳几乎没有宣传的情况下，取得了中文歌曲龙虎榜最高第三名的成绩。《盼望的缘分》也是日后 Danny 演唱会必唱的保留曲目，Danny 在现场演唱时将最后一句"是这么孤单 爱情避开我"改成高八度演唱，与录音室版低沉的结尾表现出不同的听觉效果。

在《盼望的缘分》正式发表半年前，Danny 还发表了一首曲作，这也是他留给香港乐坛的又一首经典——《等》。Danny 一直很喜爱徐小凤，在"'83 红馆演唱会"上就曾演唱过徐小凤的《随想曲》，他不仅学徐小凤的标志动作，年轻的他还超可爱地向观众席上的徐小凤打招呼。1984 年秋天，Danny 与徐小凤共同参演电影《圣诞快乐》，Danny 便想写一首歌与徐小凤一起合唱。如 Danny 的很多作品一样，《等》的旋律也是 Danny 在中环的某一间琴行试琴时得到的灵感。之后，他在拍摄的间隙，用片场的钢琴弹奏了《等》的旋律给徐小凤听。遗憾的是，当时徐小凤与康艺成音的合约即将到期，准备过档宝丽金，版权问题无法处理，所以二人没能够合作。几年后，Danny 还遇到过类似的事情[①]。徐小凤在接受采访时评价 Danny 说："在拍《圣诞快乐》之前我已经非常欣赏他，自从拍戏接触后，对他有进一步的认识，发觉他平易近人，思维敏捷，他是一个年轻有为的歌手，他的品位我非常欣赏。"Danny 还将自己弹奏的旋律录成了卡带，用一部白色的小型卡带机在拍摄间隙放给导演高志森听，询问是否可以用在电影中。高志森听后觉得旋律很优美，并最终用作了电影的插曲。

Danny 受到剧情中麦嘉饰演的光头佬与徐小凤饰演的小凤姐之间发生的"爱情最后一班车"式的黄昏恋情节启发，在把曲交给郑国江填词时，他将歌曲要传达的概念表达为："人在感情的道路上，就好像在等巴士，当迎面驶来一辆时，你不知道这会不会是最后一班；你很希望不

---

① 详见本书第三章《恋爱预告》。

是，但是如果不上，你又无法预料是否还有另一辆末班车。"麦嘉也曾对郑国江说："人总爱在情路上挑挑剔剔，猛一回头才惊觉错过了尾班车。"郑国江根据 Danny 的讲解写了两个版本的歌词，Danny 将两版的精华组合成了最终发表的《等》。在录唱时，因为发音的问题，Danny 再次改了歌词，将原先的"心里满悲困"改成了"心里满哀困"，曲调也从"mi do do fa do"改成了"mi do do re do"。与《偏偏喜欢你》时一样，为了表示对于填词人的尊重，Danny 特意从录音室打电话告知郑国江改了歌词。歌曲末段，Danny 再次展现了他高超的演唱技巧，"woo——woo——"的假声吟唱堪称神来之笔，Danny 对自己的这个创意及演绎也很满意。正是这段吟唱——电影中出现的《等》并没有加入——成为日后所有想要翻唱这首歌的人都难以逾越的高山。每一次当 Danny 在现场完美演绎这段吟唱时，也都会获得全场观众的掌声和喝彩。Danny 在电影上映不久后举办的"'85 演唱会"上演唱《等》时，曾请观众们送掌声给刚刚结婚的高志森，祝他新婚快乐。《等》蝉联了中文歌曲龙虎榜 1985 年第 4、5 周的冠军并入选 1985 年劲歌金曲第一季季选，如果不是后来发生的"85 事件"以及华纳未给 Danny 申报奖项，《等》是完全够格拿到年度十大中文金曲以及十大劲歌金曲的。虽然在当年没有获得足够的肯定，但《等》的传唱度以及对后世创作者的影响力是巨大且深远的。编曲风格接近，均由钢琴演奏前奏，旋律超乎寻常的优美，使得很多人把《涟漪》和《等》视为同类作品并进行对比。笔者认为，《涟漪》的旋律典雅、沉静，是世间独一无二的存在，旁人难以模仿；相比之下,《等》则更加大众与流行化，易于传唱，Danny 在《等》中创造了一个极为经典的旋律进行，引得后世竞相模仿，多首作品都能听出受到《等》的影响的痕迹：蔡幸娟与彭伟华合唱的《两颗心四行泪》[①]、李沁怡的《别了丹尼》[②]都像是《等》的变奏曲之一，2005 年时更是有新一代香港作曲人张佳添用《等》的前奏和主歌的第一个音"等"发展出了一首全新的歌曲《明目张胆》来向 Danny 致敬。

---

① 《两颗心四行泪》，作曲：蒋三省，作词：李安修，收录于 1991 年蔡幸娟专辑《真的让我爱你吗》，粤语版为叶蒨文与林子祥合唱的《爱到分离仍是爱》。

② 《别了丹尼》，作曲、作词：李沁怡，收录于 1994 年《陈百强 紫色的回忆》纪念合辑，本书后文均简称该合辑为《紫色的回忆》。

Danny 很喜欢去日本旅行，数量不下二十次。除了购物，遇到琴行他也会坐下来弹琴试琴，这是热爱音乐的 Danny 一直以来的习惯。《凝望》的旋律就是 Danny 在日本的一家琴行试音时迸发的灵感，回到香港后，他把这段美好的记忆幻化成了动人的音符。Danny 形容这段旋律想要表达的感觉是："我在看着一个人，而那个人却不知道我望着她，望了她很久。我一直在心中幻想着的一个女生，是我自己等待很久的，凝望着她而她却不知道我在暗暗地看着她。"所以在把曲交给郑国江填词前，Danny 就已经想好了用《凝望》作为歌名，同时以"凝望"的概念来设计新大碟的封套。与此前 Danny 发表的曲作强调旋律线的特点不同，《凝望》是一首以氛围感著称的作品，Danny 的低吟浅唱将旋律中浪漫唯美的气质发挥得淋漓尽致。曲展现人的特质，人将曲演绎得完美，人声与旋律融为一体，给人以如梦似幻的感受，一如 Danny 设计的《凝望》大碟封面，唯美而又朦胧。《凝望》推出后成为了中文歌曲龙虎榜 1986 年第 38 周的冠军歌，入选 1986 年劲歌金曲第四季季选，之后更是拿到了第九届十大中文金曲，这也是 Danny 的曲作第四次拿到十大中文金曲奖。

加盟 DMI 让 Danny 可以与之前没机会合作的音乐人碰撞出全新的火花。填词人方面，最典型的一位就是为宝丽金旗下歌手填出了多首好词的向雪怀[①]。经由曾在宝丽金任职、后转至 EMI 旗下的冯添枝[②]介绍，向雪怀的名字在 Danny 的《痴心眼内藏》大碟中首次出现，之后，他陆续为 Danny 填出了数首具有重要意义的歌词，除了最著名的《我的故事》[③]以外，另一首令 Danny 和歌迷们都非常喜爱的作品就是《漫长盼望》。

　　Danny 的感情问题一直是人们关心的内容，媒体也喜欢在这方面做文章。Danny 对此十分坦诚，在刚出道时就承认过自己有女朋友，正在美国上学，自己会在假期去美国看望她。之后因为拍摄影视剧，Danny 与合作的女演员传出过绯闻，但实际上只是年轻人之间的正常交往。Danny 在采访中也谈起过自己欣赏什么样的女性以及欣赏哪几位女性，也曾说过打算三十五岁那年结婚，怎知会

[①]　向雪怀，本名陈剑和，香港著名填词人。

[②]　冯添枝，笔名历风，DMI 成立后任董事兼总经理，曾为 Danny 作曲《迷失中有着你》《天生一对》《我想你》"Where are you？"。

[③]　关于《我的故事》，详见本书第八章《最深刻的记忆》。

一语成谶……他最后一次主动提起感情话题是在"'91紫色个体演唱会"中演唱《对酒当歌》前介绍创作过程时说："在大约五年前，一位我很深爱的女朋友离开了我……当我录这首歌时，我曾经偷偷哭泣过。但是我没让录音师知道，因为我不想，他不明白我太深刻的感情。但是在这里，既然你是我的歌迷，我完全不介意跟大家分享我内心的世界。"这段话也让人们一直在猜测，Danny说的这位女朋友究竟是谁？Danny在感情问题上一直洁身自好，对于自己坚持的标准绝不妥协，从未做过一件惹人非议之事。

《盼望的缘分》已经清晰地表明了Danny对于感情的态度，创作这首歌时Danny只有二十五六岁，那时的他不会想到，"盼望"的状态会一直延续很多年直到他生命的尽头。当Danny即将迎来而立之年时，他的感情世界却依然是孤独一人。在制作《神仙也移民》大碟时，Danny再次创作了一段缠绵的旋律，向雪怀填词时在"盼望"前面加上了"漫长"两个字——令人颇为心酸！Danny评价《漫长盼望》的歌词让他非常惊讶，向雪怀明明与他没有见面，却仿佛在背后一直跟踪，盯着他白天、晚上做什么、想些什么，然后将这些全都写进了歌词里；歌词可以完全剖白他的心声和状态（只是在私人时间的状态，不是在舞台上的）。Danny 一直在盼望中等待"谁是我所找知心"。漫长的等待折磨着 Danny 的身心，消磨着他的灵气与生命的光彩，但他并没有屈服于命运，他依然对爱情满怀着幻想与期望，"但我的心是痴心一往"道出的正是走过并不顺利的情感之路后 Danny 的心态。Danny 在夜深时经常会一个人在家中听《漫长盼望》，这首歌让他的心里有很多感触，每次在现场演唱《漫长盼望》时，Danny 也都是眼含热泪。

年过三十以后，Danny 的创作节奏有所减缓。与绝大多数创作者一样，在经历了一段创作高峰后都会遇到一个瓶颈期，能够长期保持高水准输出的创作者——尤其作曲方面——少之又少。更何况此前数年 Danny 已经发表过如此多的经典名曲，他对自己的要求也水涨船高，不满意的作品是不会拿出来发表的。华语乐坛有黄家驹、张雨生在去世后仍有不少未发表的 Demo 问世的先例，令人遗憾的是，身为作曲高手的 Danny 去世三十多年来从未有他自己作曲的 Demo 出现。不知是否 Danny 对于不满意、不打算采用的作品根本就不会录下，抑或是家人为了尊重 Danny 的意见即使有未发表的曲作也不会公之于世。

一直秉持着求新求变、不断挑战自我精神的 Danny 在
1991 年 3 月发行的新大碟 *Love in L.A.* 中，希望带给歌迷
们国际化、时尚的音乐潮流。为了贯彻这一理念，他特地
远赴美国拍摄了唱片封套照片。在大碟当中，除了填词
歌《爱在今宵》，西洋风最浓的作品正是 Danny 自己作曲
的《寂寞的感觉》。经历了两三年的沉寂，Danny 一出手
就再次给人以惊喜，旋律中既有专属于 Danny 的优雅气
息，又能够听到在 Danny 以往的曲作中前所未有的感觉，
是 Danny 突破自我的全新风格作品。由 Danny 清唱前三
个音符，之后钢琴声响起、缓缓进入主歌的开篇方式也是
Danny 作品中的第一次。极少有机会与 Danny 合作的宝丽
金编曲大师卢东尼[①]，为《寂寞的感觉》营造出星空之下晶
莹剔透的质感。Danny 的演唱再一次展现出他对自己一贯
高标准的要求，咬字和唱腔都有独到之处，尤其是"咖啡
店"三个字的处理令人印象极为深刻。《寂寞的感觉》是一
首需要听者沉下心来细细品味的作品，时间越久越能够体
会到那份只有 Danny 才能表达出来的浪漫气质。Danny 在

---

① 卢东尼，英文名 Tony Arevalo Jr，简称 Tony A，菲律宾裔编曲人。

"'91紫色个体演唱会"上演唱《寂寞的感觉》前介绍说：

> （这是）我自己作的作品，也都是一贯我自己很喜欢的情歌，也是一些很伤感的歌词。但是我觉得这首歌（将会）是我最后一首伤感的情歌，因为我觉得够了，在我新的一页里面，我希望作一些轻松点，开心点，快乐点的歌，希望大家都一起感应这些快乐。

Danny说到做到，在同年9月发行的《只因爱你》大碟中发表的两首曲作，无论是与徐日勤共同作曲的旋律明朗、节奏轻快的《而情是近》，还是独自作曲的慢板抒情作品《歌者恋歌》①，都不再是伤感的情歌。自1988年8月发行的《无声胜有声》大碟开始与Danny合作的梁伟文，为Danny的曲作填词只有《歌者恋歌》这一首。《歌者恋歌》最初是谭咏麟于1987年推出的音乐电影的名称，梁伟文将这个短语的内涵结合Danny的经历进行扩充与发挥，从

---

① 《歌者恋歌》，作曲：陈百强，作词：梁伟文，编曲：徐日勤，收录于1991年《只因爱你》大碟，WEA。

Danny 擅长演唱情歌，现实中却不拥有爱情这个独特的角度创作出了一首集《盼望的缘分》《偶像》《我的故事》以及《漫长盼望》这四首 Danny 的自传式歌曲之大成的经典作品。"Danny 的演绎，在平静失落里，却难掩不依不舍的心情，似向歌迷作告别。"①《歌者恋歌》堪称是对 Danny 歌手生涯总结最恰当的 BGM。

1992 年 3 月 22 日，Danny 在 TVB 的电视节目《博爱欢乐传万家》担任表演嘉宾，他先后演唱了自己的名作《盼三年》《等》《喝彩》，最后一首歌是《眼泪为你流》。在历年的演唱会中，Danny 很少演唱自己作曲的这首伤感情歌：

"我每次唱这首歌都会忍不住流泪，考虑到现场气氛很热烈，我不想流泪。如果没有以我最真切的感情去演绎这首歌，我觉得是欺骗观众，于是把它删去了。"

但这一次，已经决定在年底退出歌坛的 Danny 久违地唱起了这首他的成名作。虽然岁月在他的嗓音中留下了

① 引自 Kark Woo 撰写的乐评。

些许沧桑的痕迹，但经过多年淬炼后的演绎其实要比最初的录音室版更加动人。Danny 在演唱第二遍主歌时，心中涌起了极大的感触，他张开了嘴，声音却无法从喉咙中发出，泪水已经含在眼中，他低下了头，不想让人们看到自己的表情。之后他抬起头，深吸了一口气，伴随着熟悉得不能再熟悉的音乐平复着自己的心情，从副歌起唱完了最后的段落。没有人会想到，这居然成了 Danny 在香港的最后一次电视演出。他演唱《眼泪为你流》的片段让人感到似乎在冥冥中有一种难以逃脱的宿命，或许在那一刻 Danny 自己也已经有所感知。1992 年 5 月 18 日晚，Danny 被发现晕倒在家中，之后再也没有醒来。在医院救治了十七个月后，1993 年 10 月 25 日中午，香港乐坛的第一位偶像歌手，为香港乐坛乃至华语乐坛留下众多永恒经典的作曲高手——Danny Chan，陈百强永远离开了这个世界。这一年，他只有三十五岁。

第三章　恋爱预告

2007 年，彭浩翔导演的电影《破事儿》①上映，令 Danny 的歌迷们极为惊喜的是其中的短片《大头阿慧》。短片开始于 Danny 的忠实中学生歌迷阿琪和同学阿慧一起排练《再见 Puppy Love》②，阿慧要求阿琪当林姗姗，她自己作陈百强。后来她们分别经历了意外怀孕并走上了完全不同的人生道路。想必，彭浩翔年少时一定也是 Danny 的歌迷，《大头阿慧》中反复出现《喝彩》的歌声，视觉方面也有很多 Danny 的元素③。比如，阿琪家中床边墙上从左至右贴着《无声胜有声》《凝望》《痴心眼内藏》三张大碟的大幅海报，书桌旁的墙上也贴着《冬暖》的海报。Danny 的大多数黑胶唱片中除了歌词页还附赠大幅海报，如今二手市场上的很多黑胶因为缺失了这些海报而价格比较便宜，大概第一手主人就是像阿琪这样的痴心少女，将海报贴在了闺房之中。《大头阿慧》美中不足的一点是，一个道具与

① 《破事儿》由七部短片组成，每部短片都是一个独立的故事，部分改编自彭浩翔于 1999 年推出的短篇小说集《指甲钳人魔》。
② 《再见 Puppy Love》，陈百强、林姗姗合唱，作曲、编曲：林慕德，作词：卡龙，收录于 1985 年林姗姗《我的星座》大碟，WEA。林姗姗又名林珊珊，英文名 Sandy Lamb，香港著名电台 DJ、歌手、主持人、经理人。
③ 小说版《大头阿慧》中并没有出现任何有关 Danny 的元素。

故事的时间设定存在 bug。阿慧与阿琪在电话中谈到"昨晚李嘉欣①拿到了港姐比赛冠军",以及阿琪向男朋友提到 Danny 去日本和西城秀树一起参加亚洲音乐节的演出②,可以判断出故事的时间设定应该是 1988 年,但是阿慧家中却摆放着 Danny 于 1990 年 1 月推出的专辑《等待您》的卡带。此外,还有一个小彩蛋,末段同学会的场景中,在舞台上演唱的,并没有特写镜头的无名歌手是林一峰③。林妈妈唯一的偶像就是 Danny,这让林一峰从小就耳濡目染 Danny 的作品,他在 2007 年主演了由 Danny 的众多经典歌曲改编而成的音乐剧《一期一会》并推出了同名专辑,2017 年又推出了翻唱 Danny 九首经典作品的专辑《细水如歌》。《大头阿慧》中最令人伤怀的一幕莫过于已成为单身妈妈的阿琪在生活最艰辛的时候,听到了收音机里传来的 Danny 去世的消息。阿琪失声痛哭,她人生仅有的信念与寄托也没有了。在 1993 年的那一天,这个世界上不知有

① 李嘉欣,香港女演员,1988 年获香港小姐选美冠军。
② 1988 年 7 月,Danny 作为"长崎亚洲音乐节"的嘉宾与日本歌手西城秀树及韩国歌手赵容弼合作演出。
③ 林一峰,香港歌手、演员、主持人。

多少人像阿琪一样因为 Danny 的离去而悲伤不已。《大头阿慧》的故事结束于几年后的同学会现场，阿慧邀请阿琪上台一起演唱当年因为她怀孕退学而没有机会唱出的《再见 Puppy Love》，二人也再次跳起了彭浩翔专门为《再见 Puppy Love》编排的舞蹈。

在当年所有痴迷 Danny 的少女当中，林姗姗毫无疑问是最幸运的一个。早在她上中三那年的圣诞晚会①就第一次见到了 Danny。姗姗就读的是天主教女校，学校规定只有上了中三才能参加圣诞晚会，正是花季年龄的姗姗对于自己第一个圣诞晚会充满了想象与期盼，而就在那个晚上，Danny 来到了姗姗的学校。四十年后，姗姗回忆起第一次见到 Danny 时的场景依然是无比的兴奋："Danny 的身上仿佛会发光，一下子就吸引住了我的目光。"为了引起 Danny 的注意，姗姗使劲地跳舞，并且用力挤开其他女生，终于凑到了 Danny 身边。正当她不知该如何与 Danny 打招呼时，Danny 对她说"你跳得不错哦"——这句话深

---

① 中三相当于内地的初三或九年级，林姗姗的中三圣诞节大概是 1978 年的圣诞节。

深地印在了这位少女的心中。

　　后来，姗姗成为电台 DJ，Danny 也经常来电台做节目，二人便真正认识了。当姗姗与郑丹瑞、何嘉丽共同主持的节目《三个小神仙》[①]开播后，他们一老二少的奇妙组合加上郑丹瑞编排的风趣幽默又有故事性的崭新节目形式吸引了很多听众。林姗姗与何嘉丽也一下子成为了明星 DJ，下班时会有听友等在电台门口请她们签名。香港电台高层也因此发现了这些年轻 DJ 们身上的潜力，希望她们能够多方面发展，在提高个人知名度的同时，也带动节目的收听量。而兼职做歌手自然就是有着好声音这一先天优势的电台 DJ 们最好的选择。何嘉丽签了 CBS / SONY 唱片公司，因为喜欢 Danny，姗姗毫不犹豫地选择了签约 Danny 当时所在的华纳唱片。签约前，香港电台为了让姗姗引起华纳高层的注意，在一个活动中特意安排姗姗藏在一个大礼物盒子中。当 Danny 拆礼物时，姗姗突然跳出来给了 Danny 一个惊喜，之后二人还一起合唱了英文歌。姗姗回忆，当时电台的人还开玩笑说，姗姗的个子小，做

---

① 《三个小神仙》是 1983 年香港电台于每周日播出的一小时明星栏目。

个盒子也花不了多少钱。签约时，吴正元（时任香港华纳唱片总经理，亦是林子祥当时的妻子）提醒姗姗要仔细看一看合同的内容，姗姗的回答是："如果 Danny 的合同是这么签的，那我也就这样签了。"在姗姗成为歌手的过程中，她心中所期望的只是一切都和自己的偶像 Danny 一样就好。当华纳要为她出第一张唱片时，她最大的愿望也是能唱一首 Danny 为她写的歌，可是她不敢自己去问 Danny，只能问唱片监制黄柏高有没有这种可能性。黄柏高向 Danny 表达了这个请求后，Danny 很快就交出了一首歌，这就是姗姗作为歌手的成名作《恋爱预告》[①]。

　　林姗姗并不是第一个演唱 Danny 作品的人。自 1973 年开始以歌手身份发展的黄恺欣于 1979 年推出了她的最后一张大碟《原谅我》，当时谭国基也是她的经理人及唱片监制，所以要 Danny 为她写一首歌，于是就有了 Danny 的第一首为其他歌手作曲的作品《泪中泪》，由郑国江填词。亦有歌迷将《泪中泪》与另外两首 Danny 作曲、郑

---

① 《恋爱预告》，作曲：陈百强，作词：郑国江，收录于 1984 年林姗姗大碟《林姗姗》，WEA。

国江填词的《眼泪为你流》《不再流泪》并称为"眼泪三部曲"。或许很多人会觉得黄恺欣这个名字有些陌生，但你还记得电影《失业生》中 Danny 饰演的阿宝班上的那位女老师吗？推出《原谅我》大碟之后，黄恺欣主要以演员的身份发展，出演了很多影视作品，但再也没有出过唱片。

第二个演唱 Danny 作品的是他的好朋友、香港著名电台 DJ，"香蕉姐姐"邓霭霖。邓霭霖的生日只比 Danny 小两天——1958 年 9 月 9 日。她第一次见到 Danny 是在雅马哈电子琴大赛的比赛现场，她去为同样参加比赛的姐姐助威。不久之后，邓霭霖就读的学校（也是所女校）举办音乐会，邀请了当时在学界已经很出名的 Danny 来唱歌，邓霭霖是主持人，于是就名正言顺地和美男子聊天了。邓霭霖对 Danny 的第一印象是很 cool、很文静。他们很聊得来，不过在那个通讯不发达的年代，二人并没有互留联系方式，直到后来邓霭霖当上电台 DJ，Danny 来电台做节目重遇后，他们才真正成为朋友。在 Danny 推出 First Love 的同一年，邓霭霖也在 EMI 旗下以歌手身份推出了首张个人大碟《青春年华 一句话……》。1981 年邓霭霖要出第二张大碟时，Danny 为她写了一首《为我珍重》[1]，这也是 Danny 为其他人创作的第二首歌。显然，邓霭霖并不是非常擅长唱歌，之后就再也没有出过唱片。1984 年至 1987 年间，邓霭霖在香港电台主持她最著名的一档栏目《把歌谈心》，这是一档深夜 12 点的直播节目，很不容易请到嘉宾，但只要她请 Danny，Danny 都一定会来，有求必应，每次二人都聊得很投入、很开心。邓霭霖评价 Danny 是个很感性、很敏感的人，待人特别真诚，不会掩饰，也不善于掩饰。而《把歌谈心》节目的同名主题歌正是由林姗姗演唱的[2]。

《恋爱预告》原本是 Danny 写给自己的，但是郑国江填上歌词后，Danny 觉得更适合女生来演唱，恰逢黄柏高帮姗姗向 Danny 邀歌，于是 Danny 便将《恋爱预告》送给了姗姗。据说，郑国江曾填过四版歌词，"人如熟了樱桃"灵感来自他身边人收到的粉红色的黄金车厘子，郑国江看到车厘子（樱桃）感到很甜蜜，于是便写下了如此经典的一句

---

[1] 《为我珍重》，作曲：陈百强，作词：郑国江，收录于 1981 年邓霭霖《谱一首爱的歌》大碟，EMI。

[2] 《把歌谈心》，作曲：林慕德，作词：卡龙，收录于 1986 年林姗姗《姗姗》大碟，WEA。

歌词。相比郑国江在同期发表的另一首表现少女恋爱心情的《初恋》①中比较口语化的表达，《恋爱预告》的歌词诗意很浓。编曲沿袭了《偏偏喜欢你》式的中西方音乐结合的风格，以钢琴为底，扬琴为魂，结合歌词"也有苦恼"的西方"爱神"，营造出独特的中西交融的"港式"韵味。Danny 原本希望姗姗版《恋爱预告》的编曲能够更加丰富一些，但他当时忙于其他事务，所以没能在歌曲制作时提供意见。第一次出唱片而且并非歌手出身的姗姗在演唱时几乎没有使用什么技巧，给人以清纯、青涩的少女感觉，而这恰恰就是《恋爱预告》要呈现出的味道。歌曲推出后，成为中文歌曲龙虎榜1984 年第 34 周的冠军，让姗姗作为歌手一举成名。《恋爱预告》还被选为了姗姗主演的电影《开心鬼》第一部②的插曲。《恋爱预告》不仅是林姗姗的首本名曲，日后更是被许多女歌手翻唱，成为一首传世经典。2021 年 6 月 5 日，年仅 16

① 《初恋》，作曲：松下孝藏，作词：郑国江，收录于 1984 年林志美《什么是缘分》大碟，CBS／SONY。
② 《开心鬼》是高志森导演、黄百鸣主演的系列电影，至 1991 年共五部，1984 年 7 月 14 日上映的第一部《开心鬼》由黄百鸣、李丽珍、林姗姗等主演。

岁的少女姚焯菲（Chantel）在 TVB 的节目《声梦传奇》中翻唱了《恋爱预告》，她的演唱视频在数日内播放量便超过了百万次，这也让人们再一次关注到 Danny 出色的作曲能力。

当 Danny 从收音机中听到姗姗版的《恋爱预告》时，他有了灌录一个自己演唱版本的想法。与《盼望的缘分》相似，由于与以快歌为主的《百强'84》大碟风格不同，《恋爱预告》也最终被收录在《深爱着你》大碟当中。相比姗姗平实的演唱，Danny 展现出极为纯熟的演唱技艺，加了很多装饰音，尤其是"爱情常向窗边低诉，恨他不知道"这一句更是展现出原作曲人对于旋律独到的理解，在表现力上加分了许多。亲自担任唱片监制的 Danny 在编曲方面给予了徐日勤自己的意见，加入了"抢耳"的合成器音色，这使得 Danny 的版本氛围更加明亮、大气与华丽，与 Danny 的演绎和声线更加契合。

姗姗之所以被称作"最幸运的一位"，不仅是因为唱过 Danny 为她写的歌，她还与 Danny 有过录音室版的合唱作品，而且是两首。在 Danny 历年的演唱会和各种现场表演当中，与女歌手合唱歌曲并不是什么新鲜事，但在《再见 Puppy Love》推出之前，Danny 还没有一首录音室版的中文男女对唱歌曲。之所以如此，一是在八十年代初，男女对唱歌曲还没有那么受欢迎，华语乐坛迎来男女对唱歌曲的高峰是在进入九十年代，卡拉OK开始流行起来以后的事情；二是香港华纳旗下的歌手阵容不够强大，没有适合与"一哥"Danny对唱的女歌手。当年华纳其实有一位气质与Danny很搭的女歌手——叶蒨文，而且她与Danny的私人关系也很好。不过，叶蒨文在1984年才加盟华纳，那时她连粤语都还说不太标准，没等到二人找到机会合唱，Danny就结束了他的第一个华纳时期；然而在Danny重回华纳后二人也没能灌录一首合唱曲，属实令人非常遗憾。Danny去世后，叶蒨文才通过合成技术与Danny"合唱"了《等》，收录于华纳1994年10月发行的向Danny致敬的合辑《紫色的回忆》当中，合唱版的《等》也是《紫色的回忆》中唯一一首出现Danny歌声的作品。叶蒨文用这个天人合唱版，弥补了没能够与Danny合唱的遗憾，也还了《等》一个本来的面目——Danny原本就是以与徐小凤合唱的初衷来创作《等》的。虽然《等》成为了Danny的又一首独唱神曲，但如果Danny能够完成与徐小凤合唱的愿望，不仅会是香港乐坛一次跨时代的经典合作，《等》也会成为Danny的第一首录音室中文合唱作品。

事实上，Danny 与林姗姗合唱的两首歌都是师兄助阵师妹的作品，而不是为 Danny 量身定做的。《再见 Puppy Love》在编排上很明显是为林姗姗打造的作品，主歌部分 Danny 与林姗姗交替演唱，副歌部分的歌词则全部都是由林姗姗唱出。Danny 在副歌部分的演唱与其说是合唱，其实更像是和声，但也是整首歌的点睛之笔。《再见 Puppy Love》推出后成了中文歌曲龙虎榜 1985 年第 12 周的冠军，还被选为同年上映的林姗姗主演电影《斗气小神仙》①的插曲。Danny 与林姗姗曾在现场演唱过《再见 Puppy Love》，不过并没有跳过舞。彭浩翔在《大头阿慧》中为阿琪和阿慧设计的舞蹈动作略有夸张，但却与《再见 Puppy Love》的节奏相得益彰，令人印象深刻。脑补 Danny 与林姗姗按照彭浩翔设计的动作合唱《再见 Puppy Love》的样子，亦是一件颇为有趣的事情。

1986 年 3 月，林姗姗推出了她的第三张大碟《姗姗》，即将离开华纳的 Danny 再次挎刀相助，与姗姗合唱了《曾

① 《斗气小神仙》，曾用名《朱仔包与棉花糖》，英文名 *Puppy Love*，苏静雯导演，林姗姗、张卫健等主演，1985 年 9 月 7 日上映。

在你怀抱》①作为大碟主打歌，这也让姗姗成为了唯一与Danny有过两首录音室合唱曲目的歌手（林忆莲算作有一又三分之一首吧）。与《再见 Puppy Love》的舞曲风格不同，《曾在你怀抱》是一首慢板哀伤的情歌。考虑到姗姗是新人，所以林慕德在写《再见 Puppy Love》和《曾在你怀抱》时为了照顾姗姗将 key 定得很低，没有考虑 Danny 的 key，导致 Danny 唱起来很不舒服，其中尤以《曾在你怀抱》为甚，Danny 也曾给林慕德打电话抱怨过。Danny 在副歌部分与姗姗的合唱之外又加唱的和声，也是继《再见 Puppy Love》之后再一次展现了 Danny 那空灵、飘逸的假声的魅力，在《等》《盼望的缘分》等作品中也可以听到 Danny 这种动人的演绎方式。在 Danny 十几年的音乐生涯中，几乎与香港全部一线音乐人都合作过。但很奇妙的是，在上世纪七十、八十年代交会时，与黄霑、郑国江并称为"香港乐坛三大词人"的卢国沾却从未在 Danny 的大碟中出现过，他与 Danny 唯一的一次交集就是《曾在你怀抱》，这也

---

① 《曾在你怀抱》，作曲、编曲：林慕德，作词：卢国沾，收录于1986 年林姗姗《姗姗》大碟，WEA。

是 Danny 最早唱过的直白描写"情欲"的歌曲。Danny 还与姗姗一起拍摄了《曾在你怀抱》的 MV，这也弥补了《再见 Puppy Love》没有拍摄过 MV 的遗憾。二人在 MV 中饰演一对情侣，在"斜坡"上牵手的一幕，用现在的流行语来说，也算是"最萌身高差"了；结尾处 Danny 将姗姗拥入怀中的一幕，不仅是 Danny 留下的罕见的与女性亲密接触的画面，也是姗姗最美好的回忆之一。《再见 Puppy Love》和《曾在你怀抱》当年只收录在姗姗的个人大碟中，直到多年后华纳才将这两首歌收录于 Danny 的精选辑发行，这也使得许多 Danny 的歌迷当年都买过姗姗的唱片，他们中的很多人也都成为了姗姗的歌迷。Danny 为姗姗作曲、与她合唱的这三首歌，也是历年华纳为姗姗出精选辑时必定收录的曲目。

Danny 离开华纳后，姗姗虽然没有了再与 Danny 在录音室中合唱的机会，但在现场二人还有过合作。在 Danny 的"前进演唱会"[①]上，姗姗作为嘉宾第一次与 Danny 合唱

---

① "前进演唱会"于 1986 年 12 月 6 日—7 日举办两场，林姗姗为 12 月 7 日第二场的嘉宾。

了《恋爱预告》，不过只有录音留下。Danny 于 1988 年 4 月在红馆举办"'88 存真演唱会"[①] 时，再次邀请了前一年在美国结婚、生女后刚刚回到香港不久的姗姗作为嘉宾，为姗姗回归歌坛、迎来新工作（转投商业电台任 DJ）打气。"'88 存真演唱会"有视频留下，如今歌迷们回顾姗姗与 Danny 合唱时最常见到的一段二人都身穿黑色服装的现场录像就来自这一次演唱会。

Danny 对于姗姗之后的音乐作品依然有着深远的影响，这或许也是姗姗的唱片监制黄柏高深受 Danny 影响的表现。回归歌坛后，林姗姗于 1988 年 5 月推出的新专辑以翻唱粤语流行歌早期经典《劲草娇花》[②] 作为大碟的标题主打歌。在八十年代末香港乐坛风行外国填词歌的时代，姗姗依然效仿 Danny 选择翻唱中文经典。1989 年 4 月，姗姗推出新歌 + 精选大碟，取名《突然精选》，并且用黑白色照片作为封面——姗姗只有这一张大碟的封面

---

① "'88 存真演唱会"于 1988 年 4 月 1 日—4 日举办四场，林姗姗为 4 月 4 日第四场的嘉宾。

② 《劲草娇花》，作曲：方植，作词：周聪，首唱者为尹芳玲或莫佩文，商业电台 1962 年同名广播剧插曲。

使用了黑白照片——让人很容易联想到 Danny 的《突破精选》。这绝对不仅仅是一个巧合，而是向 Danny 的经典大碟，以及在香港华纳唱片公司历史上具有重要意义的大碟致敬。1990 年 7 月，姗姗推出了她的最后一张大碟《她与他》，其中的最后一首歌《一颗痴心》①的前奏令人联想到杜自持为 Danny 编曲的《冷暖风铃》，副歌第一句"夜空"和最后一句"情路渐已失去自控"的旋律与《恋爱预告》副歌第一句和最后一句的旋律完全相同，而整首歌的最后一句歌词"回味是那恋爱预告"回应了姗姗的成名作《恋爱预告》。《一颗痴心》是姗姗回顾自己七年音乐之路的总结性作品，她的歌手生涯始于《恋爱预告》，终于"恋爱预告"。

在当年的香港乐坛，时有两个歌手的英文名重名的情况出现。比如，与 Danny 同在 1979 年推出第一张大碟的夏韶声，英文名就叫作 Danny Summer。不过夏韶声与

---

① 《一颗痴心》，作曲、编曲：杜自持，作词：小美，收录于 1990 年林姗姗《她与他》大碟，WEA。

Danny 从演唱的歌曲风格到形象都完全不同，夏韶声一直是以摇滚歌手形象出现且外形硬朗。在 Danny 活跃的年代，夏韶声一直不温不火，直到 1998 年推出了《谙》翻唱大碟，夏韶声才被主流歌迷尤其是"发烧"乐迷所推崇，后来也被歌迷们尊称为"香港摇滚教父"。1989 年，两位英文名同为 Shirley 的实力派女歌手相继出道，这就是新艺宝旗下的王靖雯（Shirley Wong）和宝丽金旗下的关淑怡（Shirley Kwan）。与两位 Danny 不同的是，两位 Shirley 在歌路和形象上有诸多相似之处。直到 1994 年，王靖雯将艺名改成了本名王菲，英文名也顺势改为了音译的 Faye，才结束了这五年略有尴尬的重名阶段。而在与 Danny 合唱过的女歌手当中，除了姗姗以外，还有一位 Sandy，而且也姓林。不过二人的英文姓氏写法并不一样，林姗姗英文名是 Sandy Lamb，而另一位 Sandy 的姓用的是"林"在香港最常见的英文写法 Lam——比如阿 Lam 就是指林子祥——这就是 Sandy Lam，林忆莲。

Danny 与林忆莲第一次共同出现的艺术作品是电影《圣诞快乐》，林忆莲饰演李丽珍与老麦对峙时帮腔的众多健美少女之一，不过 Danny 与林忆莲的角色在电影中并没有交集①。1987年，林忆莲推出蜕变之作《灰色》大碟，收录于其中的《早晨》②深受 Danny 的喜爱，他逢人便称赞《早晨》好听，说自己每天非要唱上十次不可。在第一场"'88 存真演唱会"上（1988 年 4 月 1 日），Danny 便邀请林忆莲作为嘉宾一起合唱了《早晨》以及《住家男人》③。同年的《万千星辉贺台庆》④节目上，Danny 再次与林忆莲合唱了《早晨》，二人不仅相依在一起演唱，间奏处更是翩翩起舞，默契的配合让人们完全没有意识到这是一对年龄相差八岁的"老少"组合。林忆莲虽然比姗姗小三岁，但她成熟的演唱功底与性感、国际范的形象与 Danny 优雅、高贵的气质更加合拍，Danny 在而立之年终于找到了一位可以长期固定合作的女歌手。之后他们多次在各种演出中

①　关于 Danny 在电影《圣诞快乐》中的表现详见本书第十二章《永不改变》。
②　《早晨》，改编自美国吉他大师 Carlos Santana 的演奏曲 "Love is you"，作词：潘源良，编曲：袁卓凡，收录于 1987 年林忆莲《灰色》大碟，CBS / SONY。
③　《住家男人》，原曲：Daryl Hall & John Oates，"Family Man"，作词：林振强，有林忆莲独唱版及林忆莲与 Blue Jeans 乐队的合唱版。
④　固定于每年 11 月 19 日举办的 TVB 台庆节目。

合作，而在二人自己的合唱作品出现之前，他们最常合唱的曲目是《还有》①。在 1989 年 5 月 21 日举行的 "1989 香港太太竞选" 节目、1989 年 12 月 31 日举行的 "齐心同步创 90 之演艺同欢新里程" 演出以及 Danny 的 "'91 紫色个体演唱会"（1991 年 3 月 29 日至 3 月 31 日，香港体育场，三场）上，他们都一起合唱了《还有》。

Danny 与林忆莲在录音室中合作完成的第一首作品，并不是一男一女的对唱，而是由一男三女的超强组合完成的合唱；因为四位歌手分属四个唱片公司，这首合唱作品也成为香港乐坛历史上 "可一不可再" 的经典。1988 年正值香港电台开播六十周年，在一系列纪念活动中（同年推出的《香港电台六十周年纪念》唱片中收录了 Danny 的《今宵多珍重》），于 11 月 5 日至 6 日在红馆开演的大型百老汇式音乐剧《神奇旅程乐穿梭》是重头戏，由担任制作统筹的邓蔼霖负责招募演员。然而香港电台并没有合约演员，资源也极为有限，请谁来为这部剧写主题歌呢？

---

① 《还有》，原曲为郑怡、李宗盛作品《结束》，作词：潘源良，编曲：伦永亮，林忆莲、王杰合唱，收录于 1988 年林忆莲《City Rythem 都市触觉 Part I》大碟，WEA。

同时，这部剧还要请很多演员和歌手来演出（其他主要演员、歌手还有洪金宝、黄凯芹、周慧敏、吴国敬、林敏骢等），需要有一位足够分量的歌手能够托得住全场，这个人选又要请谁才合适呢？当时邓蔼霖刚转去电视部，她回忆说那是她事业的低谷，由于不当 DJ，不会再播歌，所以有些歌手就不再理她了。她试着给 Danny 打电话，问Danny 是否知道她已经不再当 DJ 了。Danny 回答知道，依然待邓蔼霖如往常。当邓蔼霖提出希望 Danny 为音乐剧写主题歌时，Danny 毫不犹豫地答应了下来，并与音乐总监周启生一起创作了《燃点真爱》[①]，旋律风格上能明显听出舞台剧音乐与市面上普通流行歌曲的区别，这也是 Danny发表的第一首与其他人一起作曲的歌。当邓蔼霖联系林忆莲、陈慧娴、刘美君这三位最当红的新生代女歌手，告诉她们 Danny 写了一首歌要与她们合唱时，她们都很开心地答应了。写了曲又唱了歌，邓蔼霖自然要求 Danny 也来演出，于是 Danny 饰演了太阳神，与饰演智慧女神的林忆莲、饰演正义女神的陈慧娴以及饰演爱心女神的刘美君共

[①] 《燃点真爱》，作曲：陈百强、周启生，作词：郑国江，编曲：周启生。

同合唱了《燃点真爱》。Danny 的太阳神形象结合了中国古代神话和西方神话的元素，与身穿白色长裙的三位女神一起，在众多舞蹈演员环绕的舞台上高歌《燃点真爱》，现场效果极为震撼！郑国江所作的歌词紧贴角色特点，在太阳神演唱的主歌第一段之后，三位女神用各具特色的声线依次唱出智慧女神的"快将心张开 将智慧知识心中放"，正义女神的"快将心张开 吸取正义与善良"，爱心女神的"愿有真心跟真爱 存关心跟恕谅"。充满温暖与正能量的《燃点真爱》，由四位分属不同唱片公司的歌手一起合唱，让人们忘记了人与人之间"筑起的隔膜"。然而，现实世界中唱片公司之间的"疆界"是仍然存在的，在 1988年 Danny（大碟《冬暖》，DMI）、陈慧娴（EP *REMIX*，宝丽金）、刘美君（大碟《公子多情》，现代）各自推出的唱片收录的《燃点真爱》中，人们都没能听到林忆莲的歌声，属于智慧女神的那一句，由陈慧娴代为唱出，而林忆莲的个人唱片则从来都没有收录过《燃点真爱》。这是因为录制《燃点真爱》时，林忆莲即将从 CBS / SONY 过档至华纳，无法解决版权问题。Danny 在无法与徐小凤合唱《等》之后，再一次遇到了类似的事情。之后二十多年的时间里，人们只有从当年的电视录像中听到四人合唱版的《燃点真爱》。直到 2014 年，在环球唱片为了纪念陈慧娴出道三十周年发行 *Back to Priscilla* 纪念套装，才第一次将四人合唱版收录于唱片之中。[①] 之后环球唱片于 2015 年发行的 Danny《文质翻翻》精选、2017 年发行的刘美君《千色·刘美君 30 总选》中收录的就都是四人合唱版了。

1989 年，为了纪念 Danny 推出个人唱片十周年，TVB 为 Danny 拍摄了《感情写真音乐特辑》，Danny 邀请了 11 位好友（最终播出了 9 位）来聊天，林忆莲是其中最年轻的一位。Danny 和林忆莲在游艇上吹着海风聊天，从他们交谈时的眼神和表情能够看出他们的感情有多好。林忆莲提到 Danny 让她有一种在娱乐圈很难找到的共鸣；有时即使 Danny 不说话她也能知道 Danny 在想什么、心情如何；当别人都很高兴地说话的时候，只有他们两个默不作声，她能够明白 Danny 为什么不说话。Danny 也感谢了林忆莲当时的男朋友、TVB 著名的舞蹈编排许愿教他跳舞，虽

---

① 因为《燃点真爱》，*Back to Priscilla* 在当年出现了著名的错版事件。在第一版 *Back to Priscilla* 的封底注明是四人合唱版，但 CD 收录的是三人合唱版。之后重新推出的版本才正确收录了四人合唱版。

然 Danny "很乖"地并没有在节目中说出这位"朋友"的名字——林忆莲当时还没有公开与许愿的关系。

1991 年初，Danny 和林忆莲终于有了一首合唱作品《我要等的正是你》①。林忆莲回忆制作这首歌的初衷时说，她与 Danny 的音乐口味相同，都比较钟情于西方音乐，Danny 说一直想要唱一首温馨、甜蜜的作品，于是他们将菲律宾男歌手 Jose Mari Chan 与女歌手 Janet Basco 合唱的"My Girl，My Woman，My Friend"②改编成了《我要等的正是你》。这首 Jazz 风格的歌曲，表达的是一对男女在茫茫人海中终于相遇的故事，而歌中所唱的又何尝不是 Danny 此时的心情呢？华纳在经过 Danny 为其创业阶段打下的殷实基础后，终于签到了林忆莲这样一位与 Danny 在音乐品味和性格上都极为合拍的女歌手，Danny 也期待着与林忆莲在音乐上擦出更多的火花。比较遗憾的是，《我要

---

① 《我要等的正是你》，作曲：Jose Mari Chan，作词：潘源良，编曲：杜自持，收录于 1991 年林忆莲《梦了、疯了、倦了》大碟，WEA。
② Jose Mari Chan，中文名曾焕福，菲律宾著名歌手及糖业大亨。"My Girl，My Woman，My Friend"收录于 1989 年 Jose Mari Chan 推出的专辑 *Constant Change*，该专辑有多首歌曲被改编成了中文版。

等的正是你》仅收录在了林忆莲的大碟《梦了、疯了、倦了》中，而没有收录在同期发行的 Danny 全新大碟 *Love in L.A.* 里，这也使得 Danny 与两位 Sandy 合唱的作品在他生前都没能收录在他自己的唱片当中。不过林忆莲的声音还是出现在了 *Love in L.A.* 大碟当中。

与 Danny 一样，林忆莲也是一位自身在音乐上就很有创意的歌手，所以她也希望能够为 Danny 监制一首歌。她向 Danny 推荐了近期合作密切的新加坡音乐人 Dick Lee（李迪文）的作品 "Let's All Speak Mandarin" 做改编。Dick Lee 于 1989 年在新加坡推出了用一张京剧小生扮相的照片作为封面的英文专辑 *The Mad Chinaman*，这张专辑令 Dick Lee 名声大噪，唱片在日本亦有发行。之后他进军香港乐坛，与许多歌手合作，但最有代表性的就是他为林忆莲创作的作品。"Let's All Speak Mandarin" 正是发表于 *The Mad Chinaman* 中的歌曲。歌如其名，"Let's All Speak Mandarin" 是 Dick Lee 为了配合新加坡当年普及华语（普通话）活动创作的一首宣传歌曲，歌词由普通话和英语两种语言组成，曲风新潮且趣味盎然。刚刚在乐坛崭露头角不久的周耀辉，没有辜负这个第一次与 Danny 合作的机会，将中、英、法、日四国语言以及中文的普通话与广东话发音融合在一起，创作出了《南北一家亲》这样一段讲述在街头向心仪女性搭讪，却因语言不通最终"鸡同鸭讲"故事的幽默歌词。由于没能按照计划推出国语专辑，《南北一家亲》成为 Danny 唯一一首有国语发声的录音室作品，显得弥足珍贵。《南北一家亲》的幕后和声团队更是极为强大，不仅有曲作者 Dick Lee，还有创作歌手伦永亮以及兼职演员和主持人的楼南光。当然，最靓丽的声线来自林忆莲，她的笑声让人们再次见识到了仅属于她的独特魅力。Danny 很喜爱《南北一家亲》，不仅选作 *Love in L.A.* 大碟的第二主打歌派台打榜，而且还作为这一年他在红馆举办的"紫色个体演唱会"的开场曲。值得一提的是，在当年中国录音录像出版总社引进发行 *Love in L.A.* 时，除了将大碟名称改为了《天生不是情人》，不知为何，还将《南北一家亲》这首有着普通话元素的歌曲替换成了《等待您》大碟中的《三个自己》。

《南北一家亲》是一首意识很超前的作品，香港回归在即，内地与香港的联系也越来越紧密。自八十年代末以来，陆续有内地歌手和乐队签约香港的唱片公司，两地男女在交流中亦有不少产生出恋情，刘卓辉作词的《情人》（Beyond 名曲）讲述的就是这样的故事。1997 年回归之后，香港的年轻人都要学习普通话，这已是时代的必然选择。而 Danny 早已先于很多港人积极投入祖国的怀抱，自 1988 年开始，Danny 便已经先后在广州（1988 年 10 月 24 日至 28 日，"陈百强天河演唱会"，广州天河体育场，五场）、台山（1988 年 12 月 2 日至 3 日，"陈百强台山演唱会"，台山体育馆）、深圳（1990 年 4 月 26 日至 29 日，"陈百强港深演唱会"，深圳体育馆，四场）、佛山（1991 年 12 月 28 日及 29 日，佛山体育馆，两场）等广东省的城市举办演唱会。Danny 是最早来内地开演唱会的香港歌手之一，现场观众的热情也让 Danny 深深感受到了内地歌迷对他的喜爱。

或许是受到林忆莲这位"上海姑娘"的影响，在 Danny 最后半年的演艺生涯中，"上海"成了对于他来说最重要的一座城市。1991 年 10 月 20 日，Danny 在上海参加了"第三届上海国际音乐节"华纳专场音乐会的演出。期间，除了在上海许多地标性建筑留下多张靓照，Danny 还与林忆莲一起参加了上海电视台《今夜星辰》节目的录制。在节目中，他们与主持人叶惠贤谈笑风生，Danny 不仅现场弹奏钢琴，还与林忆莲一起跑楼梯，与坐电梯的叶惠贤竞速。近两年之后，叶惠贤赴香港看望了在医院的 Danny，并向陈妈妈献花、献画，转达上海歌迷对 Danny 的思念与祝福。1992 年是 Danny 计划中告别歌坛的一年，除了推出新专辑以外，工作的重心是举办巡回告别演唱会，第一站 Danny 就选择了在上海举办（1992 年 1 月 30 日至 2 月 1 日，陈百强"告别"上海演唱会，上海体育馆，三场），他还特意演唱了林忆莲的国语名曲《爱上一个不回家的人》。1992 年 4 月 20 日，Danny 再次随华纳众多歌手来到上海万人体育馆参加"绿满全球中外群星大汇演"音乐会。由于出发前，Danny 在家撞伤了胸骨，还没有来得及看医生便启程飞赴上海，所以此次到沪，除了演出当天，Danny 都是在酒店休息，没有外出拍照留念。此时的人们依然期待着 Danny 回港治疗痊愈后，还会如之前一样频繁来内地演出。原本 Danny 亦有计划在 1992 年底至北京举办告别演唱会，然而，那场意外让一切计划都画上了休止符，上海之行也成为 Danny 的最后一次公开演出。

第四章　我和你

1983 年 4 月 27 日，位于香港九龙红磡湾的香港体育馆正式开幕，人们习惯于简称其为"红馆"，12500 个座位（其中 10400 个为固定座位，另设约 2000 个活动座位）使得红馆成为当时香港能够容纳观众数量最多的室内场馆。红馆的启用也是香港流行文化史上一个重要的标志性事件。同年 5 月 5 日至 7 日，"歌神"许冠杰在红馆举办了三场个人演唱会，从此开启了在歌手、乐队和乐迷心目中均具有至高无上地位的"红馆演唱会"的传奇历史，"红馆演唱会"也成为香港流行文化最重要的标签之一。9 月 16 日、17 日，Danny 首次在红馆举办了个人演唱会，这不仅让 Danny 成为了第三位在红馆举办个唱的男歌手[1]，也让刚刚过完二十五岁生日的他成为了整个八十年代在红馆举办个人演唱会最年轻的男歌手。在当年，只有在乐坛具有崇高地位的歌手、乐队才有资格在红馆开演唱会，能够在红馆开演唱会也是歌手或乐队的成绩获得广泛认可的标志。

当然，"'83 红馆演唱会"并不是 Danny 举办的第一个

---

[1]　陈百强演唱会原定于 9 月 10 日、11 日举办，因台风推迟一周，在他之前，林子祥于 1983 年 7 月 21 日至 24 日、温拿乐队于 1983 年 9 月 3 日至 4 日在红馆举办演唱会。

个人演唱会。由于推出第一张个人大碟即一举成名，早在 1980 年 11 月 17 日，Danny 就已经在大会堂音乐厅^①举办了首场个人演唱会。之后，Danny 先后于 1981 年 8 月 5 日在大专会堂^②、1982 年 7 月 3 日至 7 月 4 日在伊利莎白体育馆^③举办过个人演唱会。虽然上述演唱会因场馆容量有限，观众的数量相比之后的红馆要少很多，但从第一场个唱开始，Danny 就充分感受到了观众们的热情。"'80演唱会"（以及"'81 演唱会"）的舞台布置如同普通的校园演出一样，Danny 在舞台前方唱歌，乐队就在他身后伴奏。现场弹奏钢琴也从此成为 Danny 日后演唱会中经常出现的经典环节。在歌迷向 Danny 献上的花环和花篮中，有一个花篮的飘带将 Danny 的名字错写成了 Denny。那

① 香港大会堂，位于香港中环爱丁堡广场的临海填海区，于 1962 年落成启用，其中的音乐厅有 1 434 个座位。
② 大专会堂，现名香港浸会大学大学会堂，位于香港浸会大学善衡校园内，于 1978 年 5 月启用。香港浸会大学前身为香港浸会学院，1994 年 11 月升格为大学，故"大学会堂"原称"大专会堂"，有 1 346 个座位。
③ 伊丽莎白体育馆，简称"伊馆"，位于香港湾仔爱群道十八号，1980 年 8 月 27 日启用，有 3 600 个座位。

时 Danny 毕竟才推出个人唱片一年多的时间，影响力尚有限，之后这种错误就再也不会出现了。"'81 演唱会"在同一天的下午四点、晚上八点连开两场，全场爆满，座无虚席，有不少女歌迷上台献花、送礼物给 Danny，其中一位还趁机偷袭、索吻。Danny 不久后提到这件事时面红耳赤地说：

> 那位女歌迷真的大胆，她上台向我送玫瑰花时，突然扑前在我的面额上吻了一下，然后一脸满意之色下台，我当时真的给她这突如其来的动作吓呆了。

当日后这类事情发生得多了，Danny 也就能够坦然面对歌迷们的热情了。

伊馆能够容纳的观众数量虽然与之后出现的红馆无法相比，但比起大会堂音乐厅和大专会堂来说还是大了很多，舞台也更加专业，所以 Danny 请来了富才制作有限公司主办"'82 演唱会"，负责策划工作的就是陈家瑛（Katie Chan）。正是因为 1982、1983 两年演唱会的愉快合作，让陈家瑛与 Danny 建立起了良好的私人关系。Danny 在 84

年患肝炎住院治疗，陈家瑛曾去医院探望 Danny。Danny 晚上有心事时，也会给陈家瑛打电话长聊。"85 事件"期间，陈家瑛曾多次在电话中开解 Danny，并为他发声辟谣。Danny 觉得她很有义气，之后便请她做了自己的经理人。非常遗憾的是，Danny 的前三次个唱，由于年代过于久远，当年录音、录像设备都很昂贵，携带、使用亦不便捷，所以上述几场演唱会既没有录像也没有录音传世。如今的人们只能从报纸、杂志的文字报道和现场照片来一窥 Danny 前红馆时代演唱会的风采。

红馆的超大容量使得"'83 演唱会"的观众人数相比之前翻了数倍，一下子上升到了万人级别。Danny 也对这次演唱会充满了期待，并以学生应对考试的心态筹备，不仅继续请"富才"负责制作，还特意印制了场刊送给到场的观众。场刊制作得极为精美，Danny 不仅特意到中环拍了多张照片刊载其中，还亲笔撰写了《我是个城市人》，以文配图，表达自己的心声。Danny 在文中写道：

> 我一百分一百承认我是一个城市人，我喜欢人来人往的大城市，如香港、纽约，生活好像冲锋车一

样，有多时就算我不工作，我都喜欢在中环飞驰，因为我真的感到每天在香港的中区上班，人的冲劲也会特别高涨。我不代表别的地方上班的人工作效率会低，只是我偏爱中环，人的偏爱是没有得解释的，又或者我父亲的店子是正正在中区，使我特别有归属感吧！

也许我是比较曝光人物，所以很多时在街上都会遇到别人的注目礼，很奇怪的感觉。……在此我希望大家有时在街上，就算不认识，如果是不讨厌我的话，我是真的希望大家可以点一下头，这是我尽量希望做到的。……我觉得任何一个人，每人都有自己的生活方式和圈子，不会因为我是歌手便要将自己锁在家里让别人看不见我而增加神秘感。只要自己是开心，便不用避忌太多或太过扮嘢。真的，只要能做到以诚待人，不损人利己，已经是做人成功了一大半。我希望我能够永远朝着这宗旨做人，加上我继续努力在唱歌方面下功夫，相信别人是会支持你的。……说不定明天在皇后大道中，你又见到我呢！

"'83 演唱会"的舞台设计别具一格,(从观众角度看)左边是乐队的席位和一架醒目的三角钢琴,舞台主体被布置成一个时尚的起居室,当年媒体的描述是"曼哈顿洋房式的布景,配上浓淡得宜的灯光,衬托出 Danny 悠闲又带点激情的歌唱风格"。嘉宾林志美出场与 Danny 合唱《你的眼神》和《常在我心间》时,二人便利用了舞台中央的沙发,表演出类似于舞台剧的效果。林志美再次出场时,观众们才发现在舞台的右侧原来还有一个小花园。这些大胆、新颖的设计为观众们带来了前所未有的视觉体验。此时的林志美出道还不足两年,但已有《感情的段落》入选 1982 年十大中文金曲。她的声音出众,长相只能算普通,在那个人们更多"用耳朵来听音乐"的年代一度很受欢迎。Danny 也很喜欢林志美的歌声,所以请她作为演唱会嘉宾一起合唱。之后,林志美的《偶遇》在 1984 年接连拿下十大中文金曲、十大劲歌金曲以及香港电影金像奖的最佳原创歌曲奖。1988 年,在她暂别歌坛前的最后一张大碟《洒脱》中,Danny 为她贡献了一首曲作,经由潘伟源填词后成了《十二小时》,描写的是都市人的迷惘与哀伤,这也是 Danny 最后一首为其他歌手创作的作品。在制作《等待您》大碟时，Danny 请来了老搭档郑国江重新填词，《对酒当歌》的震撼感极为强烈，仿佛是已经冰冻的心上结出的又一层霜，令人痛彻肺腑，这也是郑国江与 Danny 的最后一次合作。

每一次开演唱会，Danny 精心准备的服装都是一大看点。"'83 演唱会"上，开场的黑色西装配领带，彰显出青年才俊的优雅、干练；除去上衣外套和领带后，洒脱与奔放的气息扑面而来；重新换上 Danny 自己的偶像——理查·基尔式的白色军服后则是一派飒爽英姿；Danny 的多种造型令观众们大饱眼福。

Danny 在"'83 演唱会"上充分展现了他的歌唱天赋，快歌、慢歌、流行曲、民谣、黑人舞曲、国语时代曲，没有什么类型的作品能够难倒他；不仅粤语歌唱得好，英语、法语、国语歌他亦都唱得味道纯正。《我有一段情》①是国语时代曲的代表作之一，Danny 的发音极为标准、字正腔圆，比之后许多在台湾发表了多张国语专辑的香港

---

① 《我有一段情》，作曲：姚敏，作词：陈蝶衣，原唱：吴莺音，创作于二十世纪四十年代的上海。

歌手的发音都要标准得多。这是 Danny 第一次唱国语歌，他很羞涩地问观众唱得如何，观众回以他肯定的掌声。Danny 对自己的要求很高，他始终认为自己的国语讲得不够好，所以在八十年代中后期香港一线歌手普遍同时在港台两地发片的情况下，Danny 一直没有出过国语专辑或灌录过国语歌。直到 1992 年他决定退出歌坛时，才计划制作一张国语专辑作为纪念并以此表达对海峡两岸歌迷的敬意。遗憾的是，Danny 最终没能完成这个愿望。这也让 Danny 成为了同时代香港一线歌手中罕见的没有录音室版国语作品的歌手。①

　　"'83 演唱会"留下了时长超过两个半小时的录像，完整保留了 Danny 在歌曲间的讲话内容。本身并不怎么爱说话的 Danny，会讲一些笑话来活跃现场的气氛，而且有多段时间较长——有如后来兴起的脱口秀。他还学上海话来唱《眼泪为你流》，逗得观众哄堂大笑。那时的 Danny 很活泼，年轻的他也没有太多顾忌，观众们对此的反应也都

---

① 1979 年末香港曾有报纸报道陈百强将在台湾推出国语细碟，但多年来歌迷们均没有搜集到实物，且在"'83 演唱会"上陈百强自述是第一次唱国语歌，所以本书以陈百强从来没有出过国语唱片的观点进行表述。

很积极。他还与每一位到舞台边献花、送礼物的观众握手，并有简短的语言交流。演出结束时，茶几上已经摆满了鲜花和礼物。Danny 也会讲一些自己的感悟：

> 每一个歌手或者艺人都应该是不断去努力，或者突破、创新。出了《突破》《涟漪》那张唱片后，我曾经觉得有些不安。那些歌就像小孩做梦的意境一样，人不可以常常做梦。我很幸运，在我再灌录新专辑时，找寻到《今宵多珍重》这首歌，很感谢你们支持这首歌。所以给予我一条新的路线，多谢！我会再次摸索新的路线，希望在下一张唱片会有更新更好的歌给大家听！

1985 年 1 月 12 日至 14 日，Danny 第二次在红馆举办演唱会，这也让他成为第一位两次在红馆举办个人演唱会的歌手。Danny 对 "'85 演唱会" 有着比上一次更高的要求，不仅开了 "四面台" ①，还请来了顾嘉辉担任演唱会的

---

① 香港体育馆设有四面观众席，舞台位于中央，"开四面台" 对于表演者要求很高，歌手的背后亦有观众，一举一动都为人所关注，表演时亦需要照顾到周围各个方向观众的感受。

音乐总监，伴以国际上最时尚的造型和演出风格。他将头发剪得很高，脸上贴了金粉，颇有同期坂本龙一那般的冷酷味道。开场头戴的水晶面具让 Danny 仿佛暗夜中一只灵动的猫，配上闪闪亮亮的黑色上衣，既神秘又具有现代感。Danny 在表演时还不断做出伏地、爬地等充满挑逗性的动作，举手投足间彰显出他对于当年时尚潮流以"妖"为口号的判断，展现出以往从未有过的妖冶与野性的一面。音乐方面，Danny 以快歌作为主线，穿插演唱自己的经典情歌和英文金曲，他还挑战了公认难度极高的黄梅戏风格作品《郊道》①及另一首国语歌《我找到自己》②，并用日文演唱了原版的《恋の予感》③。值得一提的是，"'85 演唱会"既有歌迷会制作的特刊，还有《音乐一周》杂志制作的《百强'85 演唱会纪念特集》。相比之下，后者的制作更为精美，收录了多张 Danny 为之前的大碟封套拍摄但未曝光

① 《郊道》，作曲：顾嘉辉，作词：陈又新，演唱：凌波，1964 年上映的电影《血手印》的插曲。
② 《我找到自己》，作曲：刘家昌，作词：林煌坤，1971 年上映的电影《往事只能回味》的插曲。
③ 关于《恋の予感》，详见本书第九章《冷风中》。

的照片。这些演唱会的场刊、特刊由于发行量小，如今都是歌迷们最珍贵的收藏品。

　　令人极为遗憾的是，如此精心筹备的演唱会，留下来（或主办方放出来）的影像资料却只有十一首歌。如今在网上流传的一个多小时的视频是老歌迷们用现场录音配合照片与仅有的那几段录像衔接之后拼出来的，方能让新一代歌迷稍许多些一睹 Danny 当年的风采。事实上，有很多曲目是连录音也没有的，比如 Danny 在现场用三角钢琴演奏的 "Somewhere in Time"[①] 以及演唱的 "Will You Still Love Me Tomorrow"[②] "Careless Whisper" "I Just Called To Say I Love You" 等欧美金曲。这几首歌 Danny 在之后的演唱会中都没有再唱过，影音资料的缺失实属一大憾事。从现存仅有的录像中可以看到，Danny 在 " '85 演唱会"中的表演相比 " '83 演唱会"更上了一层楼，精神饱满，活力

---

① 　1980 年 10 月在美国上映的电影《时光倒流七十年》(*Somewhere In Time*) 的同名主题曲，原名为《帕格尼尼主题狂想曲》，由俄罗斯作曲家拉赫马尼诺夫于 1934 年根据意大利小提琴家帕格尼尼第 24 首小提琴随想曲的主题改编完成的一首钢琴协奏曲，约翰·巴里（John Barry）改编为电影配乐。

② 　《你会否不再想起我》原曲，详见本书第六章《伤心人》。

十足，充分贯彻了半年前发行的新碟《百强 '84》的概念。Danny 在演出时极为卖力，为了能够照顾到四面八方的观众，他一边唱歌，一边围着舞台大范围地跑动，气息却依然很稳。演唱《疯狂庆祝会》时，Danny 身穿一身亮眼的白衣，边唱边跳着轻快的舞步上了叉车运载的升降台。在这个摇摇晃晃的透明舞台上，Danny 可以和位于更高处座位的观众拉近距离进行互动。有时叉车开得不太稳，舞台摇晃得太过厉害，Danny 还对着摄影机做出害怕的搞怪表情。之后接上相比录音室版贝斯律动抢耳、舞曲风格更劲的《不》，Danny 一边唱一边与高处的观众握手。一位女歌迷隔着很远距离投来一束鲜花，Danny 稳稳接住引得全场欢呼，之后 Danny 又多次接花成功，这全有赖于他平日勤于健身练出如此好身手。歌曲临近结束时，Danny 抱着鲜花快速跑回台上，准时站到舞台中央摆出经典 pose，留下了红馆舞台上的经典一幕。相信这些片段会给每一位曾有幸亲临现场的观众留下永远无法磨灭的美好回忆。

Danny 在 "'85 演唱会" 的现场对观众们说："很多人现在说，好多歌手以能在这里（红馆）开演唱会作为个人最终的目标，其实我觉得这个讲法不太正确。因为我觉得一个成功的演唱会最重要的不是地点，而是歌手和观众（心灵上）有很密切的沟通与接触。……我是青年人，你们也是青年人，今年是国际青年年①，我们有责任出一份力。因为我自己知道要做什么，我向我自己的目标一步一步向前走，所以我觉得自己非常充实，也很开心。"'85演唱会"时的 Danny 笑得很开心、很轻松，他有自己的目标并为之努力去实现。他希望能够通过自身的影响力去号召更多的香港青年一起前进，向明天出发。然而，当时的他不会想到，由于演唱会后出现的一些负面评价以及"'85 事件"的影响，当他再次在红馆举办个人演唱会时，已经是近两年之后的事情了。

从 1985 年 1 月到 1986 年 12 月，香港乐坛发生了很多变化，红馆的舞台上出现了很多新面孔，也有不止一位歌手在此开了两次甚至更多次演唱会，连开的场次记录也是一破再破。然而时隔良久再次能够在红馆开演唱会，Danny 却并没有表现出太多的企图心，只开两场。而

---

① 联合国大会于 1979 年根据罗马尼亚的倡议决定 1985 年为"国际青年年"，主题是"参与、发展、和平"。

且相比其他歌手花样繁多、令人眼花缭乱的演唱会标题，Danny 只以简单的"前进"二字传递出他曾在"'85演唱会"时表达过的作为一个青年人的信念：不断努力、不断前进。[①] 重新回到红馆的舞台，Danny 有感而发：

> 曾经过去，有些言语令我不开心了一段时间。但幸好得到好多我很好的朋友、真正的朋友、我家人和对我非常关心的朋友，一路默默支持我、鼓励我，令我现在觉得做人非常有信心和有意思。我觉得，经过这些事我能够找到做人的真谛，这件事是值得你们为我喝彩的！

细心的人们发现，虽然 Danny 依然会用他独特的方式去活跃现场的气氛，但他显得内敛了许多，或许他觉得言多必有失，所以相比以往他说的话少了。"前进演唱会"上令人印象最深刻的部分是在第二场的末尾，在连绵不绝的"Encore"声中，Danny 三次返场唱歌答谢观众。这也难

---

① "'86前进"演唱会，1986年12月6日至12月7日举办。

怪，对于 Danny 这样一位正值当"唱"之年的巨星，居然时隔了近两年时间才再次在香港举办演唱会，无论是歌迷还是 Danny 自己都已经期盼已久，也都不愿演唱会就此结束。Danny 心甘情愿多唱几首歌来献给支持、拥护他的歌迷们。Danny 第一次返场唱过《偏偏喜欢你》后，邀请顾嘉辉上台。他尊称顾嘉辉为自己的师傅，并讲起刚出道时跟顾嘉辉学唱广告歌的往事。Danny 知道顾嘉辉最怕别人让他上台唱歌，所以这次不是请他唱歌，而是请他客座指挥《摘星》。第二次返场，Danny 唱了《不》和全场期待的《今宵多珍重》。为了答谢歌迷，之后 Danny 第三次出场重唱了《至爱》，为这场长达三小时的演唱会画上了圆满的句号。除了顾嘉辉，Danny 还邀请了陈美玲、罗文等嘉宾助阵"前进演唱会"，他与陈美玲首次合唱了即将在新大碟中发表的作品《约会》[1]，罗文则出场演唱了 Danny 为他作曲的《爱不问为何》[2]，这同样也是《爱不问为何》的首演。

---

[1]　关于《约会》，详见本书第七章《在这孤独晚上》。

[2]　罗文，英文名 Roman Tam，本名谭伯仙（谭百先）。《爱不问为何》，作词：郑国江，编曲：鲍比达，收录于 1987 年罗文《朋友一个》大碟，华星。

Danny 从踏入歌坛之初，便与罗文结下了不解之缘，其时，罗文的经理人亦为谭国基。谭国基为 Danny 制作第一张大碟 *First Love* 时，恰逢罗文与娱乐唱片约满，EMI 想挖角这位当红歌星，谭国基向 EMI 提出的让罗文加盟的交换条件就是要力捧 Danny。虽然二人同在 EMI 的时间很短，而且罗文比 Danny 年长十三岁，但相近的生活、工作态度使得二人成为忘年交。Danny 在艺术理念和形象设计上也受到罗文不小的影响。因为罗文的《激光中》，Danny 才决定请早就相识的林慕德为自己创作《创世记》等快歌①。罗文与 Danny 都喜爱扮靓，有前卫的时尚观念，港媒也将二人并称为"大妖"和"小妖"。八十年代中期，填词歌开始横行香港乐坛，罗文对此看在眼中。作为此时为数不多的、从七十年代一路走来依然活跃在歌坛的老资格歌手，罗文责无旁贷，率先倡导演唱本地原创作品。他邀请了钟镇涛、卢冠廷、周启生等多位本地作曲高手打造了一张在此时的香港乐坛已经很难见到的纯原创大碟《朋友一个》。一年之后，许冠杰也受此影响推出了由他与本

---

①　Danny 与林慕德的合作详见本书第十章《不再问究竟》。

地音乐人共同创作的原创大碟 *Sam & Friends*。Danny 平生只为其他歌手写过五首歌，为罗文贡献的《爱不问为何》是唯一一首写给男歌手的作品。罗文的歌声圆润、气量充足，Danny 为他量身定作的这段旋律优美、悠扬而又大开大合，充分展现了罗文声线的特点，又与写给自己的歌有明显的差异，这是一位优秀作曲人能力的体现。罗文很喜欢《爱不问为何》，不仅选为大碟的主打歌之一，还拍摄了 MV。罗文在"前进演唱会"上首演《爱不问为何》，既是他与 Danny 友谊的体现，也是作为乐坛前辈对 Danny 的充分肯定和强力支持。在 1994 年举办的"陈百强金曲纪念演唱会"上，Roman 多次出场献唱 Danny 的经典作品。在演唱《爱不问为何》前，Roman 动情的说：

> Danny 与我有很多相同的地方，比如我们对工作、生活完美的执着，对浪漫爱情的追求。可以说我们俩的感情比较丰富，所以 Danny 以往的作品有很多出色的情歌。曾经他写过一首歌给我唱，这首歌也是他写给我的唯一一首歌，我想，我演绎的方式不会令他失望。

"前进演唱会"中另一个重要的环节就是 Danny 用潘迪生[1]特意为他准备的透明钢琴演奏出《梦呓》的旋律，这也是这段旋律首次发表[2]。之后，Danny 开玩笑说"有新就有旧"，又弹奏了《眼泪为你流》。作为钢琴高手的 Danny 多次在自己的演唱会上弹奏钢琴，然而非常遗憾的是，虽然在电影和电视节目中都保留有 Danny 弹钢琴的画面，但 Danny 在自己演唱会上弹钢琴的录像却一段也没有被保留下来，甚至录音也只有"前进演唱会"的这一段。

事实上，截至目前，除了"'83 演唱会"以外，Danny 的红馆演唱会只有"'88 存真演唱会"和"'91 紫色个体演唱会"有完整的录像，而且只有"'91 紫色个体演唱会"公开发行了音像制品（1991 年发行了 LD、CD、卡带，1999 年推出过 VCD、DVD）。这导致前网络时代的老歌迷们在漫长的岁月里，只有"'91 紫色个体演唱会"这一场 Danny 的演唱会可听、可看。所幸如今在线观看视频是一件十分便利的事情，多年来也早已有一代又一代忠实的歌迷尽其

---

① 潘迪生，迪生集团总裁，二十世纪八十年代中期为德宝电影公司大股东，陈百强好友，1986 年为陈百强创立 DMI 唱片公司。
② 关于《梦呓》，详见本书第十二章《永不改变》。

所能搜集到现存全部的 Danny 演唱会录音、录像，并根据各种资料以及老歌迷回忆的曲目顺序进行排列整理，制作字幕，尽可能还原演唱会的原貌。近两年又有技术大神尝试用 AI 进行画质和音质的修复。所以虽然现存的绝大多数演唱会录像不完整，音质不够好，但现在的歌迷们已经能够很方便地回顾 Danny 的红馆历程。在视频网站众多的评论与弹幕中也能够看到，即使 Danny 已经离开这个世界超过了三十年的时间，但他依然有着众多衷心拥护、热爱他的歌迷，热烈地讨论着他在每一场演唱会的精彩表演，梦回 Danny 的黄金年代。

早在八十年代初，制作现场录音专辑在技术上已经不存在问题。香港宝丽金早在 1982 年便为邓丽君于 1 月在伊馆举办的个人演唱会发行了现场录音专辑，之后还在 1984 年为谭咏麟于 8 月首次在红馆举办的个人演唱会发行了现场录音专辑。台湾方面，滚石唱片于 1985 年 2 月发行的罗大佑 1983 和 1984 两年的岁末演唱会现场录音精选专辑《青春舞曲——罗大佑演唱会实况精华》更是震撼整个华语乐坛。然而香港华纳唱片却在录音技术已很成熟的情况下，迟迟不愿进行投入，没有制作现场录音专辑的计划。之后 Danny 转投 DMI，歌曲版权的限制也导致 DMI 不可能独力为 Danny 出版现场录音专辑。直到 Danny 回归后，香港华纳才在 1989 年末推出了公司历史上的首张现场录音专辑《林子祥 88—89 演唱会精选》。而像纪念 Danny 推出个人唱片十周年这样具有重要意义的演唱会（"劲量陈百强十周年纪念演唱会"，1989 年 9 月 29 日至 10 月 8 日，六场，香港体育馆）既无官方录音也无官方录像推出，只有现场观众用录音机录下的音频，因为设备原因，音质相比专业设备录制、调整出的相差很远，但如今也成为了极为珍贵的历史资料。

日后的香港乐坛天后杨千嬅最喜爱的歌手就是 Danny，她也有过在 Danny 的演唱会上用录音机录音的经历。那是杨千嬅第一次看 Danny 的演唱会，她把录音机放在腿上，想录下 Danny 的歌声，可是她太兴奋了，整场演唱会一直在大叫"Danny""加油"……当她回到家后，想重听 Danny 的歌声时，却发现录了两个小时的内容全都是自己的声音。

杨千嬅认为 Danny 是女生最理想的对象，Danny 的帅不仅在于外表，更在于他的才华。杨千嬅曾多次在各种场合演唱过 Danny 的名曲，向自己的偶像致敬。在电影《春娇救志明》的原声碟中，她选唱了 Danny 的名作《当我想起你》。Danny 的作品编曲意识超前，演唱精益求精，因此想翻唱好，甚至超越原作难于登天。杨千嬅这一版以原声吉他为主奏乐器的、安静的、民谣小品式的《当我想起你》，是三十多年来数不清的翻唱 Danny 作品中为数不多的上佳之作。

与之前的数场演唱会均是以快歌开场不同，具有独特纪念意义的"劲量十周年演唱会"以 Danny 的出道成名曲《眼泪为你流》及几首早期的经典慢歌开场。之后 Danny 大致按照发表的时间顺序演唱歌曲，与歌迷们一起重温十年来自己最受欢迎的经典曲目。Danny 身穿金光璀璨的上装，让人联想到他的偶像迈克尔·杰克逊（Michael Jackson）的王者风范。舞台由多个巨型的星星组合而成，其中一颗星星在 Danny 演唱"VINCENT"时缓缓上升，配合千颗亮晶晶的闪灯，仿佛天上的繁星闪耀，这也是整场演唱会的高潮。"VINCENT"是美国民谣歌手唐·麦克莱恩（Don Mclean）为了纪念凡·高于 1970 年创作的。Danny 在演唱前介绍道：

我接下来唱的一首歌是一首好歌……记得我在读书的时候，在中学，有几个志同道合喜欢唱歌的同学，就很喜欢唱英文歌，有一首歌是关于一个画家的，他的心态是非常孤僻和古怪的……但是这首歌，我相信你们应该会很熟悉，并且应该会喜欢这首歌，我会全心全意，虽然我不是什么画家，什么全艺的艺术家，但是希望可以借着这首歌，向这位画家致敬。

Danny 非常喜欢"VINCENT"，在第二次返场时说："我已经把歌唱完了，不知道可以再选什么歌来唱，只可以在刚才的歌里面挑选出来再唱……不如就决定……再唱一次那首歌……"之后便又再次唱起了"VINCENT"。当导演张婉婷邀请 Danny 出演电影《秋天的童话》时，Danny 提出的唯一一个要求就是把他饰演人物的名字改成 Vincent。

　　在 Danny 的众多演唱会中，每一场都有各自的精彩，亲历不同场次的观众也都会有不同的、对于某一首歌各自最美好的记忆。但有一首歌一定会是对于每一位 Danny 的歌迷来说都印象极为深刻的，那就是收录在《深爱着你》大碟中的《我和你》。《我和你》改编自日本偶像组合 Riff

Raff[①] 于 1984 年 8 月 25 日推出的第二张单曲《東京淚倶楽部》的 B 面作品《哀しみの街角》[②]。日文原版是四位年轻成员的男声合唱，节奏较慢，仿佛徜徉于热带沙滩，悠闲中带着一丝的感伤。罗迪[③] 的编曲在沿用原版架构的同时，略微加快了节奏，提高了弦乐音色的比例，使得乐曲更加华丽。相比原版的民谣风，《我和你》有着典型的属于都市的现代感。《哀しみの街角》与《我和你》的听感对比很像小虎队的《叫你一声 My Love》与张智霖、许秋怡合唱的《现代爱情故事》之间的区别。林振强填写的《我和你》歌词中最精妙的一句莫过于——

絶未怪你默然分手，
只不满我尚爱想你。

---

① Riff Raff，由 CHAPPY、SAM、YAKKO、YUKI 四 人 组 成，于 1984—1985 年期间活动，共推出过四张单曲和一张大碟，隶属于日本华纳·先锋唱片公司（Warner-Pioneer Corporation）。
② 《哀しみの街角》，平田谦吾作曲、SHOW 作词，《哀しみの街角》亦收录于 Riff Raff 在 1984 年推出的唯一一张大碟《Riff Raff 倶楽部》。
③ 罗迪，英文名 Romeo Diaz，又名戴乐民，菲律宾裔音乐人，集演奏、编曲、作曲、监制、电影配乐于一身。

——完美地塑造出 Danny 标志性的浪漫又痴情的形象，与《深爱着你》的立意相呼应。《哀しみの街角》采用了男声齐唱的方式，Danny 则在《我和你》中将自己的声音叠加在一起，营造出自己与自己合唱的效果。日文原版中四个年轻的声音青涩而又爽朗；Danny 的版本则给人以历经岁月，人变成熟后回首往事的淡然之感，浓得化不开的情绪蕴藏在歌声深处，被包拢在优美的音乐之中。

由于《深爱着你》大碟发行一年半后 Danny 才在香港举办个人演唱会，早已过了打榜的时间段，而且《我和你》也不是大碟主打歌，本应没什么现场演唱的机会，但 Danny 很偏爱这首歌，这也让《我和你》在日后成为了《深爱着你》大碟中仅次于两首主打歌及神曲《不再问究竟》以外，Danny 在现场演唱次数最多的歌曲。Danny 首次公开演唱《我和你》是在 1986 年 2 月 2 日 TVB 播放的《博爱欢乐传万家》节目中，Danny 与梅艳芳合作演出，二人对舞台的运用极为精巧。先由梅姑借由软梯从天而降后唱出《坏女孩》《癫多一千晚》；之后一身白色礼服的 Danny 站在叉车运载的亮晶晶的微型舞台上唱着《我和你》从场边出现；Danny 走上舞台后拉着梅艳芳的手，二人依偎着完成了舞台的交接，梅艳芳下台更衣。《我和你》唱毕，舞台光线整体暗了下来，只有一束圆形的追光灯照亮着 Danny 在长长的台阶上或坐或立地唱完《深爱着你》，这都是为演出的最高潮所做的铺垫。当《深爱着你》的音乐声落下，Danny 转身缓缓走上台阶，深情望向高处一个婀娜的身影：之前身着黑皮衣、蓝色牛仔裤的梅艳芳换上了一袭飘逸柔美的紫色长裙，方才的飒爽英姿瞬间变得风情万种。两束心形的追光灯分别照向台阶上、下的梅艳芳和 Danny，如是盛景让全场爆发出雷鸣般的掌声。Danny 一边唱出《迈向新一天》[①] 的主歌第一段一边走向梅艳芳，在梅姑唱出主歌第二段时，二人完成牵手，两颗心形的灯光也重叠在了一起。Danny 与梅姑对视着，合唱着副歌走下台阶，在歌曲的末尾，二人再次依偎在一起，电视画面也巧妙地将重叠的两颗心形放在了与二人对角线的位置。值得一提的是，梅艳芳是《迈向新一天》的原唱，Key 自然定得比较照顾梅姑，所以 Danny 唱得其实并不舒服，在

---

① 《迈向新一天》，作曲：林慕德，作词：黄霑，原唱：梅艳芳、李中浩，1985。

不同的段落要换八度来唱，但他极为专业地完成了这次合唱。Danny 与梅艳芳合作的这段长达 18 分钟的表演从走位、演唱、服装到舞台和灯光的设计都极为精妙，令人百看不厌，每次回顾，都引发人们对于香港乐坛那个黄金年代的向往与怀念。

《我和你》比《哀しみの街角》的速度快一些，而从 1986 年《博爱欢乐传万家》的现场版开始，Danny 在之后每次现场演唱《我和你》时的速度都在不同程度上比录音室版本要更快一些。这也让《我和你》由一首在感情色彩上略带伤感的歌曲，成为了一首气氛欢乐、愉悦的作品。在《深爱着你》大碟推出后 Danny 在香港举办的第一场个人演唱会"前进演唱会"中，Danny 选来与歌迷们互动的歌曲是《深爱着你》。从仅存的录像中能看到多位女歌迷们不顾保安的阻拦追到台上向 Danny 献花，亲吻 Danny 的面颊……呃，好像还有一位穿黑衣、高个子的是男歌迷，引得全场哗然。或许是 Danny 观察到了演唱《我和你》时观众们的热烈反应，在九个月后于 Danny 生日前夕举办的"'87 继续前进演唱会"（1987 年 9 月 5 日—6 日，两场，澳门综艺馆）上，Danny 改在演唱《我和你》时与歌迷们进行互动。虽然这场演唱会没有录像，但从录音中依然能够感受到现场热烈的氛围。从此以后，《我和你》就成为了在Danny的演唱会上固定的与观众互动的歌曲。

1988年4月，Danny回到红馆举办"'88存真演唱会"，他说着"我想利用以下的时间跟大家有些第三类的接触，就是将这个时间叫做接花和接吻的时间"，便一边唱着《我和你》一边走到场边与歌迷们互动。这时就体现出了坐在前排观众的优势，他们与Danny握手、送花、送礼物。由于想与Danny互动的歌迷实在是太多了，而且面对Danny时歌迷们都会心情异常激动，所以一些小事故经常发生，Danny曾被弄痛而大叫"哎呀""她捏我手指""我的衣服要破了"等等。甚至因为想与Danny握手的歌迷太多，大家都用尽全力想要握到Danny的手，Danny险些被拽到观众席上，需要保安帮忙才能把他拉回来。

半年后，Danny在广州举办"'88天河演唱会"，这是Danny在内地举办的首个演唱会，内地观众的兴奋程度甚至超过香港，开场前原价数十元的门票被炒到了三百五十元的高价，这对于当时内地的工资水平来讲简直是天价。一向对衣着要求很高的Danny没有沿用半年前香港演唱会的服装，而是为广州演唱会购置了全套新装。Danny 认为，虽然广州的观众没有看过香港的演唱会，但香港的报纸、杂志在广州也有流传，他不希望因此降低观众们的新鲜感。在网络视频如此发达的今天，演唱会往往刚开完几小时，观众用手机录的整场视频就已经被放到了网上，在下一站演出开始前，观众们已经能预习好整个流程。即使如此，现今也并不会有太多歌手为每一场演唱会都准备不同的服装。Danny 在当年信息并不发达的条件下，依然如此细致地考虑观众的感受，实属难能可贵。Danny 唱《我和你》与观众互动时，发现现场男歌迷的数量比香港演唱会要多很多，歌曲即将结束时 Danny 本想返回台上，但歌迷太过热情，他又快步跑到场边继续与歌迷互动。三年后，Danny 在佛山举办了两场演唱会。这两次在内地举办的演唱会，当地电视台进行了录像并曾在电视中播放，当年有忠实歌迷用录像机录下，多年后转成数字视频放到了网上，因此有极为完整的影像保存下来。其实从"'83 演唱会"和"'88 存真演唱会"的录像中可以看出，当时都是用多机位拍摄的，而且剪辑水准不俗，制作时应该是有公开发行的考虑的，但不知为何最终没有成行。

举办"'91 紫色个体演唱会"的一个重要使命是宣传 Danny 刚发行不久的新大碟 *Love in L.A.*。身穿闪烁着银光与紫光相间上衣和帽子的 Danny 开场便唱了四首新歌，加上演唱会末段的《一生不可自决》，半张碟的歌 Danny 都在现场唱过了。之后他换上了运动衣，一边唱《今宵多珍重》一边向观众席抛出萤光圈。Danny 在首场邀请的嘉宾是邝美云，二人一起合唱了《只有情永在》[①]。邝美云于 1989 年从宝丽金加盟 DMI 唱片，是除了 Danny 以外 DMI 唯一一签过的歌手。之后的场次，Danny 还邀请林忆莲上台一起合唱过《还有》。可惜这些内容都没有收录在公开发行的"'91 紫色个体演唱会"的录音和录像专辑中。"'91 紫色个体演唱会"是 Danny 唯一一个公开发行了音像制品的演唱会，经过专业的后期处理，无论是画质还是音质都比其他演唱会的影音资料要清晰、优质很多。这也让"'91 紫色个体演唱会"成为除了录音室专辑之外，歌迷们了解 Danny 音乐作品的必修课。不过比较遗憾的是，最终发行

---

① 《只有情永在》，作曲：顾嘉辉，作词：邓伟雄，原唱：张学友＋邝美云，1986。

的版本并没有全部收录 Danny 在现场演唱过的歌曲。除了上述合唱歌曲以外，还有因为版权问题无法收录的 DMI 时期的歌曲。事实上，Danny 在演出时已经考虑到了版权的问题，所以在开场不久的歌曲混唱中虽然用的是《梦里人》的编曲，演唱的却是《我爱白云》的歌词。此外，九十年代初正是卡拉 OK 兴起之时，所以演唱会录像的字幕也普遍设计成字体很大、歌词随着旋律逐渐变色的样式；卡拉 OK 热潮退去后，近年来发行的演唱会录像的字幕字体小了很多，不会再影响画面的整体效果。Danny 在现场也曾带着观众一起以模仿卡拉 OK 的方式合唱了《喝彩》——这在当年还是比较新颖的表演方式。三十多年过去，如今则已发展出伍佰演唱会的"你说"式卡拉 OK 大合唱，令人大为叹服……当年或许因为载体容量的限制，公开发行的演唱会音像制品为了多收录歌曲，所以讲话内容收录得很不完整，这虽然让演唱会看起来显得很流畅，但也因此缺少了很多有趣的内容。发行版的"紫色个体演唱会"在 Danny 演唱《我和你》前后的说话内容均没有收录。本书截稿前夕，香港环球唱片先后以"寻获遗落在英国的神秘母带"的名义推出了张国荣、陈慧娴 1989 年告别演唱会的"足本"现场录音 CD，不知已经掌握了 Danny 在 EMI + DMI 时期歌曲版权的环球，能否有一日也给 Danny 的歌迷们一个意外之喜呢？

在 Danny 看来，能够与歌迷们进行心灵上的沟通，是每一场演唱会最重要的事情。在"'88 天河演唱会"上唱到"仍是那么眷恋 / 当天今天相隔虽远"时，Danny 即兴对坐在高处的观众们说："虽然相隔得远，但是我们的心灵是在一起的，对吗？"Danny 离开后，歌迷们的心依然一直与 Danny 紧密地联系在一起，无论当天与今天相隔已有多远……三十多年来，一代又一代 Danny 的歌迷们不断地传承着，以各种各样的形式怀念着他：1996 年的《至爱》写真集；2000 年"离不开——陈百强资料馆"网站的创办；2006 年开始在马来西亚陆续出版的《我的故事》系列杂志；环球唱片于 2015 年、2019 年先后推出的《文质翩翩》及《陈百强的创世记》；近年来每个 Danny 生日当天的户外投屏；2023 年推出的两本三十周年纪念画册；以及，歌迷会历年来组织的一场又一场的周年纪念活动。这些都是无数身为普通人的歌迷们无私的付出。他们中的大多数人无缘亲眼见过 Danny，但在他们的身体中有着汹涌不绝的力量始终支持、推动着他们，这种力量来自每个人心中那一份与 Danny 之间独特的私人记忆。正如《我和你》歌词中所写的那样：

> 每次在回忆中
> 都觉远处甚美
> 那里有我和你

第五章　永恒的爱

2014 年 9 月 28 日，一首名为《祝福香港》的 MV 开始在网络上传播，因为特殊的环境因素，人们在这首歌中看不到以往群星大合唱时的"豪华阵容"，但发起人、作曲、监制的名字对于上了些年纪的香港歌迷来说，却是相当熟悉的——她就是林敏怡（Violet Lam）。

　　林敏怡出生于 1950 年 9 月 10 日，与 Danny 一样是处女座。她的弟弟林敏骢是 Danny 的小学和中学同学，她的母亲曾是 Danny 的小学语文老师。林敏怡自幼随母亲学习钢琴，在香港大学拿到心理学及社会学学士学位后，远赴意大利罗马音乐学院学习了三年钢琴。在德国弗赖堡国立音乐学院学习作曲期间，林敏怡于 1979 年回香港参加"反吸毒宣传作曲比赛"，夺得冠军，宝丽金的经理冯添枝（作曲时笔名历风）将林敏怡的参赛作品《珍惜好年华》（作词：郑国江）交给歌星陈秋霞演唱，林敏怡由此进入流行乐坛。此时，恰逢许鞍华筹拍导演处女作《疯劫》，通过朋友的介绍请林敏怡创作电影配乐，让林敏怡又开辟了一条创作之路。之后数年，林敏怡始终一边创作流行歌曲一边创作电影配乐。从第 2 届香港电影金像奖增设最佳电影配乐奖之后，林敏怡连续 5 届入围最终提名，并于

1985 年 4 月 13 日举办的第 4 届香港金像奖颁奖典礼上，凭借为《倾城之恋》创作的电影配乐拿到了最佳配乐奖。

1985 年也是林敏怡在香港乐坛的表现最高光的一年。在 8 月 10 日举办的首届亚太区流行歌曲创作大赛的决赛（1985 ABU POLULAR SONG CONTEST HONG KONG FINAL）当中，由林敏怡作曲、林振强填词、夏韶声演唱的《空凳》获得冠军。林敏怡在发表获奖感言时说，《空凳》中间要转 key 还要转拍子（由 $\frac{3}{4}$ 拍转为 $\frac{4}{4}$ 拍），因此很不好唱。在夏韶声现场演唱《空凳》时，林敏怡指挥乐队演奏出极具震撼力的音乐。戴着手套、手持指挥棒，也成为林敏怡最具标志性的形象。这一年，林敏怡还为电影《龙的心》创作了电影配乐，她创作的主题歌《谁可相依》在第 5 届香港电影金像奖颁奖典礼上拿到了最佳电影歌曲奖。这也让林敏怡成为香港电影金像奖历史上第一位既拿到过最佳电影配乐又拿到过最佳电影歌曲奖的作曲家。林敏怡还凭借《谁可相依》在 1985 年度十大劲歌金曲颁奖典礼上获得了最佳作曲奖和最佳编曲奖。

林敏怡认为创作电影配乐，不需要有特别抢耳的旋律，重在音乐能够配合画面的氛围；而创作流行歌，如果旋律写得好，演绎和录音也理想，配合宣传推荐给歌迷，各方的合作都能够达到理想的要求的话会是一件很过瘾的事。在那些让林敏怡有创作满足感的作品中，她本人的最爱并不是那些著名的获奖歌曲或是被唱片公司选来派台的主打歌，而是收录在陈百强《深爱着你》大碟中，排在 A 面第五首的《永恒的爱》。实体唱片兴盛的年代，如何排列曲目是一件很有学问的事情，不同年代、地区出品的唱片的曲目排列习惯也不尽相同。在 Danny 那个年代的香港乐坛，通常会把主打歌放在唱片 / 卡带 A 面或 B 面第一首的位置。在一面中的位置越靠后，说明这首歌在唱片公司眼中的重要性越低。给重要性差别不大的曲目排列顺序时，则会考虑曲风和节奏。在唱片 / 卡带一面大概二十五分钟左右的时间里，要让听者既有兴奋感又有新鲜感。不能连续几首都是快歌——情绪一直保持亢奋会容易累；但如果一首接一首都是抒情慢歌又会感到很闷。只有不同风格、节奏、感情色彩的歌曲合理地排列在一起，才能让听者没有重复和厌倦的感觉，顺畅听完一面之后，稍作感情的调整，再开启下一面的音乐旅程。当然，不同的人会有完全不同的排列方式，由此产生的一种玩法就是自制一张心仪排序的专辑，让脑中的构想变成现实，早先可以用双卡录音机制作卡带，有了刻录机以后就可以自制一张 CD。但随着网络音乐逐渐消解"专辑"的概念之后，这些"古老"的思路在如今看来都显得没有什么意义了。

《永恒的爱》在《深爱着你》大碟中的位置，说明了这不是一首被唱片公司重点推荐的作品。A 面的前三首歌——《深爱着你》《盼望的缘分》《恋爱预告》毫无疑问是大碟中最为重要的作品，在《我和你》延续了前三首作品的明朗色彩之后，听者的情绪需要进行一些调整，如同逐渐拉上遮光窗帘降低房间中的亮度，提前为 B 面曲目以黑夜为主的情感色调作出心理预备——《永恒的爱》在此时的出现恰到好处。林敏怡在开篇制造出仿如鹰啼划过夜空之声，紧随其后的是有如星星坠落般的音效，如梦似幻的人声哼鸣出桥段的变奏旋律，《永恒的爱》从前奏便给人以神秘的惊艳之感。林敏怡的曲作大多由弟弟林敏骢填词，比如为 Danny 创作的《伤心人》《家》以及《离不开》，亦有为数不少的作品由她的丈夫文井一完成填词，而文井一词作中的最佳作品毫无疑问就是《永恒的爱》。如圣诗般的歌词营造出神秘、静谧的氛围，末尾的"让这晚风／轻轻地叮嘱我们／人是个是个梦／存在是个梦"引发听者对人生和爱情深层次的思考，令人回味无穷。副歌处加大的回响效果，使得 Danny 的歌声仿佛飘荡在纯净的夜空之中，显得缥缈而又空灵，散发着浪漫而又迷人的气息。

　　林敏怡的创作风格多元，她擅长根据歌手的演唱特点谱曲。夏韶声、苏芮都是自带摇滚属性的歌手，林敏怡为他们创作的是情绪激昂、大开大合的旋律。在第一次与 Danny 的合作中，林敏怡交出的两首歌虽然风格迥异，但各有各的精彩。相比《永恒的爱》听后令人心绪略有凝重，恬淡优美的《伤心人》则给人以轻松、惬意的感受。《伤心人》的歌名与旋律的氛围以及歌词的内容有些反差感，是一首带有热带音乐风味的作品。悠扬的复古电吉他效果器音色，搭配上木吉他、手鼓与响板，令听者仿佛置身于夏威夷的阳光沙滩。Danny 用他温柔的嗓音唱出"盼我的真心，能够开解伤心人"。试问，有如此温暖的声音在身边，又有什么愁绪是无法释怀的呢？ Danny 在副歌中"美丽的谜""热爱真谛""常紧闭"处淳厚、深沉的唱腔令人印象极为深刻。《深爱着你》大碟中的好歌实在太多，相比之下，林敏怡作曲的《永恒的爱》和《伤心人》并不是能够派台打榜的 Hit Song 类型，也可能不如其他作品那么亮眼，但这两首音乐品质极高的动听作品，使得大碟的音乐风格更加丰富，对于《深爱着你》能够成为一代神碟，起着至关重要的作用。

除了《深爱着你》大碟中的两首作品，Danny 在 1985 年还灌录过另一首林敏怡作曲的作品，就是林敏怡为 Danny 客串出演的贺岁电影《八喜临门》①创作的主题歌《家》，她也是这部电影的配乐人。1986 年 1 月，华纳将《家》收录于杂锦碟《夺标金曲》中先行推出，《家》是其中唯一的新歌，也是这张杂锦碟最大的卖点，华纳特意在海报上用粗体大字注明"华纳贺岁新曲 特别推荐 陈百强新歌"的宣传语。这与华纳于 1984 年推出英文杂锦碟 *WEA Solid Gold 2*②时采用的是同样的宣传策略。《夺标金曲》中收录了四首 Danny 的作品，其他歌手最多只有两首歌，足见 Danny 在当年华纳唱片的头牌地位。《家》的风格轻快、

---

① 关于陈百强在《八喜临门》中的演出，详见本书第十二章《永不改变》。
② 详见本书第七章《在这孤独晚上》。

喜庆，与 Danny 自己监制的作品风格很不相称，所以在四个月后发行的 Danny 新碟《当我想起你》中没有收录。之后三十年，《家》也一直没有在任何以 Danny 的名义推出的唱片中收录过，成为了一首难找的孤品，直到《文质翩翩》的推出。

1986 年是由联合国大会确定的"国际和平年"，世界多国和地区纷纷以举办音乐会的形式来纪念这一重要的年份。在北京举办的"百名歌星演唱会"以郭峰作曲的《让世界充满爱》作为主题歌，"内地摇滚教父"崔健正是在这场演唱会上第一次公开表演《一无所有》而一鸣惊人。香港地区的"国际和平年"主题音乐会由香港电台举办，邀请林敏怡创作了主题歌《和平之歌》（作词：郑国江），由谭咏麟、甄妮、关正杰、林姗姗等十余位歌手合唱。不知什么原因，Danny 没有参加这次合唱，不过他在 1987 年于红馆举办的"'倾城之夜'林敏怡作品演唱会"上弥补了这一遗憾。"倾城之夜"是香港最早举办的以作曲家为核心的演唱会之一，有多位重量级歌手参与演出，足见林敏怡当年在香港乐坛的影响力。除了与其他歌手一起合唱了《和平之歌》以外，Danny 还在演唱会上独唱了林敏骢创作词曲、林敏怡编曲的《当我想起你》。唱完这首歌后，Danny说："在林敏怡作给我的几首歌之中，我最钟意的一首歌，我知道有很多朋友好深爱的，但当时唱片公司就说没有很流行，不如，我们今晚就现场唱一下好吗？"林敏怡紧接着大声的回应："好！OK！"Danny唱出的这首歌就是《永恒的爱》。下台前，林敏怡与Danny深情拥抱。之后的庆功宴上，酒过三巡的林敏怡搂着Danny和林敏骢，其乐融融。在她眼中，比她小八岁的Danny和亲弟弟没有什么区别。在同年宝丽金发行的林敏怡纯音乐大碟《自由领域》中，收录了十二首林敏怡作曲并编曲的作品，全碟的压轴曲目就是《永恒的爱》。林敏怡曾说过，《永恒的爱》是她至那时为止最喜欢的一首作品。

也是在1987年，Danny推出了被歌迷们评价为可与《深爱着你》比肩的另一张神碟《梦里人》，其中收录了林敏怡为Danny作曲的第四首歌《水手物语》。曾有人评价说"林敏怡的作品极为细腻，旋律发展很巧妙，大调小调可以在一两个音之间来回转换，令一首歌曲有两个或以上不同的情景"。《水手物语》从主歌到副歌极为丝滑的转调处理，正是林敏怡超强的作曲功力的一个缩影，艺术化的处理令主、副歌展现出了两种不同的感情色调。对于像Danny这样极具个人魅力，且一出道便已确立独特艺术形象的歌手，填词人往往会围绕着他的形象和气质来创作歌词。不过文井一这一次并没有延续这样的原则，他创作的歌词与旋律中蕴藏的波澜起伏之感极为契合，将主人公设定为一名水手，借由在海上漂泊的心境引发出对恋人的思念，这大概也是华语流行音乐作品中第一次出现水手这个职业。五年后，郑智化才在他的专辑《私房歌》中推出那首更加著名的励志歌曲——《水手》。

虽然整体的制作水准比不上《深爱着你》和《梦里人》，但《一生何求》大碟对于每一位 Danny 的歌迷——尤其是与笔者年龄相仿的内地歌迷——来讲都有着特殊的意义[1]，其中的每一首歌在歌迷心中的地位都会略高于其他大碟中的作品。林敏怡作曲、编曲的《谁是知己》即是这样一首歌，晶莹剔透的音色，令听者仿佛进入了一个童话的世界。面对这样一段有着女性作曲人独特温婉风格的动听旋

---

[1]　关于《一生何求》歌曲及大碟，详见本书附录《关于〈一生何求〉的一切》。

律，梁伟文没有常规性地选择为 Danny 填一首情歌，而是写出了一段非典型的讲述友情的歌词。与前一张大碟《冬暖》中传统式的赞颂友谊带给人的温暖，或是祝福友谊天长地久的《感情到老》不同，《谁是知己》表现的是一段年少相识，但随着成长渐行渐远的友情——"你说我天生感伤 / 仍然像少年人模样 / 更笑我忧郁嘴脸太夸张"，这不正是不沾染尘世俗气的 Danny 本人的真实写照吗？"何时才发现语言无味 / 你有你新一套传奇 / 如何能进入你的天地 / 花花世上谁是知己"道出了面对昔日好友时说不出的隔阂感。"只可以做怀旧知己 / 继续怀念你"，或许这也是成长的代价之一吧……

1992 年在 Danny 的计划中是告别歌坛的一年，因此从年初开始筹备的新专辑也围绕着"告别"这一主题来进行创作，林敏怡、林敏骢姐弟为 Danny 创作的《离不开》正是贯彻这一精神的最佳作品。开篇的海鸥鸣叫声和波涛声将听者的心引领向宁静的海边。平和的氛围中，仿佛笼罩着晨光的键琴声，令听者的脑海中浮现出波光粼粼的海面。音乐声略加停顿后，Danny 伴随着华尔兹的节奏深情唱出林敏骢为他精心写下的告别致辞：

在这一天　在这一刻

像说时光不在

仍愿意　留住你在脑海

离不开　离不去

全是你在脑海　全离不开

而今天　微风轻盖着心爱

抱拥你的心载又载

　　这段歌词最精妙之处在于，虽然是由 Danny 之口唱出，但表达的也正是歌迷们对 Danny 不舍的心情，在Danny 离开人世后，这段歌词的意义更加凸显出来。华尔兹（亦译为圆舞曲）是优美的代名词，慢板的 $\frac{3}{4}$ 拍使得作品柔和而又深情。歌曲的末尾，耳边再次响起的海鸥鸣叫声与海浪声，仿佛是 Danny 正坐在一条小船上，望向热爱他的歌迷们微笑着频频挥手，随着海浪摇摇晃晃地漂向远方，直到消失在人们的视野中———如 Danny 计划中向歌坛、歌迷们的完美告别。然而 5 月 18 日的那场意外，让一切计划都失去了实现的可能。半年后，华纳将 Danny 已经完成录音的《亲爱的您》《离不开》与其他旧作集结成《亲爱的您陈百强92'精选》发行,《亲爱的您》和《离不开》也就成为了 Danny 生前最后发表的作品。1993 年 9 月,华纳再次推出 Danny 的双张精选并以"离不开"作为标题。一个月后, Danny 去世,《离不开》也就成为了最适合表达歌迷对 Danny 难舍难分的感情的作品。林敏怡也在 Danny 去世后不久淡出了乐坛。香港之后再也没有出现像林敏怡一样的,能够大量对外提供作曲、编曲并完成制作的女性音乐人了。

2019 年 10 月 25 日, Danny 离开这个世界已经整整二十六年了,漫长的岁月使得人们对于 Danny 还有未公之于世的作品早已不抱任何希望。然而就在这一天,一首名为《再见,情不变!》的纯音乐作品突然出现在网上,并且说明这是为 Danny 的最后一张粤语大碟而创作的歌曲,这首歌的曲作者就是 Danny 合作过的最后一位唱片监制——赖健聪(Peter Lai)。

赖健聪 1989 年加盟黎小田及叶振棠等音乐人所投资

的百利录音室（Barley Studio）担任录音工作，从而入行。转年 5 月，他加盟华纳唱片，并陆续参与了林子祥、林忆莲、杜德伟等歌手的唱片制作工作。赖健聪发表的第一首创作是曾航生的《告别笑容》（作词：王书权，1990 年，WEA）。初生牛犊不怕虎的赖健聪曾打电话给 Danny 问："你最高的一个音是哪个，能唱 G 吗？"漫长的半分钟寂静后，Danny 缓缓说了一句："唔好咁深（不要写这么高吧）。"在 Danny 十几年的音乐生涯中，与众多香港优秀音乐人进行过合作，乐于启用年轻音乐人也一直是 Danny 的习惯。在那个填词歌成风的年代，Danny 对于本地年轻音乐人的肯定是极为难能可贵的，正是 Danny 选用他们的创作，给予他们肯定、坚定了他们坚持创作、在音乐之路上继续前进的信心。面对赖健聪的莽撞，Danny 并没有生气，他看出赖健聪是个有天赋的音乐人，于是决定之后的唱片与赖健聪进行合作。赖健聪也没有辜负 Danny 对他的期望，第一次为 Danny 写的歌，就是在 Danny 的第二个华纳时期重要性仅次于《一生何求》的《一生不可自决》。赖健聪只用了二十分钟就写出了这段动人的旋律，Danny 决定用这首歌并交给了向雪怀填词。向雪怀听了很多遍

demo，越听越不开心，他认为，Danny 喜欢这首歌，说明他还没有走出之前的心理阴影[1]，他决定为 Danny "写一首他自己唱给自己听的歌，一首他自己告诉自己现实是多么残酷的歌，一首他自己提醒自己要懂得自我鼓励的歌"[2]。赖健聪为《一生不可自决》所作的 band sound 效果真切，鼓力道十足、震撼人心；贝斯演奏灵动而又稳健。当年的混音处理普遍低音区音量较小，推荐收听时把低音的音量调大。音乐部分最精彩的是吉他演奏，前奏与间奏的木吉他 solo 以及尾奏的电吉他 solo 都非常精彩，不知道有多少歌迷像笔者一样不舍得歌曲结束，在结尾时把音量逐渐调到最大，希望尽可能多听到几秒钟采用渐弱处理的电吉他solo。

Danny 在录唱《一生不可自决》时状态极佳，投入了深沉、饱满的感情。录好后兴奋的 Danny 为了达到最完美的效果，还如《盼望的缘分》中一样，在"仍然愿一生一世的欠缺"之后再次为自己录唱了和声，而且三遍反复

---

① 详见本书第八章《最深刻的记忆》中《我的故事》部分。

② 引自《爱在纸上游——向雪怀歌词》，向雪怀、简嘉明著，三联书店（香港）有限公司，2016 年 5 月第一版。

中，Danny 每一次的演唱都不相同，每一次却又都恰到好处，Danny 对于作品的理解及表现力早已经到达了炉火纯青的境界。"紫色个体演唱会"现场版的《一生不可自决》以及其他歌手的翻唱版都因为没有这三段和声而效果大打折扣。当年 TVB 曾有一个播放电影的栏目，在播放《末代皇帝》① 时选用了《一生不可自决》作为片尾曲。这也使得《一生不可自决》的 MV 有了两个版本，一个全程只有 Danny 自己出演，另一个穿插了《末代皇帝》电影画面。在后一个版本中，Danny 不仅戴上了《末代皇帝》中溥仪同款的圆片眼镜，演唱时更是眼中含泪，若非歌词道出的正是心中之事，又怎能令 Danny 如此动情呢？ Danny 在"紫色个体演唱会"上演唱《一生不可自决》时，也特意佩戴了眼镜上台表演。

《一生不可自决》的旋律凄美、动听，歌词中的宿命感与此前大热的《一生何求》留在人们心中的记忆产生了

① 《末代皇帝》，贝纳尔多·贝托鲁奇导演，尊龙、陈冲、邬君梅、英诺诚、坂本龙一等主演，讲述了爱新觉罗·溥仪的一生，曾在北京故宫实地拍摄，1987 年 10 月起陆续在世界多国上映，获得奥斯卡金像奖多项大奖。

强烈的呼应，令听者对其中的况味产生了更加深刻的思考，也与 Danny 此时在人们心中忧郁的艺术形象极为契合。《一生不可自决》推出后大受欢迎，入选 1991 年劲歌金曲第一季季选，这也是其所在的 Love in L.A. 大碟在当年获得的唯一一个奖项。在领奖时，主持人问他："人生几十年，有什么是自己决定不了的？" Danny 答道："我觉得有一样真的是自己无法决定的，那就是姻缘或者缘分。因为工作，幸运的话，只要肯努力，应该会有成功的一天。但姻缘来就来，去就去，得到的可能未必好，真的是无法决定的。"《一生不可自决》成为 Danny 歌唱生涯的代表作之一，在他去世后，人们更是用向雪怀创造的这一经典的歌名来定义 Danny 的人生和他的情感经历。其实 Danny 在此之后，已经摆脱了心中的枷锁，重新做回了一个开心的人。他已经厘清了眼前的纷乱，整理好了思绪，为自己的后歌手生涯做出了规划。相信此时，他的心中对于未来已经有了一片明媚的晴空。

半年后，在制作《只因爱你》大碟时，Danny 邀请了老搭档徐日勤担任唱片监制，并由赖健聪担任助理监制。此时的赖健聪还不满 23 岁，能够委以他如此重任，是

Danny 对于他创作出《一生不可自决》的肯定和奖励。《一生不可自决》除了优美的旋律以及跌宕起伏的编曲效果，还给人一股新鲜的感觉，帮助 Danny 又找到了一种十分适合他的歌曲风格。赖健聪很感激 Danny 对他的信任，又交出了一段缠绵悱恻的旋律。Danny 再次邀请向雪怀填写歌词，自然也是希望再次打造出一首《一生不可自决》式的经典作品。"向雪怀的歌词写出都市人因寂寞而爱，'各施各取'下的爱情假象。Danny 演绎出歌曲的沉郁，苦涩爱情下的凄酸和对真爱的坚持。"[①]虽然与《一生不可自决》是相同风格的动听作品，但细品之下,《岂在朝朝暮暮》在表现力上比《一生不可自决》略有逊色，笔者认为，原因在于制作时没有再次使用 band sound。赖健聪在编曲中大量采用了他擅长的钢琴音色，突出了旋律中哀婉的味道，但没有留给电吉他太多发挥的余地，模拟鼓音的力道不足，也让《岂在朝朝暮暮》在听觉上的冲击力不够强劲。没有被选作《只因爱你》大碟的主打歌派台打榜，也让《岂在朝朝暮暮》虽然在 Danny 的歌迷群体中有着很好的口碑，但

---

① 　引自 Kark Woo 撰写的乐评。

没能在当年的香港乐坛引起太多的关注。

　　连续愉快的合作，使得 Danny 在制作 1992 年的新专辑时再次邀请赖健聪担任唱片监制并为自己写歌。相比之前两首歌的悲伤基调，赖健聪这次写出的是一段轻快风格的旋律，这也符合 Danny 心中对于"告别"的定义。Danny 并不想过多渲染离别的情绪，而是希望能够通过一首歌向歌迷们致谢，说声"goodbye"，为自己的歌唱生涯暂时画上句号。作词工作交给了写出《一生何求》的潘伟源。4 月 9 日，潘伟源写好了歌词，取名为《再见，情不变！》。5 月 13 日，Danny 在录音室中进行了试唱，其间，赖健聪还配合旋律改了歌词，把"感触"改成了"流泪"。试唱后，Danny 对赖健聪说："今天太累了，反正已掌握了编曲的感觉，我们下星期再录吧。"赖健聪在录音室等待着 Danny 来完成正式的录音，然而 Danny 再也没有来……

　　Danny 的去世，对于刚刚在乐坛崭露头角的赖健聪是个沉重的打击，能够得到 Danny 这样的歌坛巨星的器重对于一个新人来说是极为难得的。巨大的悲痛之中，赖健聪将与 Danny 点点滴滴的往事封印在记忆深处，不忍想起，在岁月无声消逝中，也渐渐忘记了自己曾为 Danny 写过这最后的一首歌。之后，赖健聪不再创作流行歌，专攻纯音乐创作，他的足迹也从中国香港地区扩展到内地和日本，除了推出过多张纯音乐专辑，他还为电视剧、纪录片创作配乐。2018 年 9 月 8 日，赖健聪参加"永恒的爱六十载 至爱陈百强诞辰会"纪念活动，现场歌迷的热情打动了他，让他尘封的记忆一点点被唤醒，那隐藏在心灵深处的音符一个一个地跳了出来，他最终找回了那段失落的旋律，与 Danny 合作时的一幕幕也重回心头。他联系了潘伟源，找到了当年填词的手稿①，终于补全了上文那一段不为人知的历史。

2019 年 10 月 25 日，赖健聪在他的 YouTube 账号上放出重新制作的《再见，情不变！》的纯音乐版本并配上了 Danny 于 1981 年专程赴日本东京为《流行 BigHit》杂志拍摄的封面照片，他希望借由这种方式，传达出当年 Danny 未能亲自向歌迷们传达的心意。《再见，情不变！》推出后，立刻在 Danny 的歌迷群体中引发了热议，除了努

---

① 手稿上，潘伟源写的歌名为《再见，情不变！》，有感叹号，本文歌名以手稿为准。

力脑补由 Danny 亲自演绎的效果，还有歌迷模仿 Danny 的声线演唱了这首歌。《再见，情不变！》也激发了赖健聪的创作灵感，2020 年 3 月，他推出了时隔六年的新专辑 *Tiny Eye*。一年后，他再次发表了新专辑 *Colour Me Gone——a hongkonger diary*，其中的 "1989（last song for Danny Chan）" 正是《再见，情不变！》的纯音乐版。笔者认为，或许在 Danny 的心中，是准备将《再见，情不变！》定为他最后一张粤语大碟的标题主打歌的,《再见，情不变！》是比《亲爱的您》更加切合"告别"这一主题的。如果不是那场意外，Danny 与赖健聪也一定还会携手创作出更多精彩的作品。2023 年，赖健聪为了纪念 Danny 去世三十周年，制作了一个精美的音乐盒套装。他用打孔机把《再见，情不变！》和《一生不可自决》的音符逐个打到打孔带上，用八音盒的音色来呈现他为 Danny 创作的这两段旋律。盒子中的一张卡片上，他将这两首经典作品的歌名结合在一起，写作：

再

见

情

一生不可自决

变

《再见，情不变！》没有收录在 Danny 的任何一张唱片中，一些上了年纪、很少关注网络资讯的老歌迷可能并不知道这首歌的存在。在本章的末尾，就让我们一起来细细地品味这首 Danny 最后的歌：

浮云片片，瞬已千变，跟你 漫漫长路到目前

回头再次 看你的脸，一切 茫然地复现眼前

再见再见，但友谊绝不会变，

分开了，梦亦并肩！

情怀有你，笑语千串，当我流泪，便伴我眠

凝眸有你，暖意一片，仿似 离情话并未说完！

再见再见，但友谊绝不会变

深相信，情不会断

每纪念 从前日子，心会极暖

依依地一再望你

慨叹无尽变迁

无言地赠你心一片

心曲内一切属你，盼你留念

倘我难自禁，哭了!

恕我静默，情自始不变!

第六章　伤心人

2023 年 1 月 8 日，TVB 举办了 2022 年度的"万千星辉颁奖典礼"①，最佳剧集大奖由 2022 年 10 月 17 日开播的热门剧集《下流上车族》获得，这部剧集的男主角由入行四十余年第一次拍电视剧的林敏骢（Andrew Lam）饰演。内地人熟悉"无厘头"这个词大多是在 2000 年前后周星驰的电影《大话西游》翻红之后，不过对于香港人来说，公认的"无厘头"始祖却是 Danny 的这位小学同学——林敏骢。他在 1989 年与曾志伟合作推出的搞笑专辑《冇有线电台》中将黄韵玲为赵传创作的《我很丑，可是我很温柔》改编成了《我无厘头，可是我很温柔》。"我无厘头，可是我很温柔"也恰是对林敏骢作词风格和他本人形象最精准的概括。

林敏骢十五岁那年，母亲因脑出血去世，学习一落千丈，中学肄业后一时没有再读书。林敏骢日后之所以能够成才，全靠姐姐林敏怡的照顾，她发现弟弟画画不错，于是帮他报名去香港理工大学学设计。林敏怡入行之后，看

---

① TVB 自 1997 年开始举办的电视颁奖典礼，颁发最佳男女主角、最佳男女配角等奖项，以表彰全年表现出色的艺员。

到林敏骢总是改歌词玩，又向圈内人推荐弟弟做填词的工作。1981年，许鞍华找林敏怡为《胡越的故事》创作电影配乐，泰迪·罗宾认为其中的一段配乐很适合填上词来唱，于是，林敏骢发表的第一首歌词《这是爱》便诞生了。Danny从自己担任监制的第二张大碟《偏偏喜欢你》开始，找上学时被自己和同学称作"Lemon Chung"的林敏骢填词，而且一下就给了他四首，数量仅次于郑国江，足见Danny对这位老同学的信任。不过在这一年，林敏骢最得意的作品依然是为姐姐的电影配乐填的歌词——谭咏麟的经典作品《幻影》。之后一年内，林敏骢陆续为谭咏麟填出《雾之恋》《爱在深秋》《爱的根源》，都成了香港流行音乐史上的经典作品。他还凭借《爱在深秋》在第二届十大劲歌金曲颁奖典礼上拿到了最佳填词奖，标志着他的填词水准彻底获得香港乐坛的肯定，人们也将他与林振强、黄霑并称为香港词坛的"二林一黄"。

1984年，Danny在筹备新专辑时将两首英文歌的填词工作都交给了林敏骢，两首歌，一快一慢，分别展现出林敏骢"无厘头"和"温柔"的一面。快歌的原版是大卫·鲍伊（David Bowie）于1983年推出的专辑 Let's Dance 的第一首歌"Modern Love"。大卫·鲍伊的作品以音乐华丽、概念前卫著称，他个人的形象亦是众多艺人模仿和学习的对象。当然，在1983年，大卫·鲍伊还有另一件重要的作品问世，就是由他主演的电影《圣诞快乐，劳伦斯先生》(*Merry Christmas Mr. Lawrence*，大岛渚导演)。片中与他演对手戏并创作电影配乐的是坂本龙一。大卫·鲍伊和坂本龙一都是Danny很喜欢的音乐人，Danny在八十年代中前期为自己设计的形象多有参考同期的坂本龙一。

"Modern Love"一如大卫·鲍伊以往的作品，强劲的节奏及短促的乐句产生出强烈的冲击感。林敏骢在《黑的幻觉》中写道：

> 透光不透光
>
> 就像真的不透光
>
> ……
>
> 直立在这路上
>
> 或睡在软地上(远路上)
>
> 始终总不放心
>
> 就像始终不理想

......

（三加一）仿佛不再等于四

恐怕也只有林敏骢敢把这样的歌词交给 Danny。他用魔幻现实主义的笔法，写出人生中不确定的迷乱感觉。略有遗憾的是，《黑的幻觉》没有保留 "Modern Love" 长达一分钟的尾奏，否则林敏骢或许还可以利用这一分钟搞出什么出人意料的名堂来。

经典情歌 "Will You Still Love Me Tomorrow" 最早由美国黑人女子组合 The Shirelles 于 1960 年发表，之后数十年间有数不清的翻唱版本。内地歌迷们非常熟悉的国语歌《明天你是否依然爱我》①就是 "Will You Still Love Me Tomorrow" 的一首衍生作品，主歌的开篇 "午夜的收音机，轻轻传来一首歌，那是你我都已熟悉的旋律"，指的正是 "Will You Still Love Me Tomorrow"。歌曲的末尾 "午夜里的旋律，一直重复着那首歌" 之后唱出的 "Will You Still Love

---

① 《明天你是否依然爱我》，作曲：童安格，作词：杨立德，首唱版本：王芷蕾（1985），最著名版本：童安格（1989）。

Me Tomorrow"正是原版的旋律，而这一句在林敏骢的笔下就变成了"你会否不再想起我"。"Will You Still Love Me Tomorrow"的字面意思就是"明天你是否依然爱我"，不过这种直接的表达其实是很西式的，东方的传统文化讲究含蓄，因此在童安格这首名作发表之前，"明天你是否依然爱我"这样的句子在中文语境下是不太可能在现实中出现的。尤其是在林敏骢营造的灯光昏暗、彼此拥吻的浪漫情景中，意乱情迷中的女子若是说出"明天你是否依然爱我"这样带着一丝质疑的问话更是违和感极强。林敏骢巧妙地将这句话改成双重否定式的结构，以"想"代替露骨的"爱"字，一句"你会否不再想起我"将深陷情网之中的女子温婉的语气精妙地表现了出来。《你会否不再想起我》是"Will You Still Love Me Tomorrow"的所有版本中节奏最慢、最安静的一首，钢琴和弦乐仿如"昏暗的灯光"，清晰凸显出 Danny 的歌声"予你深深的一吻"的深情、"伸出双手相拥抱"的力量、"你会否不再想起我"的轻柔，试问还有哪位男歌手能够把情歌唱得比 Danny 更加动人呢？在 Danny 去世后，每当歌迷们听到《你会否不再想起我》，仿佛都会在心中代替 Danny 问自己：是否会有一天忘了他？

忘记他曾经带给自己的感动？忘记他陪伴自己度过的孤独岁月？进而被仿佛是 Danny 在自己耳边唱出的这句话带入对 Danny 更加深切的怀念……

林敏骢在乐坛的出色表现，让他获得了为 Danny 的下一张大碟的主打歌填词的机会。林敏骢最初将歌名定为《碎》，或许他有考虑将其作为《等》的续集。一个字的题目对于创作者来说足够风雅和标新立异，但不够响亮和大众化，很难流传开来，更加不适合作为大碟的标题歌，所以没有被采纳，最终发表的歌名使用了副歌最后一句的歌词——《深爱着你》。

林敏骢在多年后评价说，在每个时期他都会有很喜欢的作品，但从以前到现在一直觉得很喜欢的，而且没有争拗余地的，一定是《深爱着你》；这首歌不受时间限制，不论何时听都能够代入到当下的状况，可能境遇与五年、十年前不同，但再听又会有另一番感受。《深爱着你》也是林敏骢填词生涯最著名的代表作之一，他在 2017 年举办"今天星闪闪 35 年时日如飞林敏骢脑交战作品展演唱会"、2023 年举办"苏格兰场今天星闪闪林敏骢暨车总脑交战时日如飞 40 周年成人礼作品演唱会之 Part 2 更精彩"时，都选用了《深爱着你》的经典歌词"时日如飞"作为演唱会的题目。

> 如飞，像天空一片云，
> 投爱于你的波心

　　这样的歌词是否让你联想到徐志摩的《偶然》中的"我是天空里的一片云，偶尔投影在你的波心"？在林敏骢为 Danny 写下《伤心人》九年后，华语歌坛又出现了一首更加直接将《偶然》写入歌词的作品："我是天边飘过一朵云，偶尔投影在你的波心里"，这是酒井法子来中国发展时推出的国语歌《微笑》。《伤心人》再一次展现了林敏骢过人的才气，歌名虽然叫《伤心人》，但林敏骢所填的歌词一如《偶然》的风格，恬淡而又优美：

> 纯真青春的心底，
> 永远再不荒废，
> 从此打开心中美丽的谜，
> 年轻青春的心灵，

找到热爱真谛，

莫再将心窝常紧闭

　　虽然此前，Danny 在接受关于感情问题的采访时，总是表现出新派的豁达，既不急于确立关系，也不介意女朋友与其他男性来往。但作为老相识的林敏骢或许早已察觉到了 Danny 不为外人所知的在感情中脆弱的一面，所以写下了这首词来劝慰 Danny。多年后，潘源良为 Danny 写出了与积极的《伤心人》态度相反的《关闭心灵》[①]：

一生也未明

艰辛的爱情

永远只叫人堕进无奈处境

今天关闭起心灵

不想沾世间痴情

不想哭笑悲欢里受刑

① 《关闭心灵》，作曲：伍思凯，收录于 1990 年《等待您》大碟，WEA。

紧紧关闭的心灵

装不起你的激情

不必敲我心窗说呼应

　　《关闭心灵》表达的是在爱情中遭受挫折、心灵受伤后，将自己的内心封闭起来的消极态度，Danny 的演绎也表现出人成熟后的沧桑感，这也可以看作是对于 Danny 多年来在爱情中浮沉心境的总结。1990 年，已过而立之年的 Danny 面对爱情时感到的只有越来越多的困惑，不过世间又有几个人能够真正参透爱情的奥秘呢……

　　林敏骢在 Danny 的作品中多以填词人身份出现，而且数量着实不少，词作数量与林振强并列第二，仅次于几乎成为 Danny 中前期"御用"词人的郑国江。林敏骢与林振强相似，创作题材非常全面，没有什么能够难倒他。除了与林敏怡一起为 Danny 写的三首歌以外，Danny 交给他的大多是改编英文歌的工作，比如《仁爱的心》《最深刻的记忆》《真挚的爱》。其实林敏骢是香港乐坛少见的词曲俱佳的创作鬼才，除了填词，他还为 Danny 包办了两首歌的词曲，第一首就是 Danny 在第一个华纳时期的最后一张大碟的标题歌《当我想起你》。Danny 作曲的《盼望的缘分》为港式原创情歌树立了一个很好的典范，林敏骢似乎就是按照这个范本为 Danny 创作了风格相近的《当我想起你》，旋律大开大合又极为优美。遗憾的是，《当我想起你》推出时恰逢 Danny 即将转投 DMI，所以华纳没有在宣传上进行任何投入，导致《当我想起你》除了成为当年度中文金曲龙虎榜第 24 周的冠军歌，并没有拿到任何奖项。对比同期香港乐坛的作品，《当我想起你》的品质至少应该入选劲歌金曲季选才算公允，即使这张大碟中有《偶像》最终入选，但在当年，一线歌手的大碟中有多首作品入选同一季季选并不新鲜，关键还是在于唱片公司有没有在推广上下足功夫。

1987 年，林敏骢在 EMI 旗下推出了首张个人大碟《自你去后》，入行多年积攒的好口碑，使得这张大碟卖出了金唱片的销量，林敏骢也成为了在香港乐坛难得一见的集词、曲、唱于一身的音乐鬼才。在这张大碟中，林敏骢第一次翻唱了《当我想起你》，这个版本从编曲到演唱与 Danny 的原版几乎毫无差别，只是在最后一句林敏骢采用了高八度的处理。同年，他也交出了第二首为 Danny

包办词曲的作品《怎算满意》①。由于不是主打歌,《怎算满意》并不像《当我想起你》那样为人所关注,平缓的节奏、起伏不大的旋律,乍听之下似乎平淡无奇,但若你留意收听,会发现这是一首旋律动听、歌词值得反复回味的好歌。

> 从幼开始当发闷时,
> 也都喜爱独处

不知林敏骢笔下的这段是他还是 Danny 的青春写照,但"从不知怎么是,究竟怎算满意"却是普罗大众都会有的心思。杜自持在间奏和尾奏编排的萨克斯风堪称画龙点睛之笔。Danny 在歌曲末尾处"能否一切都不用失去"的转音处理极为动人。

除了音乐创作以外,林敏骢从 1988 年开始主持电视节目,机智、幽默的风格令他大受欢迎。1989 年,林敏

---

① 《怎算满意》,编曲:杜自持,收录于 1988 年《神仙也移民》大碟,DMI。

聪与曾志伟合作推出《冇有线电台》专辑，由林敏聪创作全部脚本后二人共同演绎。林敏聪不仅将他在电视节目中的主持风格代入进来，还发挥了自己改歌词的爱好，将一众名曲改编成搞笑版，于是就诞生了本章开头的《我无厘头，可是我很温柔》。在之后几张《冇有线电台》系列专辑中，林敏聪还陆续将张国荣的《侧面》改成了《杯面》，陈慧娴的《傻女》改成了《傻佬》，谭咏麟的《爱的替身》则改成了《菜的替身》，堪称香港的艾尔·扬科维奇[①]。值得一提的是，无论是在 Danny 生前还是身后，林敏聪从来都没有改过 Danny 的歌。在 1996 年 TVB 的"超级无敌奖门人"电视节目中，林敏聪将收录于《顺德人民冇有线卫星广播电台》（1994）专辑的《六合彩搅珠中奖号码派彩》中他的一段顺德口音播报"苏格兰场非工业用国际线路自动融雪16VALUE 风油肽垂直升降（大包围）连镭射彩色洗衣干衣（腐蚀性）气垫毛笔一支"一气说出，引爆全场，成为名场面。从此，人们提到林敏聪时，除了那些他写过的动听歌曲，还总会想到"苏格兰场"。

---

① 艾尔·扬科维奇（Weird Al Yankovic），美国著名恶搞歌手。

1989 年，TVB 为了纪念 Danny 出道十周年，为 Danny 拍摄了音乐特辑《感情写真》，在 Danny 邀请的诸位好友之中，林敏骢是与 Danny 相识最久的。二人坐在电子琴前，一边扮弹琴的动作，一边聊起年少时的往事，能够看出二人关系的亲密与熟稔。不过林敏骢的这一段在播出时被导演剪掉了许多……显然，Danny 是很熟悉林敏骢的幽默感的，所以当林敏骢开始说出"发育"二字的时候，Danny 已经意识到了后续事态的发展，脸上浮现出羞涩的表情。随着林敏骢继续说下去，Danny 深深地吸了一口气，但当林敏骢说出最终结论的时候，Danny 还是忍不住闭上眼"哇"地叫了一声……敢在大庭广众之下和 Danny 开如此"污"的玩笑的，除了林敏骢，再也不会有第二个人了。

2016 年，《当我想起你》发表三十周年之际，林敏骢制作了一支 MV。音乐使用的是收录于林敏骢 1996 年的第二张个人大碟《暑假作业》中他第二次翻唱的《当我想起你》的版本。1996 年恰逢《当我想起你》发表十周年，林敏骢也特意注明这是"怀念式情歌" [1]。林敏骢在 1996 版的《当

① 以区别于专辑中的"伤心式情歌""台湾式情歌""敏骢式情歌"等。

我想起你》中不仅增加了一句歌词"而永久都可一起",更是将最后一句"仍像昨天一般深爱你"改成了"仍像昨天一般深……深爱着你"。林敏骢将《深爱着你》和《当我想起你》这两首他为 Danny 创作的最佳作品融为一体,来表达他对 Danny 的思念。MV 画面的左边播放的正是《感情写真》中 Danny 与林敏骢对话的片段,而且能够听到 Danny 说话的声音;右边则是林敏骢一边翻看相册、一边演唱的画面;第二遍主歌时,不断浮现出林敏骢与 Danny 年少时的合影照片。对于林敏骢来说,《当我想起你》也再不是一首情歌,而是一首他用来怀念 Danny 的歌;歌词中的"你"也再不是一位女士,而是 Danny。林敏骢在歌声中饱含的深情,MV 中紧锁的眉头,令人们可以真切地感受到他对于 Danny 深深的怀念。《当我想起你》也承载着林敏骢与 Danny 最美好的回忆。

除了林敏骢的创作,在 Danny 的唱片中,还收录过几位 Danny 在入行前就认识的老朋友的创作。郭小霖(Alvin Kwok)在琴行学习电子琴时与 Danny 相识,二人都报名参加了 1974 年的雅马哈电子琴大赛,郭小霖获得了高级组冠军，Danny 则获得了初级组亚军。后来郭小霖去加拿大读书，Danny 又在 1977 年、1978 年参加了两届雅马哈电子琴比赛，最终在 1978 年拿到了高级组冠军，不过他自谦是因为像郭小霖这样的强手走了自己才有机会拿到冠军。中国小调式的《令我倾心只有你》①发表时，郭小霖还在加拿大读书没有回港。正是因为此时早已成名的 Danny 给予老朋友这样的机会，郭小霖才在未入行时就有了第一首被收录在唱片内的创作。1986 年，郭小霖回到香港成为职业音乐人，并签约 CBS / SONY 唱片开始陆续推出个人演唱专辑。同年，他为 Danny 创作了第二首歌《明日又如何》②，浓郁的西洋味道，不看歌词会让人以为这是一首欧美改编歌。1987 年，郭小霖的最佳创作《无心睡眠》③发

---

① 《令我倾心只有你》，作曲：郭小霖，填词：郑国江，编曲：周启生，收录于 1983 年《偏偏喜欢你》大碟，WEA。
② 《明日又如何》，作曲、编曲：郭小霖，作词：郑国江，收录于 1986 年《当我想起你》大碟，WEA。
③ 《无心睡眠》，作曲：郭小霖，作词：林敏骢，编曲：船山基纪，收录于 1987 年张国荣 Summer Romance'87 大碟，新艺宝。第十届十大中文金曲奖，1987 年度十大劲歌金曲奖、金曲金奖。

表，之后他为 Danny 创作的《好想见面》[①] 和《令你着迷》[②] 也都是时尚的动感快歌。卢永强填写的《好想见面》歌词在副歌多次重复出现歌名，听来颇为洗脑；而向来词风如本人一般温文尔雅的郑国江居然罕见地填出"呢一班哗鬼作怪更作弊 / 太放肆说要继续发威 / 摩登张天师 / 说快快退位 灵符同桃木剑一挥"这样鬼马的歌词，与 TVB 电视剧《衰鬼迫人》片头灵异、搞笑的画面相得益彰，是 Danny 在歌路上的又一次突破。郭小霖在八十年代末成为香港著名的作曲、编曲人及唱片制作人，之后还曾为多部电影创作配乐，自九十年代中期完全转至幕后工作。

除了参加电子琴比赛，Danny 在入行前还参加了两次 TVB 举办的"流行歌曲创作邀请赛"，并在 1977 年凭借自己作曲的 "The Rocky Road" 获得了比赛的第三名。获得那届比赛第四名的是一位叫作卢国富的创作歌手。在此之

---

① 《好想见面》，作曲：郭小霖，作词：卢永强，编曲：唐奕聪，收录于 1988 年《神仙也移民》大碟，DMI。
② 《令你着迷》，作、编曲：郭小霖，作词：郑国江，收录于 1988 年《无声胜有声》大碟，DMI，TVB 电视剧《衰鬼迫人》主题歌。

前，卢国富刚刚在美国拿到了一个音乐比赛的冠军，这次回港参赛，他志在必得。四十多年过去，他对于比赛成绩依然记忆犹新："陈百强多我两分，我这辈子都记得！"六年后，他开始以卢冠廷之名（Lowell Lo）在 EMI 旗下推出个人创作专辑。同年，卢冠廷与唐书琛结婚，唐书琛为卢冠廷绝大多数的曲作填写了歌词，二人也是华语乐坛最著名的夫妻创作搭档之一。Danny 在 1986 年加盟 DMI 后便邀请卢冠廷这位老相识为自己写歌。卢冠廷与唐书琛一起为 Danny 写下了感人至深的《爱没有不对》。Danny 曾告诉唐书琛希望将这首歌送给一个他爱的人，但这个人看不懂中文，所以唐书琛特意在副歌加入了英文歌词：

WU, HOW CAN I TELL YOU?
HOW MUCH YOU MEAN TO ME?

在歌曲的结尾，Danny 用哽咽的声音念出：

AND HERE IS A SONG I SING FOR YOU,
TILL WE MEET AGAIN...

A DEDICATION

接着又深情的唱出：

A DEDICATION

A DEDICATION TO THE ONE I LOVE

为这首歌画上了圆满的句号。

两年后，卢冠廷又为 Danny 创作了《长伴千世纪》[①]，与同期他为张学友创作的《天变地变情不变》相似，都是吉他小品式的作品。杨云骠编排的双吉他合奏极为精致，营造出温馨的氛围，令人过耳难忘。

Danny 是弹奏钢琴作曲的高手，他的抒情作品中也多以钢琴为主奏乐器，如《长伴千世纪》这样的民谣风在 Danny 的作品中是很罕见的。不过 Danny 在上中学时其实也很喜欢唱民谣，而且和两位擅长弹吉他的朋友经

---

① 《长伴千世纪》，作词：潘伟源，编曲：杨云骠，收录于1988年《冬暖》大碟，DMI。

常因为在学校唱歌被罚留校。1983 年的红馆演唱会上，Danny 就把这两位他笑称为"共患难"的朋友王武桦、刘允宣请上了舞台，一起合作了"Wind Flower"《双星情歌》"Jambalaya"《仁爱的心》，三人的和声让人们听到了一种在 Danny 的唱片中从未听到过的音乐风格。

除了流行歌，卢冠廷还从 1984 年开始创作电影配乐并多次入围香港电影金像奖最佳电影配乐的提名，其中就有 Danny 出演的《秋天的童话》[①]。他创作的《最爱是谁》（电影《最爱》主题歌）和《凭着爱》（电影《群龙戏凤》主题歌）先后在第六届和第九届香港电影金像奖颁奖典礼上拿到了最佳电影歌曲奖。Danny 也曾在"'91 紫色个体演唱会"上翻唱过《凭着爱》。当然，对于内地影迷来说，最熟悉的莫过于卢冠廷为电影《赌神》创作的主题音乐以及他为《大话西游之仙履奇缘》（又名《大话西游之大圣娶妻》）创作的片尾歌《一生所爱》（唐书琛作词）。2015 年，卢冠廷在时隔二十二年后再次推出个人演唱专辑

---

① 卢冠廷为《秋天的童话》《监狱风云》创作的电影配乐双双入围第七届香港电影金像奖最佳电影配乐提名。关于《秋天的童话》的更多内容详见本书第十二章《永不改变》。

Beyond Imagination，这张堪称"发烧"碟的自翻唱专辑获得了业界及歌迷们的一致好评，取得了在全面进入数字音乐时代后难得一见的唱片销量。近年来，每次卢冠廷推出新专辑，也都会引发实体唱片爱好者的抢购热潮。2023年12月，卢冠廷再次推出了新专辑 *Together as One*，八首歌全部由他作曲（《半支烟》由卢冠廷与雷有辉、邓建明共同作曲），真乃生命不息、创作不止。在这一年早些时候，年逾古稀依然精神矍铄的卢冠廷在接受采访时，对小他八岁的"Danny仔"依然钦佩不已，"这世上没有另外一个像Danny这么有才华又靓仔的人"，卢冠廷目光炯炯、铿锵有力地说。面对镜头，这位头顶光亮、戴着细边眼镜的老人竖起大拇指，用一个"通"字来形容Danny的作曲功力，他不吝溢美之词：

　　Danny自己就是一个很厉害的作曲人，Danny肯唱我的歌，是看得起我的旋律，我觉得很骄傲；要写出一段好的旋律难过登天，但Danny能够写出好的旋律，他不是堆砌，现在很多所谓的作曲人就是堆砌，堆砌的作品是没法感动到人的；Danny真的是有灵感，那些作品真的是接触到了宇宙；我最希望《涟漪》是我写的，不过或许上天觉得 Danny 比较合适，所以没有把《涟漪》的灵感给我，《涟漪》太好听了，悦耳，又好难唱……

虽然 Danny 已经离开这个世界整整三十年了，但卢冠廷还记得 Danny 曾对他说："你是不是想红啊？你想红的话，要穿得像我这么靓仔才行。"卢冠廷自认没有 Danny 那样的时尚细胞（笔者也是）。他认为，"一个审美眼光好的人，不可能年纪大了就穿得很随意，Danny（如果还在世）只会愈来愈靓，就算老了，肯定还是会美过所有其他的老年人"。[①]

2022 年 9 月 6 日，Danny 六十四岁生日的前一天，香港旺角街头的一块巨型屏幕上开始滚动播放一段集合了 Danny 多首经典作品和多张靓照的纪念视频，引起众多路人驻足观看、拍照和录像。就在人们疑惑制作如此精美的视频出自何人之手时，转天——Danny 生日当天——视

---

① 卢冠廷的回忆引自《"心中想你 30 年"系列访谈之卢冠廷》，《美纸》杂志，2023 年。

频的作者在他的 YouTube 频道上放出了原视频，名称为"Danny LED Comp29AUG"并注明"Happy Bday my Danny Boy!"。这位作者就是香港一代音乐神童周启生（Dominic Chow）。周启生年仅十三岁时就已经开始组乐队到处去演出，十六岁那年（1977 年）经人推荐去 EMI 唱片公司试音，他第一天去试音便遇到了 Danny。周启生永远都记得第一次与 Danny 在雨中相遇的情景，二人交换了眼神，那是天才与天才之间才会有的惺惺相惜。二人在同一天签约唱片公司，也就此成为好友。不过周启生并没有像 Danny 一样在两年后就推出个人专辑，之后数年他选择先不做歌手，而是拜顾嘉辉为师学习音乐制作，这让不满二十岁的他时常有机会代班指挥顾嘉辉的 TVB 大乐队。1981 年，周启生在卢国沾的推荐下成为亚洲电视的音乐总监，这一年他刚刚二十岁。

虽然入行之初，周启生与 Danny 还没有合作的机会，但两个年轻人时常在录音室遇到，而且一见面就会聊音乐。Danny 会和周启生聊起合成器运用的心得以及自己近期的动态。Danny 是一个心地善良活泼，而且充满着爱心的年轻人——四十多年后，周启生这样回忆。两人在音乐上的第一次合作是《涟漪》，顾嘉辉完成编曲后，由周启生在 EMI 的录音室弹奏一架 Steinway 钢琴录音。多年后，这间录音室结业，周启生就买下了这架 Steinway 钢琴作为纪念。1982 年末，Danny 在筹备自己担任监制的第一张唱片时，邀请周启生为自己写歌并编曲。周启生为 Danny 创作了两首风格迥异的旋律，其中的慢歌，周启生把他作曲时想到的儿时母亲讲给他的故事复述给填词人郑国江听。当年日本侵华时，周启生的母亲由广州逃难至香港的途中，在躲避日军抓捕时躲在芦苇丛，近距离看到过同胞死不瞑目的尸体。郑国江把这段故事，与 Danny 为《眼泪为你流》创作的原版歌《孤雁》的歌名结合起来，创作了一首新的《孤雁》出来：

骤响的枪声已经破沉静，
长空里几声雁哀鸣
……
心里害怕芦苇的深处
再起杀禽声
不想多望人面太狰狞

......

河边满地有伏兵

　　这首中国风的作品推出后深受歌迷的喜爱。另一首快歌《找不到自由》（作词：林振强），明显是周启生听了大量日本歌曲之后的产物，主歌第一句的旋律与中岛美雪的《ひとり上手》[1]很相似，轻快的迪斯科节奏展现出 Danny 青春活力的一面。周启生在 Danny 的作品中更加令人惊艳的表现是在编曲方面，他改编的《脉搏奔流》呈现出与原版和其他改编版完全不同的格调，令人着迷[2]。当然，他为 Danny 编曲的最经典的作品也是他个人最著名的编曲作品就是《偏偏喜欢你》。

　　Danny 很喜欢周启生为张德兰所作的小调风格作品《情若无花不结果》，于是请周启生为《偏偏喜欢你》编曲。周启生采用了结合民族乐器与西洋弦乐并点缀以合成器音色的编排模式，使得整首作品既有中国风的婉约之美，又

[1]　《ひとり上手》，中岛美雪于 1980 年 10 月 21 日发行的单曲，1983 年被改编成邓丽君的《漫步人生路》。

[2]　关于《脉搏奔流》的更多内容详见本书第七章《在这孤独晚上》。

不失流行音乐的时尚感，前奏的编排更堪称神来之笔，令人心醉。中西交融的理念也与香港这座城市的文化特点极为契合，《偏偏喜欢你》成为每当人们回顾香港那个辉煌年代时最常用的一首具有时代符号性质的标志性曲目，也成为超越时空的永恒经典。周启生的编曲实力如此之强，也难怪 Danny 会在二人合作的第二张大碟《偏偏喜欢你》中把一半的编曲工作都交给了周启生，并且邀请他作为自己"'83 演唱会"的音乐总监及乐团指挥。不过之后数年，二人却并没有继续在音乐上进行合作。多年后，周启生道出了其中的原因：二人虽然是好朋友，但在合作中并不是很融洽；Danny 对于音乐的品质比较挑剔，当年二人都是二十出头，难免年轻气盛，所以时常吵架。

1985 年初，周启生在 CKL 唱片推出了首张个人专辑《23》，他的歌声与许冠杰很相似，其中他包办词曲的《离乡别井》颇有《孤雁》的神韵，两首歌可以视为姊妹篇。八年后，邰正宵为孙楠创作了《谁的心忘了收》，主歌的旋律与《离乡别井》几乎完全相同，只是节奏上略有区别。笔者猜想，香港出生的邰正宵在写《谁的心忘了收》时可能是忘记了主歌优美的旋律是他在年少时听过的，而并非上天赐予他的。1988 年，Danny 与周启生阔别五年后再一次合作，共同为香港电台的舞台剧《神奇旅程乐穿梭》创作了主题歌《燃点真爱》，这也是 Danny 第一次与他人共同作曲①。或许是这一次合作时产生的火花，让 Danny 有了再次与周启生合作的想法。1989 年，Danny 受邀作为中国香港地区的代表参加"第十八届东京音乐节"的演出（The 18th Tokyo Music Festival / Tokyo Music Festival '89）。大会规定他要唱中文歌，于是 Danny 决定选一首很有中国味道的作品；最终他决定演唱六年前的旧作《偏偏喜欢你》，并且邀请周启生为这首歌重新编曲。周启生在构思时生出了"世间良缘，每多波折"的感慨，于是决定将《梁祝》小提琴协奏曲的一段前奏植入《偏偏喜欢你》的前奏中。1989 年 6 月 2 日，Danny 在武道馆②的舞台上，身穿银光闪闪的服装，在周启生指挥的六十多人的管弦乐团的伴奏下唱出了新版的《偏偏喜欢你》（英文歌名为"Loving You Alone"）。为了让听不懂粤语的现场观众能够体会到

---

① 关于《燃点真爱》的更多内容详见本书第三章《恋爱预告》。

② 武道馆位于日本东京，日本歌手或乐队在武道馆开演唱会的意义与香港歌手或乐队在红馆开演唱会相似。

歌词所要表达的感情，Danny 在演唱时很努力的用面部表情去传达和沟通，这也让 Danny 与周启生一起将"TBS 大奖"带回了香港。除了排练和演出，二人还一起畅游了东京，或许正是这次旅行的经历，给周启生以灵感创作出了《浅草妖姬》（作词：林振强，1989）。

这次完美的合作，使得 Danny 邀请周启生在自己的下一张大碟^①中为自己创作一首歌。周启生从 1986 年第二张大碟《影子》中的《天使魔鬼混合体》（作词：林振强）开始展现出他在电子音乐上的创作天赋。1987 年，他用电脑程序编曲混合了 38 首当时最流行的中英文劲歌，在 Crystal 唱片旗下推出了一张《串联混音 REMIX》黑胶唱片，A、B 面各一首大串烧，听来极为过瘾^②。1987 年，周启生加盟了华纳唱片，并在 1989 推出的《天长地久》大碟中改编了德国著名前卫电子音乐团体发电站乐队（Kraftwerk）的经典作品"The Model"。同年，周启生作曲、编曲的《浅草妖姬》闻名香港乐坛，成为本地原创电子音乐的代表作

① 指大碟《等待您》。《一生何求》大碟于 1989 年 6 月 7 日发行。
② 感谢 DJ Funkie 提供《串联混音 REMIX》的唱片信息。

之一。所以，当收到 Danny 的邀请后，周启生交给 Danny 的也是一首电子舞曲风格的作品——《今夜守规矩》（作曲、编曲：周启生，作词：因葵）。开篇摇摆的工业噪音、"DaDa"的唱词以及之前只能在演唱会中听到的 Danny 模仿迈克尔·杰克逊的叫声，《今夜守规矩》有着太多在 Danny 之前的录音室作品中从未出现过的音效与音色，间奏中异域风格的音乐元素更是使这首歌的内容异常丰富。Danny 在歌坛以擅长演唱抒情歌而著称，但他平时其实很爱去 Disco 舞厅跳舞，对于舞曲风格的作品也一直有着执拗的偏爱，他从《百强 '84》大碟开始进行尝试，虽然这类作品的反响始终不如慢板情歌，但 Danny 在之后的几乎每张大碟中都会收录一两首这种风格的歌曲，歌迷们对这些作品也是褒贬不一。这一次的《今夜守规矩》相比以往的舞曲作品融入了更多电子音乐的元素，因此显得更加前卫，在大多数 Danny 歌迷的心中，这样的作品并不是他们想要听到的——这种音乐人对自己作品的要求与歌迷的期待之间的错位感，是令人非常无奈的。或许是因为在歌迷群体中的评价不甚理想，之后的几张大碟，Danny 没有再邀请周启生为他写歌。1991 年，周启生推出了新专辑《1991》，主打歌《化蝶》延续了《浅草妖姬》的风格，甚至比前作更加动听，但专辑中的其他作品实验性过强，还有多首纯音乐或半纯音乐作品，这对于强调商业成绩的香港乐坛来说显得太过另类了，专辑销量相比前几张退步较大，这也让周启生很多年没有再推出过个人专辑。1993年，他与太极乐队等好友共同转投新成立的星光唱片并担任音乐总监。之后数年，周启生都没有再唱过歌，但他始终没有放下的是对 Danny 的思念。2005 年 5 月 22 日，第五届华语音乐传媒大奖颁奖典礼举办，这一届大奖以"向八十年代致敬"为主题，周启生包办词曲的《我们的八十年代》被定为主题歌。歌中包含了多首香港八十年代经典作品的歌名、歌词，其中有两句歌词是周启生专门写给 Danny 的：

> 奏作唱跳，俊朗俊俏不怎爱说话，
> 郁郁寡欢，为甚落寞偏偏喜欢他。

在 Danny 去世后，周启生几乎每次接受采访都会主动提起 Danny，称赞他出众的才华与出色的衣着品味，并澄清关于 Danny 去世原因的谣言。在周启生的心中，除了失去一位好友的悲痛，还有他作为音乐人的一份外人难懂的深深的遗憾。周启生与 Danny 相识早过绝大多数音乐人，二人也一直是好朋友，但他却只为 Danny 写过四首半歌，另外编曲也不过五首，数量绝不算多。周启生多次讲到，很遗憾当年自己不懂得找机会为 Danny 多写歌；如果有机会回头，他当年不要只跟着 Danny 一起去喝酒和唱卡拉 OK，而应该多写十几首歌给 Danny 唱。笔者认为，周启生为 Danny 创作不多是有多重原因的，比如音乐风格不同、周启生同期也在出个人专辑、前文提到过的二人合作时的状态以及 Danny 一直在尝试与不同的音乐人合作，等等；但如《躲藏的眼睛》《独醉之后》这些作品，甚至是周启生最出名的情歌《天长地久》，若能够交给 Danny 演绎，大概率会成为传唱度更广、更为经典的作品，虽然笔者也很喜欢周启生自己演唱的版本。

Danny 去世三十年后，周启生依然记得 Danny 把郭小霖作曲的《令我倾心只有你》交给他编曲时对他说的话：做好这首歌是铺条路，等郭小霖回香港后可以进军歌手做幕前的工作。他感慨到，Danny 的善良是娱乐圈中从来没有过的，没有人会像 Danny 一样替别人着想，为别人的前途铺路。他还记得自己做歌手后遇到挫折时，Danny 曾走过来拨一拨他的头发，鼓励他"不要放弃，我看好你的"。当时二人的身份也算是竞争关系，Danny 会这样安慰他，令他终身难忘。他认为 Danny 是娱乐圈最有人情味，最懂得关心别人的人。此外，Danny 在事业上的进取精神也令周启生非常佩服：Danny 没有后台，绝大多数的事情都是自己为自己计划，自己一点一点做出来的；而且 Danny 听音乐的范围很广，爵士、雷鬼，甚至希腊的歌曲他都听。Danny 曾对周启生说：你工作时可以慢慢地、谨慎细心地做，但不要拖泥带水、做事拖沓；做东西要爽快，但不要急躁。周启生自认年轻时自负，许多事看不透，所以没有认真领会 Danny 说的话，如今他阅历丰富了，回想起来，觉得 Danny 在二十四五岁时就有这样的悟性和修为，真是聪明！①

2018 年，在 Danny 诞辰六十周年之际，周启生创作了一首纪念 Danny 的歌曲《紫》（作词：因葵），以《等》的

① 周启生的回忆和评论引自"明周娱乐"专访周启生，2024 年。

音韵作为引子，将周启生与 Danny 合作的最佳作品《偏偏喜欢你》和 Danny 最喜爱的颜色——紫色融入歌词：

也许他化作天使
那国度的紫爱更缤纷
……
偏偏喜欢 偏偏喜欢
紫色的他 紫色的纱

周启生现场弹琴演绎这首歌时，在和声歌手唱出 "only lonely" 后亲自唱出 "only Danny"，歌曲结尾处，他深情地说："I miss you，Danny..."

2023 年 9 月 7 日，Danny 六十五岁生日之际，周启生再次制作了纪念视频在香港铜锣湾的巨型屏幕上投屏播放，BGM 是周启生再次为纪念 Danny 创作的新歌《紫色宇宙》(作词：邝致鏵)，歌中写道：

在某天
你将一颗星交给我

星闪闪令我感动

凭着爱

期待我与你再发亮

再奋斗倍感激动

热诚在心油然而生

奋力去闯将隔阻冲破

音乐结束于钢琴弹奏出的《偏偏喜欢你》的旋律，在视频的结尾，字幕也打出了周启生和所有 Danny 歌迷的心声：

永远支持陈百强！

第七章 在这孤独晚上

2015 年 1 月 21 日，环球唱片发行了他们为 Danny 制作的第一套精选辑——《ELEGANCE & CHARM 文质翩翩 陈百强》（以下简称《文质翩翩》）。这套由 4CD + DVD 组成的精选套装一推出便被 Danny 的歌迷们评价为史上最佳、最有诚意的精选辑。之所以能够得到如此高的评价，除了装帧设计精美，每首歌都附有文字介绍，买唱片送大海报以及 DVD 中收录了 12 段珍贵的 Danny 在 TVB 的演出录像，最重要的是 CD 中包含了多首从来没有收录在 Danny 个人唱片中的歌曲以及之前只发行过黑胶版的作品。而最令歌迷们惊喜的莫过于收录在 CD 4《Danny's 细意拾遗》中的最后一首歌，由 Danny 与女歌手 Ann Marie Gutierrez 合唱的 "Bad Old Days"，这也是 Danny 的第一首录音室作品。在《文质翩翩》推出之前，"Bad Old Days" 仅仅在 1978 年 EMI 发行的 *Eurovision Song Contest*（欧洲歌唱大赛）卡带中收录过。这张杂锦碟在当年只发行过卡带版，连黑胶都没有出过，加上年代太过久远，因此很多歌迷（包括笔者）都是从《文质翩翩》中才第一次知道有这首歌的存在。

英国长期殖民统治的历史，使得英文歌对于香港人来说并不陌生。但英文歌真正风靡香港，是直到 1964 年 6 月 8 日披头士乐队来香港演出之后才开始的。此前，在香港乐坛最为流行的是国语时代曲，年纪大一些的人也会听自粤曲演变而来的老式粤语流行歌。披头士乐队演出的轰动效应，让组乐队、唱英文歌成为新一代香港年轻人尤其是学生群体眼中最时髦的事情。六十年代的 Teddy Robin & The Playboys（泰迪·罗宾和花花公子乐队）、The Lotus（莲花乐队，主唱为许冠杰）、The Mystics（吉他手为冯添枝）等乐队都是唱英文歌的，七十年代的温拿乐队（The Wynners）也演唱了大量的英文歌。直到 1974 年，以仙杜拉的《啼笑因缘》和许冠杰的《铁塔凌云》为代表的新派粤语流行歌才改变了香港人观念中对于粤语流行歌老套、过时的认识。到了 1979 年 Danny 推出首张个人唱片的时候，中文歌（粤语歌）已经全面取代英文歌成为香港乐坛的主流。八十年代以来，香港几乎不会再有歌手出全英文的专辑了，反而是九十年代的台湾，有很多一线歌手、组合都出过全英文的翻唱专辑，比如张信哲、周华健、优客李林以及当时已经在滚石旗下的林忆莲等等。

自幼喜爱音乐的 Danny，在成长过程中受西洋音乐的影响极为深远。年少时出国留学的经历，更是让 Danny 近距离接触了欧美流行音乐，他也一直都很喜欢唱英文歌。正式进入乐坛之前，他经常在校际演出中弹琴唱英文歌。在 1977 年和 1978 年两次参加 TVB 主办的"流行歌曲创作邀请赛"当中，Danny 创作并演唱的都是英文歌："The Rocky Road"和"The Sunrise"。在成名之前，除了"Bad Old Days"，Danny 还曾经于 1979 年在另一张杂锦碟 *Disco Gold Fever* 当中翻唱过三首英文歌，都是猫王的名作，分别是 A 面第 2 首的"Young Dreams"与"It's Now or Never"的 medley 版，以及 B 面第 3 首的"Surrender"。当谭国基要为 Danny 制作第一张个人唱片时，他们决定在那个英文歌日渐式微的趋势已不可逆转的时代背景下，制作一张英文歌与中文歌各半的唱片。Danny 说，他是唱英文歌出来的，所以希望在第一次出唱片时依然能够唱一些英文歌。于是，他们在 Danny 的第一张大碟当中，安排了 A 面全部是英文歌，B 面全部是中文歌这样一种独特的曲目设计方式。事实证明，他们的选择是非常正确的，大碟推出后 Danny 立刻走红，动听的歌曲以及俊朗的形象，让 Danny 迅速成为了无数少男少女心中的偶像。在六首英文歌中，有 Danny 之前参赛时的 "The Rocky Road" 以及首次发表的大碟标题歌 "First Love"[①]，另外四首是他翻唱的快、慢歌各两首。"Young Girl" 是美国五人男子组合 Gary Puckett & The Union Gap 于 1968 年发表的超级金曲，原版是中板抒情歌，七十年代后被改编成 Disco 舞曲风格。The Bee Gees 于 1967 年推出的 "Holiday"，在 1979 年亦被三人女子组合 Moulin Rouge 改编成一首动感舞曲。Danny 演绎的 "Young Girl" 和 "Holiday" 散发着朝气蓬勃的青春气息。除了原文翻唱以外，在 *First Love* 大碟中，Danny 还改编了当年的另一首大热舞曲，女子组合 Ultimate 于 1978 年发表的 "Ritmo de Brazil"，Danny 本人填词之后，该曲就成为一首表现年轻人面对梦想与现实，内心交织着信念与迷惘的励志作品《两心痴》，这也是 Danny 在十多年的音乐生涯中发表过的唯一一段中文歌词。

Danny 年少时很喜欢 The Bee Gees 乐队，所以在 *First Love* 大碟中还将 The Bee Gees 1968 年的名曲 "Massachusetts"

---

① 关于 "Rocky Road" 和 "First Love" 的故事，详见本书第二章《盼望的缘分》。

改编成了《童年乐趣多》，Danny 用直白、纯真的唱腔演绎了这首回忆童年趣事的慢歌。Danny 很中意的另一支组合是卡朋特兄妹组成的 The Carpenters，他们在 1977 年发表了经典情歌 "I Just Fall In Love Again"，加拿大女歌手安妮·莫莉（Anne Murray）的翻唱版编曲相比原版更加动听，Danny 的版本采用了安妮·莫莉版的编曲，听惯了卡伦·卡朋特和安妮·莫莉两位女声的演绎，Danny 的男声版本给人耳目一新的感受。Danny 演唱慢板抒情歌曲游刃有余，他在细节处理和情感把控上的成熟表现，让人们忘记了他其实是一位刚刚出道不久的新人。之后他还在《陈百强与你几分钟的约会》大碟中将美国黑人女歌手狄昂·华薇克（Dionne Warwick）的 "Feeling old feelings" 改编成了《但愿人长久》，在结尾处，Danny 首次使用了假声，虽然尚不算完美，但这种尝试还是给人不小的惊喜。Danny 改编的另一首 The Carpenters 的名曲是 "The End of the World"，首唱版本是美国女歌手史琪特·戴维丝（Skeeter Davis）于 1962 年发表的，The Carpenters 的翻唱版是日后流传最广的。Danny 在 DMI 时期的最后一张大碟中将 "The End of the World" 改编成了《冬恋》，大碟名也因为这首歌以及在 1988 年 12 月发行而定名为《冬暖》[①],《冬恋》也是在 "The End of the World" 的诸多中文版中，将这首圆舞曲风格作品中华丽与优雅的气质展现得最为淋漓尽致的一首。小美原本填写的副歌第一句歌词是"我实在抗拒看见星光灿烂"，但在录音时，Danny 突然说要把"抗拒"改成"拒抗"，因为唱出来的感觉更好。小美一想，其实"抗拒"与"拒抗"是意义相同的同素逆序词，可以互换使用，但在发音上的区别确实会对演唱的效果产生影响，所以尊重了 Danny 的意见，也成就了一首更加完美的作品[②]。此外，Danny 还在"'91 紫色个体演唱会"上演唱了另一首被 The Carpenter 翻唱之后大红的作品，那就是美国创作歌手利昂·拉塞尔（Leon Russell）于 1972 年首次发表的 "This Masquerade"。The Carpenter 于 1973 年推出的翻唱版有着浓浓的爵士风情，Danny 的现场演绎则飘逸、洒脱而又时尚。

---

① "冬暖"与"冬恋"的粤语发音接近。

② 许冠杰在 2024 年 2 月 24 日的《最紧要许冠杰音乐特辑》中与炎明熹合唱《冬恋》前提出"拒抗"歌词的问题，之后请人向小美求证，才引出了这件往事。

在 *First Love* 大碟中收录的最特别的一首英文歌是
"Interlude"，原曲是美国灵歌歌手蒂蜜·尤洛（Timi Yuro）
为 1968 年上映的英国电影 *Interlude*（香港译名《玉楼春
晓》）配唱的同名主题歌。*First Love* 大碟中不仅收录了原
文翻唱版，还有粤语版《恩情》。许冠杰曾在 1975 年推出
过一张英文翻唱专辑，标题歌就是 Interlude。Danny 的原
文版编曲参考了许冠杰的版本，风格较为西化；钟肇峰
编曲的《恩情》加入了古筝、二胡等民族乐器的音色，使
之成为一首颇具粤曲小调味道的作品。Danny 在演绎两个
版本时采用了不同的处理方式，加之编曲风格不同，听者
初听时如不留意，可能会忽略掉这两首歌其实是同一段旋
律。Danny 在英文翻唱版第二段以朗诵方式念出：

Time is like a dream
And now for a time you are mine
Let's hold fast to the dream
That tastes and sparkles like wine

四句歌词的处理，独具匠心。而粤语翻唱版《恩情》

的节奏较慢，Danny用了相比原文版更加悠扬的唱腔，咬字颇有罗文的神韵。

除了"Interlude"，Danny与许冠杰还有三次"撞歌"的经历，第二首是1983年的《脉搏奔流》（作词：卡龙，编曲：周启生）。原曲是加拿大乐队The Bells于1971年推出的大名曲"Stay Awhile"。成军于1965年的The Bells乐队最初由五位成员组成，因此也曾更名为The Five Bells，后来才变成了六人的阵容。这首柔美的、以木吉他为主要伴奏乐器的对唱歌曲，以单曲形式推出后在全球取得了惊人的400万张销量，是一首不折不扣的超级金曲。1975年，许冠杰在他的《天才与白痴》大碟中将"Stay Awhile"改编为《青春梦里人》，在这张大碟中，排在《青春梦里人》后面的《独上西楼》的原版正是Danny翻唱过的"Holiday"。《青春梦里人》延续了"Stay Awhile"的民谣风格，但是重新编排了木吉他的和弦，并且将节奏加快。相比"Stay Awhile"，《青春梦里人》整体氛围明朗、轻快，歌词中的"与你梦中痴缠"以及结尾处独白的设计在《脉搏奔流》中被沿用了下来，Danny版独白的意思是"我们明天晚上再见"。对比Danny和许冠杰的版本，可以充分体会到他们迥然不同的艺术风格——《脉搏奔流》与《青春梦里人》听来就像是两首完全不同的作品。编曲人周启生在《脉搏奔流》中以饱满的弦乐搭配键盘晶莹剔透的音色，贝斯出现的时机恰到好处，唯一保留的"Stay Awhile"的音乐部分是抢耳的三连音，只不过由木吉他演奏改为了键盘演奏，音乐的整体氛围梦幻而又浪漫。笔名"卡龙"的填词人叶汉良写出了一首比"Stay Awhile"的情欲还要浓郁的歌词。Danny 在录唱时试了很多次都没有找到最佳状态，于是他让黄柏高买白兰地到录音室来。黄柏高买了一支小瓶装的白兰地，Danny 喝后十几分钟，再唱时的感情便非常投入与饱满了，《脉搏奔流》这样一首佳作就此诞生。

　　Danny 与许冠杰的第四次"撞歌"是 1989 年的《流浪者》，填词人潘伟源用了大量的叠字来凸显轻松俏皮的风格，让人联想起 Danny 的另一首经典快歌《神仙也移民》。《流浪者》的原版是英国女歌手达斯蒂·斯普林菲尔德（Dusty Springfield）1963 年发表的经典名曲"I only want to be with you"，其发表半个世纪以来产生过数不清的翻唱版本，粤语版也不只《流浪者》这一首。许冠杰在 1986 年将其改编成了《Radio 好知己》，林振强填写的歌词顾名思义，表现的是一个非常喜欢听收音机的人，将收音机视为自己的好知己，灵感大概来自"皇后"乐队的经典作品"Radio Ga Ga"。此外，还有收录在温兆伦1986年的首张粤语大碟《风雪前尘》中的《小小大男人》，由温兆伦亲自填写歌词，讲述了一对情侣在做家务这件事上斗智斗勇的有趣故事。许冠杰与温兆伦两个版本的编曲采用的是几乎相同的模式，而且与达斯蒂·斯普林菲尔德的原版以及陈百强的《流浪者》都不一样。这是因为美国女歌手妮珂莱特·拉尔森（Nocolette Larson）在八十年代初推出了一个"I only want to be with you"的经典翻唱版，采用了钢琴的前奏以及电吉他的间奏，许冠杰与温兆伦的版本都是据此改编的。Danny 的《流浪者》参考的是1988年大热的萨曼莎·福克斯（Samantha Fox）的翻唱版，袁卓繁在编曲时沿用了这个 Eurodance 风格版本的前奏以及末段和声反复（有你在……有你在）、旋律向高行进（谁个会怕上青天高）的处理方式，弱化了电子音色而且加快了速度，《流浪者》也是 Danny 所有作品中速度最快的一首。潘伟源在歌词中大量使用了叠字——追追赶赶、纷纷扰扰、多多少少、翻翻滚滚、潇潇洒洒、欢欢喜喜、奔奔跑跑、山山水水、辛辛苦苦，听感俏皮又诙谐。

温兆伦在八十年代的香港乐坛虽然称不上大红大紫，但也绝不是寂寂无闻，他留给那个时代最重要的印记是《风雪前尘》大碟的主打歌《我的 Sara》，几年后被周耀辉写进了歌词里："谁人求其在挂念 Linda 或叫 Sara。"即使如此，温兆伦与 Danny 的"撞歌"也不止上文提到的这一次。《风雪前尘》大碟中，他还将美国创作歌手丹·哈特曼（Dan Hartman）为 1984 年上映的电影 Streets of Fire（香港译名《狼将奇兵》）创作的主题歌 "I Can Dream About You" 改编成了《爱的一面》。这首当年的大热舞曲也不止一个粤语版，在《深爱着你》大碟发行的四个月前，张学友在他的出道大碟 Smile 中也收录了 "I Can Dream About You" 的另一个改编版《甜梦》，由于 "Smile" 大碟的销量很好，当年的很多香港歌迷是从《甜梦》中第一次听到这段旋律的。在《百强 '84》大碟中，Danny 已经展现出了他对于舞曲的热爱，当听到 "I Can Dream About You" 这么精彩的作品后，Danny 自然也想要自己演唱一版。他把填词工作交给了当时刚刚在词坛崭露头角的潘源良（2015 年后以"袁两半"的名字填词），《在这孤独晚上》便是潘源良为 Danny 填的第一首词。《深爱着你》大碟 A 面的曲目以阳光的风格为主,《在这孤独晚上》作为 B 面的第一首歌,也开启了 B 面以黑夜为主的音乐风格。潘源良与潘伟源并称为香港词坛的"二潘",他还是著名的多面手,除了填词,还做过编剧和导演,世纪之交时则开始了足球解说员的生涯。

对比几乎同期推出的三个粤语版,可以深刻感受到《深爱着你》大碟超高的录音水准。《在这孤独晚上》从前奏的鼓声就充分体现出"发烧"音响爱好者常说的"通透"二字的含义,贝斯带有磁力般引出全曲的动感,Danny 的歌声仿佛悬挂于夜空皎洁的明月,闪闪发光。相比张学友和温兆伦两位新人略显稚嫩的唱腔,Danny 展现出对歌曲成熟的把控能力,相比这两位分别比他小三岁、六岁的年轻人,Danny 的歌声中有着更加青春、动感的活力,西洋味道也更浓,有黑人音乐的影子,Danny 再一次让那些质疑他不擅长演唱快歌的人收回他们毫无根据的成见。《在这孤独晚上》的另一大亮点是祖儿的编曲和演奏。三首粤语版都是按照英文原版的编曲略加改编而来,三位编曲人祖儿(又名韦祖怡,Joey.V,外号加菲猫)、卢东尼(Tony Arevalo Jr,简称 Tony A)、奥金宝(Eugenio Nonoy

O'campo）都是在香港发展多年的菲律宾裔编曲大师，但《在这孤独晚上》毫无疑问是三首作品中最劲的一首！祖儿用贯穿《在这孤独晚上》全曲的电吉他演奏充分展现了他作为顶尖吉他手的功力，尤其是间奏的吉他 solo 非常有味道，甚至比英文原版中的吉他演奏都要精彩。或许，身为唱片监制的 Danny 之所以把这首歌交给祖儿编曲，要的就是这段吉他 solo，这也是一位优秀的唱片监制所应该具备的能力——把作品交给最合适的编曲人、乐手、作词人来具体操作。

祖儿作为编曲人与 Danny 的合作并不多，除了在《深爱着你》大碟中为《在这孤独晚上》《最深刻的记忆》《冷风中》三首改编歌编曲以外，收录在《凝望》大碟中的《迷失中有着你》也由祖儿编曲。由于 Danny 的大碟中几乎没有对乐手的记载，所以无法考证祖儿是否还以吉他手的身份参与到 Danny 其他的作品中了。但若说到祖儿为 Danny 创作的最重要的作品，莫过于收录在《当我想起你》大碟中，由祖儿作曲、编曲的《再见 Josephine》。其轻快、动感的舞曲风格，加之"再见＋英文"的歌名组成方式，又与《再见 Puppy Love》几乎同期推出，歌迷很容易将《再见

Josephine》与《再见 Puppy Love》作为姊妹篇来收听。祖儿在《再见 Josephine》的间奏同样奉献了一段很漂亮的电吉他 solo。《再见 Josephine》中还能够听到在 Danny 的作品中很罕见的贝斯击扣演奏。《再见 Josephine》之所以能够在 Danny 的诸多名作中有着极高的知名度，一是因为林振强填写的歌词中出现了 Danny 作品中唯一的一个女性英文名字 Josephine，这也使得很多 Danny 的女歌迷都将自己的英文名取作 Josephine，一如包括笔者在内的很多男歌迷都给自己取名 Danny 一样；另外一个原因则是来自《当我想起你》的大碟封面。由于 Danny 没有与华纳续约，华纳便没有为《当我想起你》大碟进行任何宣传，甚至大碟封面也没有用 Danny 的照片。他们用日本华纳当时力捧的新人歌手志贺真理子的照片，与大碟中的《再见 Josephine》《寄不出的信》两首歌名，拼凑出了一张以名为 Josephine 的女歌迷写给 Danny 的一封短信为概念的封面，这也是在 Danny 历年的唱片封面中最为特殊的一张。值得一提的是，之后温兆伦也创作了一首《我爱 Josephine》，收录在他 1991 年的《今生无悔》大碟当中。

在 *First Love* 大碟推出之后，为了顺应市场的需要，

Danny 在很长的时间内都没有再灌录过英文歌，他只能在演唱会上表达自己对英文歌的喜爱。TVB 明珠台①在 1984年邀请 Danny 演唱了新版英文台歌 "The Pearl Watcher Touch"，而此前一年 TVB 翡翠台②的中文台歌也是由 Danny 演唱的。Danny 在 1984 年还获得了去美国灌录英文歌的机会。在香港歌坛获得成功后，Danny 一直有意赴美国发展歌唱事业。在 1982 至 1983 年间，他频繁往来美国与香港，期间 Danny 不仅在纽约进修了声乐课程，还见到了美国华纳唱片的总裁。之前 Danny 已将自己出版的唱片和电视节目录像寄给了美国华纳。这位总裁很喜欢 Danny 作曲的《涟漪》并且希望为 Danny 制作一首歌。于是，由美国著名的创作人杰瑞·拉格沃伊（Jerry Ragovoy）作词、作曲，著名女歌手克里斯泰尔·盖尔（Crystal Gayle）与 Danny 合唱的 "Tell Me What Can I Do" 应运而生。两位歌手并没有见过面，克里斯泰尔·盖尔在纳什维尔录完自己

---

① 明珠台（Pearl），TVB 旗下以英语广播为主的综合娱乐频道，1967年 11 月 19 日开播。

② 翡翠台（Jade），TVB 旗下以粤语广播为主的综合娱乐频道，1967年 11 月 19 日开播。

的部分后，再由 Danny 在洛杉矶录唱。盖尔比 Danny 大七岁，早在 1978 年举办的第 20 届格莱美颁奖典礼上就已经拿到过"最佳乡村女歌手"和"最佳乡村歌曲"两项大奖，演唱实力自然了得。华纳选中她与 Danny 合唱，也是希望由一位成名歌手为 Danny 这样一位"新人"保驾护航。从"Tell Me What Can I Do"呈现出的效果来看，完全听不出这是两个成长环境迥异的歌手在对唱，副歌部分的和声更是极为动听，Danny 的英文发音极为地道，对歌曲情感的把控收放自如，和盖尔的演唱部分完美融为一体。歌曲完成后，克里斯泰尔·盖尔曾致电华纳方面的负责人，盛赞 Danny 的声线清亮。值得一提的是，编曲人乔伊·卡博尼（Joey Carbone）在音乐品质上展现出的国际水准，与同时期 Danny 在香港本地灌录的作品相比，能够听出明显的差别。"Tell Me What Can I Do"于 1984 年 8 月以 EP 形式在美国推出①，打入了美国公告牌排行榜的前 100 名，这对于一个第一次在美国发表作品的外国歌手来说已经是非常不错

---

① 该单曲碟 B 面歌曲为"Warm"，仅发行黑胶版，有资料显示该 EP 在澳大利亚、欧洲、南非等地也有发行。

的成绩了。据香港华纳时任总经理吴正元透露，美国华纳并没有出钱为这首歌进行过宣传，"Tell Me What Can I Do"能够取得这样的成绩是非常令人惊讶的。Danny 是依靠歌声的魅力打动美国听众的，这也说明 Danny 是完全可以在美国市场有所作为的。录制 "Tell Me What Can I Do" 的同期，Danny 还在美国灌录了 "Warm"。"Warm" 是英国歌手吉姆·卡帕尔迪（Jim Capaldi）于 1981 年发表的作品，美国华纳唱片的总裁认为 "Warm" 很适合 Danny 的声线，于是提议并促成了 Danny 翻唱这首歌。相比吉姆·卡帕尔迪舒缓悠扬的唱腔，Danny 的演绎清新唯美，相比原版有着更为时尚的气息。最精妙的一处改编是在两遍完整的主副歌之后，音乐速度稍许加快，这也让听者的情绪随着 Danny 的演唱愈发高涨，然而歌声也就在此时慢慢减弱直至结束，令人意犹未尽。

同年，日本华纳·先锋唱片公司在日本国内以"爱の终りに Tell Me What Can I Do"之名出版了一张黑胶细碟单曲，作为 Danny 参加"第 15 届雅马哈世界歌谣祭"（World Popular Song Festival in Tokyo '84）的宣传品推出，A 面是合唱版的 "Tell Me What Can I Do"，B 面则首次收录了 Danny 独唱版的 "Tell Me What Can I Do" ——这也是 Danny 在 "第 15 届雅马哈世界歌谣祭" 比赛现场演唱的歌曲。Danny 在赴日前曾对记者说，这次比赛他有一首 "秘密武器"，指的正是独唱版的 "Tell Me What Can I Do"。翁倩玉[1] 观赛后，评价 Danny 的演出有水准，歌路比以前成熟得多。虽然 Danny 没有在歌唱方面得奖，但在比赛结束后的欢送会上，大会颁发了两个 "最有魅力歌手" 奖，由 Danny 与另外一位英国男歌手夺得，而且 Danny 排名第一。Danny 还在歌谣祭现场被人邀请参加转年二月在智利举办的音乐节。虽然在日本受到了业内人士的好评，但香港华纳并没有如宝丽金安排谭咏麟在日本发展一样[2]，为 Danny 做出拓展日本和美国市场的规划。之后，Danny 与总经理吴正元的关系愈发紧张，且在 1985 年年中便已决定不再与华纳续约，这也让 Danny 在国际上继续发展的期望失去了实现的可能性。

---

[1]　翁倩玉，著名日籍华裔女歌手，内地歌迷最熟悉的翁倩玉的作品是她为中央电视台《正大综艺》栏目演唱的主题歌《爱的奉献》。
[2]　谭咏麟自 1984 年至九十年代初在日本以大约每年一张单曲或专辑的速度推出唱片，并于 1989 年参加了第 40 回红白歌会。

更加令人遗憾的是，"Tell Me What Can I Do"这首佳作也没有以单曲或重点推荐的形式在香港推出。八十年代中期的香港，中文歌已经是绝对的主流，英文歌反而成为小众的爱好。"Tell Me What Can I Do"在香港的首次面世是在1984年末香港华纳推出的英语杂锦碟 *WEA Solid Gold 2* 中，合唱版的"Tell Me What Can I Do"是这张杂锦碟的第一首歌，并且在红色的封面上特地用醒目的黄色圆圈注明"Danny Chan / Crystal Gayle Duet 最新英文歌曲 Tell Me What Can I Do"，作为这张杂锦碟最大的卖点。香港华纳还将克里斯泰尔·盖尔的照片与《百强'84》封面上 Danny 的照片拼成了一张合影照放在了唱片封套上。*WEA Solid Gold 2* 同上文提到的杂锦碟一样，没有在市场上引起任何反响，绝大多数香港歌迷都是在1985年1月发行的 Danny 的《'85精选》中才第一次听到了合唱版的 Tell Me What Can I Do。由于是按照男女对唱歌曲进行创作的，因此独唱版的"Tell Me What Can I Do"在少了和声之后显得欠缺层次感，从收听角度讲，独唱版的效果比起合唱版逊色不少。但由于独唱版的"Tell Me What Can I Do"在《文质翩翩》推出之前从未在香港市场发行的唱片中收录过，从历史价值上讲，属于绝对意义上的一首珍稀孤品。

与 "Tell Me What Can I Do" 先有合唱版后有独唱版相反，Danny 与陈美玲（Patricia Chan）合唱的《约会》的原曲 "The Best of Me" 在 1983 年最初发表时是一首独唱作品。1986 年，创作者大卫·福斯特（David Foster）将 "The Best of Me" 改编成了与奥莉维亚·纽顿－约翰（Oliver Newton–John）的合唱版 [1]，也让这首歌从此深入人心。在此需要提醒读者的是，陈美玲与陈美龄（Agnes Chan）并不是同一个人。

陈美龄于 1972 年在日本出道后，先是在日本歌坛取得成功，回到香港后亦与 Danny 有不少合作的机会。Danny 曾经在 1980 年与廖安丽一起担任过 TVB 的电视节目《Bang Bang 咁嘅声》第 81—93 期的主持人。这是一档面向年轻人的节目，由七八十年代的服装品牌 "Bang

---

[1]　大卫·福斯特于 1986 年 6 月推出首张个人专辑 David Foster，十首曲目中有八首是他为电影创作的配乐或纯音乐作品，只有两首演唱歌曲，除了他与奥莉维亚·纽顿－约翰合唱的 "The Best Of Me" 以外，另一首歌曲 "Who's Gonna Love You Tonight" 于 1988 年被改编为吴国敬的《纯真消逝》。大卫·福斯特还曾于 1992 年为优客李林组合编曲并制作了《等待是一生最初苍老》。大卫·福斯特与华语乐坛的更多故事，可参见 "大声" 书系《林忆莲：野花》第一章《序曲》。

Bang"赞助，每期节目既会邀请歌星表演歌舞，也会组织一个专题。陈美龄是第87期的嘉宾，在这期节目中Danny还与陈美龄一起合演了童话故事《阿拉丁》以及《灰姑娘》的片段并合唱了歌曲。此外，在第九届十大中文金曲颁奖礼上，Danny正是从身穿日本和服的陈美龄手中接过了他的第五座十大中文金曲奖杯，获奖歌曲是《凝望》。

陈美玲也参加过《Bang Bang 咁嘅声》节目，是第83期节目的嘉宾。陈美玲是与Danny几乎同期出道的歌手，而且前几张专辑演唱的都是英文歌。如上文所述，此时英文歌在香港已经日渐式微，所以陈美玲一直也没有大火。Danny虽然与陈美玲很早便相识，也曾多次在TVB的电视节目中有过合作，不过由于所属的唱片公司不同，所以一直没能找到在录音室中合作的机会。Danny加盟DMI唱片时，陈美玲在EMI旗下，于是Danny便邀请陈美玲一起合唱了《约会》，二人的合作极为默契，陈美玲成熟醇厚的嗓音，尤其是她在尾奏的吟唱，带来一种在Danny的作品中从未有过的感觉，Danny在录音室中的合唱作品不多，这也是第一首收录在Danny自己的大碟中的中文合唱作品。《约会》原本并没有拍摄MV，但半年后的一个机会弥补上了这一遗憾。1987年夏天，由香港电台电视部和香港政府新闻处联合举办的《夏日乐逍遥之百强金曲迎夏夜》音乐会在信德中心举行，Danny既是歌手又是主持人，他在现场不仅独唱了自己的多首新旧金曲，还邀请嘉宾叶蒨文一起合唱了"Greatest Love of All"，并与麦润寿展开了一段关于"三十五岁结婚"的幽默对话。除了现场演出的部分，在电视播放的版本中还穿插了在影棚录制完成的Danny与钟镇涛、关正杰"夹Band"合唱"Let It Be"的片段，以及Danny与陈美玲合作的三首歌曲。三首歌曲的画面全部是外景拍摄，Danny和陈美玲分别在对方独唱《凝望》《爱的漩涡》[1]时出镜演对手戏，之后就是二人合唱的《约会》，Danny抹去陈美玲面颊上的泪水、亲吻陈美玲手背以及二人手拉着手轻松走向远方的画面，如今看来都令人颇为感慨。Danny的男女对唱歌曲很少见，其中更是只有与林姗姗合唱的《曾在你怀抱》拍过正式的MV，这一并非为了配合唱片宣传而拍摄的《约会》外景版电视片段尤

[1] 《爱的漩涡》，原曲：冈村孝子《今日も眠れない》，填词：陈嘉国，陈美玲，收录于1986年《爱的旋涡》大碟，EMI。

显弥足珍贵。

在笔者看来，大卫·福斯特与 Danny 有一些相似的地方，二人都能写、能唱，能担任唱片制作人（唱片监制），而且外形都很帅。如果 Danny 能在美国这样广阔的市场中发展音乐事业的话，他的才华或许也能找到更大的发挥空间。Danny 改编过的另一首大卫·福斯特参与创作的作品是《散·聚》。1985 年时，芭芭拉·史翠珊（Barbra Streisand）在录制专辑 *The Broadway Album* 时，要求大卫·福斯特为 "Somewhere" 制作出不像是地球会有的音效，而且不能用管弦乐，要用合成器弹奏出来；大卫·福斯特用了一个月的时间制作出了令芭芭拉·史翠珊非常满意的音乐。[①] Danny 很喜欢 "Somewhere"，但是 "Somewhere" 的 Key 比他的 Key 高，Danny 在一个月内苦练高音，最终在《凝望》大碟中完美演绎了这首歌。歌名中在"散"和"聚"中间的"·"是 Danny 的创意，他认为"有散才会有聚"，因此中间的这个点特别重要。编曲人袁

---

① "Somewhere"制作故事来自 Netfix 2020 年纪录片 *David Foster Off The Record*。

卓繁（Richard Yuen）模仿了大卫·福斯特制造出的音色，Danny 的声音"充满空灵宇宙的气息，感情由开始的平缓，层层递增，至高潮作结，将听者带入宇宙虚无缥缈的空间，'千个夜千万年 / Someday / Somehow / Somewhere'仿佛时间被凝结了"[①]。

《散·聚》没有被选为主打歌，所以只是 Danny 的歌迷心中的一首隐藏神曲。相比之下，在《凝望》大碟中更为大众所熟知的英文改编歌是《至爱》。原曲 "The Greatest Love of All" 原本是为拳王阿里的传记电影 The Greatest（中译名：《胜者为王之拳王阿里》，阿里在片中扮演了自己）创作的主题歌，首唱者是乔治·班森（George Benson）。不过真正把这首歌唱红了的是惠特妮·休斯顿（Whitney Houston），收录在 1985 年她的同名出道专辑的翻唱版本名称改作 "Greatest Love of All"。惠特妮·休斯顿的演唱气势如虹，这首歌同这张专辑中的 "Saving All My Love for You" "How Will I Know" 一起都成为美国公告牌排行榜的冠军歌。同名专辑也让惠特妮·休斯顿在 1986 年 2 月 25

---

① 引自 Kark Woo 撰写的乐评。

日举办的第 28 届格莱美颁奖礼上获得了最佳流行女声奖。Danny 在《凝望》大碟中将 "How Will I Know" 改编成了《心愿》，据说 "How Will I Know" 最开始是写给珍妮·杰克逊（Janet Jackson）的，被退稿后最终被惠特妮·休斯顿唱红。Danny 也曾在 "86' 前进演唱会" 上演唱过 "Saving All My Love for You"。

当年被谣言困扰的 Danny 在听过 "Greatest Love of All" 后深受感动，从这首歌中悟到了很多人生的道理，也备受鼓舞。因此在改编时，Danny 对合作多年的郑国江提出了很高的要求。郑国江填写的歌词几乎是对照着英文歌词来创作的，"就是要跌过没数次，永没法变改心中志"，振聋发聩的歌词正代表着 Danny 此时的心态，他决心在新的唱片公司，重新出发，再次干出一番事业！

想知怎爱旁人，
先懂得爱自己，
懂得怎爱惜你，
至称得上最真的爱
……

不必惊怕尝苦困，

只需要自爱

　　郑国江写出的每一句歌词都道出了 Danny 在经历了 1985 年的各种纷扰后内心最深的感触。不过郑国江不知取什么歌名才合适，于是交歌时歌名是空着的，《至爱》这个歌名是 Danny 取的。《至爱》作为《凝望》大碟的第一主打歌，在劲歌金榜蝉联两周冠军并入选 1986 年劲歌金曲第三季季选。除了改编成中文版，Danny 还在《凝望》大碟中灌录了"Greatest Love of All"的原文翻唱版，在细节的处理上，尤其是和声的搭配上，演唱出了与《至爱》不同的味道。一如在《盼望的缘分》中所尝试的，Danny 独创性地给自己的演唱额外配上了和声，并且是一次录制完成的，这也使得 Danny 的演绎成为"Greatest Love of All"的诸多翻唱版中极为独特的一首。原唱者乔治·班森听过后也很喜爱 Danny 的翻唱版本，在 2002 年 11 月 16 日举办的香港演唱会上他演唱了"The Greatest Love of All"来向 Danny 致敬。尤其值得一提的是，在黑胶和卡带版的《凝望》大碟中是没有收录"Greatest Love of All"的，歌迷们只有购买 CD 版才能够听到这首歌，这也算是唱片公司为了推广 CD 这种在当年还算新兴的介质所采用的一种商业策略。

Danny 改编的另一首原唱者为高音女声的作品是美国女歌手史黛西·拉提索（Stacy Lattisaw）于 1983 年发表的作品 "Miracles"，当年的史黛西·拉提索只有十六岁，但她高亢的嗓音给人们留下了极为深刻的印象。Danny 非常喜欢 "Miracles"，请来大师黄霑填写粤语歌词。黄霑只为 Danny 填过两首歌词：第一次是 1982 年 Danny 首次担任自己的唱片监制时，请黄霑为自己的曲作填词，就是大碟的标题歌《倾诉》；第二首就是五年之后的《神奇係我同你》——这首歌词最大的特色是多次使用了口语化的表达。很多歌迷直观感觉粤语歌歌词的文学性普遍高于国语歌，其实是因为大多数粤语歌的歌词完全是用书面语写成的，而国语歌歌词中时常会夹杂很多口语化表达，而黄霑这次就是要进行类似的尝试。在收录《神奇係我同你》的《痴心眼内藏》大碟发行时，唱片公司也借用了《神奇係我同你》的歌词刊登在海报上作为宣传语：

陈百强 87 年愿与你创造 Miracle

献给你87年第一张全新大碟

通街都知道呢只碟（这张碟）好听，

今日你买咗未呢（今天你买了吗）？

　　Danny 一直都很喜欢黑人音乐中独特的节奏感，在《痴心眼内藏》大碟中他就将珍妮·杰克逊于 1986 年发表的大热作品 "What Have You Done For Me Lately" 改编成了《驱魔大法师》。这首时尚舞曲难度很高，但 Danny 演绎得极为出色，结尾处模仿迈克尔·杰克逊的叫声堪称神来之笔，让整首歌的情绪达到最高点。卢永强填出了一首非常有趣的歌词，根据歌词理念拍摄的 MV 也很值得一看，四位男伴舞中有日后香港歌坛 "四大天王" 之一的郭富城。看 MV 之前，笔者一直以为在这样一首欧美改编作品中写到的法师一定是穿黑斗篷的西方法师，没想到 MV 中出现的形象却是穿袈裟的东方大和尚。1986 年底，Danny 曾在泰国公主驾前表演，令他有些意外的是，泰国公主最喜欢的歌就是《驱魔大法师》。而《驱魔大法师》也留下一个难解之谜——歌曲后段的法师口白究竟是谁说的。由于唱片内页没有记载，因此无法给出确切的考证，是件颇为遗憾的事情。排在《一生何求》大碟最后一首的《奢侈》原曲也来自一位美国黑人女歌手，是茱蒂·华特利（Jody Watley）自己创作并于1986年发表的个人发展后的第一支单曲"Looking for a new love"，这首舞曲榜冠军作品最大的亮点是节奏与和声部分。《奢侈》由第一次与Danny合作的新晋词人周礼茂填写粤语歌词，杜自持在间奏处重新编排的爵士钢琴也比"Looking for a new love"中的演奏更加精彩，Danny唱出了在他之前的作品中从未有过的慵懒与颓废的味道。《驱魔大法师》与《奢侈》都属于旋律线比较不明显的作品，与当时在香港乐坛最受欢迎的日式流行曲风格迥然不同，显得比较另类，即使是Danny最忠实的歌迷也未必都能接受。但Danny作为专业音乐人，自有超出普通人的眼界，当若干年后有越来越多的歌迷认识到《驱魔大法师》与《奢侈》的艺术价值，才终于理解Danny当年的意识有多么的前卫。

当然，在Danny改编过的黑人音乐作品中，原曲最有名的一首，莫过于迈克尔·杰克逊的"Human Nature"。生日是1958年8月29日的迈克尔·杰克逊其实只比Danny早出生了九天，二人都是处女座，也同样都是创作歌手。

Danny 一直视迈克尔·杰克逊为自己的偶像，早在"'83 红馆演唱会"上，Danny 已经现场演唱过迈克尔·杰克逊当年最热门的歌曲"Billie Jean"。在香港电台第二台于 1988 年 1 月举办的"一九八七最受欢迎外国、日本歌手及歌曲"评选的颁奖仪式上，Danny 作为嘉宾颁发"1987 年度最受欢迎外国男歌手奖"给迈克尔·杰克逊，并感谢代领奖的 CBS / SONY 公司工作人员帮他请迈克尔·杰克逊在唱片上签名送给自己。在 1991 年制作《只因爱你》大碟时，Danny 选择将与"Billie Jean"同样收录于经典专辑 Thriller 中的"Human Nature"改编成《夜的心》来向自己的偶像致敬。以 1982 年时的合成器技术能够呈现的效果来说，"Human Nature"在当年已经足够惊艳。徐日勤编曲的《夜的心》完全复刻了"Human Nature"的编曲架构，九年后更加成熟的合成器技术以及徐日勤高超的驾驭手法使得《夜的心》的音场效果大大超越了原曲，晶莹剔透的音色凸显繁华大都市中各种人造光源交相辉映制造出的现代奇景。周礼茂为 Danny 填的第三首粤语歌词虽然以原版英文歌词为基础概念，但也有很多亮点，比如与英语中的"why"同音的粤语"坏"，歌词页中不知是印错还是故意为之的"野的心"以及"我笑你失败，你这个假伟大"可以说是语出惊人。在 1993 年华纳推出的杂锦碟《开心跳不停》中还收录了《夜的心》的一个 remix 版本，与本书后文将要提到的几首 Danny 的 remix 作品一样，二十多年来都属于歌迷眼中的珍稀孤品，直到《文质翩翩》将其"一网打尽"。

第八章　最深亥的记忆

1984 至 1985 年间，香港华纳陆续发行了四张 *WEA Solid Gold* 系列杂锦碟，收录华纳旗下歌手的最新热门单曲，以欧美地区出品的英文歌为主，也有其他语种的作品。1985 年发行的系列第四辑 *WEA Solid Gold 4* 中收录了日本华纳·先锋唱片公司旗下的偶像组合 Riff Raff 的《哀しみの街角》，封面上的曲目表还特别注明：《我和你》日本版。第二辑 *WEA Solid Gold 2* 于 1985 年在韩国发行时，封面重新设计为蓝色背景，遗憾的是没有再次出现 Danny 的照片，但 Danny 与克里斯泰尔·盖尔合唱的 "Tell Me What Can I Do" 依然是 A 面的第一首歌；韩国版对曲目做了一些调整，比如韩日两国因历史原因自战后关系一直不睦，所以删掉了中森明菜的《禁区》。大概 Danny 当年也拿到了 *WEA Solid Gold 2* 这张杂锦碟，于是想听听与自己的作品收录在同一张碟中的歌是什么样的，之后他便依次听到了排在 A 面第 2 首的丹·哈特曼的 "I Can Dream About You" 和 A 面第 3 首的菲尔·科林斯（Phil Collins）的 "Against All Odds（Take a Look at Me Now）"，并在《深爱着你》大碟中将这两首歌分别改编成了《在这孤独晚上》和《最深刻的记忆》。

菲尔·科林斯于 1970 年以鼓手身份加入创世纪乐队①，正式进入乐坛。他在 1975 年成为乐队的主唱并带领乐队在七八十年代跻身欧美最著名的乐队之列。菲尔·科林斯自 1981 年开始推出个人专辑，并在 1984 年迎来了个人歌唱事业的第一个高峰，"Against All Odds（Take a Look at Me Now）"正是他在这个时期最重要的作品。电影 *Against All Odds*（中译名《危情》，亦译为《冲破禁忌》）的导演泰勒·海克福德邀请菲尔·科林斯为电影创作并演唱主题歌，事实证明，他的选择极为正确。菲尔·科林斯创作的"Against All Odds（Take a Look at Me Now）"旋律优美、情绪跌宕起伏，完美表现了电影男女主人公热烈、激情但无法修成正果的爱情。*Against All Odds* 在第 57 届奥斯卡金像奖中获得的唯一一项提名就是最佳电影歌曲。近四十年后，长久留在人们心中的也是"Against All Odds（Take a Look at Me Now）"这首主题歌，而不是电影本身。"Against All Odds（Take a Look at Me Now）"不仅在排行榜蝉联了

① 创世乐队（Genesis），英国前卫摇滚乐队，成立于 1965 年，于 1969 年推出第一张专辑，二十世纪七八十年代为乐队的黄金期。

三周的冠军，也让菲尔·科林斯在 1985 年 2 月举办的第27 届格莱美颁奖典礼上第一次获得了最佳流行男歌手奖，是不折不扣的超级金曲。转年，菲尔·科林斯又凭借 *No Jacket Required* 拿到了第 28 届格莱美奖的年度最佳专辑奖、最佳制作人奖并蝉联了最佳流行男歌手奖。菲尔·科林斯在 1985 年做过的最著名的事发生在 7 月 13 日举行的 LIVE AID 演唱会上。这场巨星云集并向全球卫星直播的演唱会，于英国伦敦和美国费城相隔两小时先后开演，旨在为发生在埃塞俄比亚的饥荒筹集资金。菲尔·科林斯先在伦敦的温布利体育场弹奏钢琴独唱了 "Against All Odds（Take a Look at Me Now）"，又与斯汀（Sting）一起合唱了警察乐队（Police）的名曲 "Every Breath You Take"；之后他立即乘飞机赶到费城的约翰·肯尼迪体育场，再次登台弹奏钢琴演唱了他的另一首名曲 "In the Air Tonight"，他还以鼓手的身份帮助齐柏林飞艇乐队（Led Zepplin）完成了演出。这也让菲尔·科林斯成为了唯一一位在这一天同时参加了英国和美国两场演出的歌手。菲尔·科林斯的外形极为普通，没有什么明星范，但他的声线非常有特点，有很强的辨识度，演唱时感染力极强，笔者最喜欢他的作品是 1989 年推出的 "Another Day in Paradise"。"Against All Odds（Take a Look at Me Now）" 是很典型的一种定制歌曲的命名方式。为了宣传上的便利，歌名的主标题采用与电影、电视剧等艺术作品相同的名称，而括号内的副标题才是这首歌在创作时真正的名称。比如，在经过郑国江多年的努力之后，Danny 的《喝彩》如今的名称便成为了《喝彩（鼓舞 Encouragement）》。

绝大多数情况下，香港改编歌的录音水平是能听出与同期的欧美以及日本原版作品的差距的，如果改编版沿用原版的编曲，这种对比效果会更加明显。但《深爱着你》大碟是一个反例，其中收录的五首改编歌的录音及混音水准完全不输原版，甚至比原版更佳，从人声到乐器的音色都更加通透、更有层次感。祖儿编曲的《最深刻的记忆》从前奏伊始就加入了原版中没有的抢耳的亮丽音色；第一遍副歌后加入的鼓声也处理得比原版更加真切与厚重，极大地提高了这段整体气势并非很宏大的音乐的震撼感。如前文所述，《深爱着你》大碟内页中并没有乐手名单的记录，鉴于 Chyna 乐队曾在 "'85 演唱会" 中场 Danny 更衣时出场演出，笔者大胆猜测《最深刻的记忆》中精彩的鼓声很有可能是唐龙 ① 演奏的。Danny 的嗓音虽不似菲尔·科林斯那般自带极强的感染力，但他用自己对歌曲独到的理解，将这首难度极高的作品，演绎得极为完美。主歌中"停住过往事""留在这晚上"欧美味道十足的唱法，"溅起一丝追忆"轻微的哭腔，尤其是副歌中多次出现的"毕生"二字极具冲击力的处理，这些乍听之下不易察觉的细节，使得 Danny 的歌声充盈着饱满而又丰富的情绪，既有深沉的柔情，又有澎湃的激情，大起大落，一如林敏骢笔下那段令人刻骨铭心的恋情，每当忆起，既有温馨的时刻，但更多的是失去后的悲痛欲绝。《最深刻的记忆》堪称 Danny 的演唱实力和技巧更上一层楼的标志性作品。

歌中的《最深刻的记忆》是爱情，而对于 Danny 来说，什么才是他自己这一生中"最深刻的记忆"呢？

排在 *WEA Solid Gold 2* A 面的最后一首歌是"王子"普林斯（Prince）的"When doves cry"。普林斯比 Danny 年长

---

① 　唐龙（Donald Ashley），原籍美国，香港鼓手、作曲家、填词人和监制，有"亚洲鼓王"之称，1983 年与苏德华、黄良昇、单立文组成 Chyna 乐队。

整三个月，他不仅能够创作词曲，还会演奏钢琴、吉他等多种乐器，他于 1978 年 4 月 7 日发行了首张专辑，其中全部词曲创作及所有乐器演奏都由他自己完成。与菲尔·科林斯一样，"王子"也在 1984 年迎来了事业的高峰。这一年，由他主演并以他的经历为蓝本创作的半自传式电影 *Purple Rain*（中译名《紫雨》）上映。普林斯还为电影创作了配乐，原声专辑 *Purple Rain* 在美国公告牌专辑榜蝉联了 24 周冠军。据统计，仅在美国本土 *Purple Rain* 的销量就超过 1 300 万张，全球销量达到 2 500 万张，是二十世纪八十年代最重要的专辑之一。

Danny 极为欣赏普林斯的艺术风格，在"'85 演唱会"现场播放 *Purple Rain* 专辑中的第一首歌"Let's Go Crazy"作为演唱会开场曲，Danny 头戴水晶面具扮演一只豹子在音乐声中出场热舞。之后接上的原创作品《创世记》以及翻唱威猛乐队的"Wake Me Up Before You Go Go"，带动了全场的热烈气氛，让"'85 演唱会"在一开始就呈现出不同于以往的热情与活力。几首歌后，Danny 演唱了 *Purple Rain* 专辑中最著名的一首歌——"When Doves Cry"。狂乱的电吉他 solo、鼓机强劲的节奏中抢耳的合成器音色，使得"When Doves Cry"从一开篇便引人入胜。有人评价，*Purple Rain* 是普林斯为黑人根源音乐的流行化所做的试探与实验，他创造出了"一种摇滚、流行和灵魂乐混合而成的新音乐——将尖叫的吉他融合进电子鼓乐器推动的曲子"[①]，而"When Doves Cry"就是其中最杰出的代表。演唱"When Doves Cry"之前，Danny 向现场观众介绍道："有一个歌手真的很浪漫，但他的浪漫是带点邪气，就是 Prince，我很喜欢的一首歌就是'When Doves Cry'"。之后，Danny 以出人意料的方式演绎了这首极为前卫的作品，他模仿普林斯在"When Doves Cry"MV 中像豹子一样的动作，在舞台的中央和四周一边爬行一边演唱，带给观众们一种神秘而又迷幻的感觉。令人遗憾的是，Danny 这种令人耳目一新的表演方式并没有获得所有人的认可。

　　一直求新求变的 Danny 在这个他第二次于红馆举办的个人演唱会上希望将国际上最新潮的表演方式带给观众。开场时佩戴的是水晶面具，脸上化的是当时欧洲非常流

---

① 　引自《有生之年非听不可的 1001 张唱片》，罗伯特·迪默里（Robert Dimery）主编，张阅、邵逸翻译，中央编译出版社 2013 年 8 月第一版。

行的妖艳妆，再到演唱"When Doves Cry"时的爬行表演，Danny如他在演唱会场刊中所承诺的"用尽一生武功，施展浑身解数"，用崭新的形象努力为观众们献上一台精彩的音乐会。Danny自然对观众和媒体们的评价有着很高的期待。对于已经取得成功的艺人来说，主动去改变自己的形象具有很大的风险，因此并不多见。事实上，更多的艺人在成功后都会选择求稳，基本保持一个固定的艺术形象，因为一旦改变不成功，可能会付出极其惨重的代价。Danny出道时给人以青春、开朗的学生王子形象，并因此取得了巨大的成功，如今热爱他的歌迷们依然爱称他为"小王子"，正是源于此。优雅的气质与高品位的衣着也成为了Danny的标识。但对于年轻的Danny来说，他的艺术之路是需要在变化中不断成长的，他并不希望始终只演唱有限类型的歌曲，而是想要不断地拓展自己的歌路，同时他也不断寻求在形象上的突破。自担任自己的唱片监制以来，Danny就在悄然转变着，无论是1982年10月自费去美国继续研习歌艺，《今宵多珍重》中首次出现表现情欲的歌词，《偏偏喜欢你》大碟中的中西融合曲风，还是《百强'84》中大量出现的前卫快歌，再到"'85演唱会"中野性前卫的造型及令人惊艳的表演，这些都是他锐意进取、不断求变的一部分。当时间从 1984 年过渡到 1985 年时，Danny 已经年满 26 岁了，他不能再唱《眼泪为你流》《不再流泪》这样少年情怀的作品了，也不能永远以《涟漪》《偏偏喜欢你》这样的慢板情歌作为自己的标签，他希望能够成为一名从音乐到形象上都具有国际化水准的歌手。作为一名职业音乐人，Danny 敏锐地察觉到世界音乐潮流的转变，他比普通歌迷和很多同行都先一步改变了音乐上的口味。在香港这样一个与世界接轨紧密的国际化大都市，也只有先人一步，才能不落后于时代。但令 Danny 没有想到的是，之前乐于接受他每一次转变的歌迷和媒体，这一次的接受程度远没有达到他的预期。在保守的歌迷和媒体眼中，Danny 在 "'85 演唱会" 上的改变跨度太大了，他们接受不了，所以很多人并没有给予积极评价。事实上，在之后数十年香港歌手的演唱会上，更加奇特的服饰、装扮，以及出位的表演层出不穷，但观众们却乐在其中，也促使艺人们在创意上不断加码。可以说，正是有 Danny 这样的 "先驱" 拓展了香港观众的视野，世人之后才会对其他艺人们的种种表现见怪不怪。只不过作为 "第一个吃螃蟹"

的人，Danny 与历史上各行各业的众多"先驱"们一样，在当时无法得到公允的评价。笔者相信，在 Danny 原本的计划中，他会在下一张大碟中改编"When Doves Cry"，一如他在"85'演唱会"上翻唱的安全地带乐队的《恋の予感》在《深爱着你》大碟中被改编成了《冷风中》，何况他在《百强'84》中已经展现出了自己对前卫快歌的热爱。然而"'85 演唱会"后意想不到的诸多负面评价，打乱了 Danny 的计划，华纳方面一定也对 Danny 在商业成绩上施加了不小的压力，这也导致《深爱着你》最终成为以情歌为主、仅收录了《在这孤独晚上》一首快歌的大碟。虽然《深爱着你》成为华语流行音乐史上的神碟，但大概这并不是 Danny 自己最初设定的前进方向。

然而令 Danny 没有想到的是，在 1985 年，他要面对的不仅是在形象以及音乐表现形式上的批评。如果仅是如此，相信这并不会对 Danny 造成太大的打击，毕竟这也属于正当的专业讨论的范畴。但之后出现的种种谣言，却深深地打击了他。一个纯真的、从不与人为敌的青年人，无法想象居然会有人无端地抹黑自己。自年初的个人演唱会后，Danny 几乎没有在电视台或其他场合亮相表演，也很少上街见人，以往时常流连的 Disco 舞厅也很少出没。一方面是 Danny 专注于在家中练歌，为灌录新唱片做准备。另一方面，他被一件事困扰了很久：Danny 住的房子周围不够安静，而他又有一对极为灵敏的耳朵，即使很小的声音也会令他从睡梦中惊醒，每当醒来之后，便无法入睡，常辗转反侧直至天明。长期失眠令 Danny 心情烦躁、精神很差，他总觉得自己的心跳比常人快，于是去医院检查心脏。医生说他只是情绪太过紧张，身体并没有问题，所以 Danny 只在医院住了一天便出院了。Danny 还曾在其间患上了肠胃炎，身体健康受到一定的影响。这些事都让 Danny 变得寡言少语、不愿见人，即使好友也未必能见到他。令人想象不到的是，Danny 减少曝光居然给了恶意造谣者以可乘之机。从 1985 年年中开始，先是出现了 Danny 是同性恋的谣言，之后又有报道称他患上了艾滋病，还有人说他已经秘密结婚。对于这些谣言，Danny 感到莫名其妙，由于他本身不喜欢说话，所以一直没有出面辟谣，没想到的是，这些消息越传越离谱。到了 9 月下旬，居然有人打电话给美国洛杉矶的报馆说 Danny 已在医院不治身亡。

在互联网时代到来前，辟谣是没有现今这样便捷的。要么需要本人面对媒体接受采访澄清事实，要么通过公司的官方渠道发布声明或者召开记者会。而如今只需要打开手机，在社交媒体上发一条信息即可。在当年并无便捷辟谣途径的条件下，Danny 采取清者自清的态度无可厚非。但华纳面对旗下重量级歌手遭遇谣言诽谤时，却因为 Danny 的续约问题采取了完全不作为的态度，对于事态的后续发展以及给 Danny 造成的严重影响负有不可推卸的责任。其时，正值 Danny 与华纳的唱片约将于一年后约满，但 Danny 已明确无意续约，并开始与其他唱片公司接触。于是华纳不仅在 "'85 演唱会" 后 Danny 遭遇批评时没有尝试去扭转舆论，也没有在谣言四起时通过公司官方渠道为 Danny 辟谣。当《深爱着你》大碟推出后，华纳也没有给予足够的宣传和推广，年底更是没有为 Danny 在两个十大金曲颁奖礼报名，直接导致 Danny 在 1985 年下半年的颁奖礼——包括劲歌金曲第三、四季的季选以及年终的 "双十大" 颁奖礼——一无所获。Danny 自 1982 年以来，每年都有金曲拿奖，在 1984 年初的首届十大劲歌金曲颁

奖礼上更是拿到了相当于后来的"金曲金奖"级别的"AGB
电视观众抽样调查最受欢迎奖"。而在 1985 年，Danny 除
了有制作极其精良、有多首好歌的《深爱着你》大碟，还
在年初推出了传世经典《等》。从作品的音乐品质上讲，
1985 年本应该是 Danny 的又一个收获之年。从后世的传
唱度看，Danny 在这一年中发表的作品应该在"双十大"
颁奖礼上拿到多首十大金曲奖才算公允。歌迷们将 Danny
在 1985 年的遭遇统称为"85 事件"。这是自发表个人唱片
以来一直在事业上顺风顺水的 Danny 遇到的第一次挫折。
在笔者看来，"85 事件"也正是 Danny 一生中"最深刻的
记忆"。

在 1989 年 TVB 拍摄的音乐特辑《感情写真》中，
Danny 对于"85 事件"回顾并总结道：

> 1985 年初，我在红磡体育馆举行了一个演唱
> 会。当时我选了一位外国歌手来作为我的形象，就是
> Prince，我不知道自己原来不太适合他那个形象，效
> 果不是很好，当然有人赞赏也有人批评，但是我内心
> 一直郁郁不欢。同时，我也发觉有人存心刻意地伤害

我，竟然愚蠢地打电话给报馆，报道我已经在医院病逝了、死了。其实当晚我在 Disco 跳舞。但是当时我是很脆弱的，对于这些新闻或者外界的报道非常重视而脆弱得不懂怎样反击，所以我心里陷入了一个迷茫的低潮。

直至 1986 年，我找来了我的好朋友陈家瑛小姐，我们决定一同去闯一番事业。她不断地开解我，令我自己舒服了很多，于是，我就重出江湖了。

这趟重出江湖之后，我觉得干起事来积极了很多，以及充满了信心；这次的打击对我来说其实是一件好事来的，因为我觉得当我面对许多突发性事件，以及那些不忠实报道及新闻时，我自己可以有这个力量，你说什么是你的事，我自己没有做过，我也无需要害怕任何东西；而最重要一点，就是患难见真情了。

多年以来，谣言产生的原因一直是歌迷们讨论的核心问题。究竟是无良记者和报社为了赚稿费、博眼球的个体行为，还是有幕后指使？也有歌迷将此事与蔡枫华的"一刹那光辉"事件联系在一起。在不可能有官方结论的情况下，人们只能通过结果倒推原因的思考方式，从谣言给Danny在个人形象、唱片销量以及乐坛地位等方面造成的损害后果，以及何人会因此获益的角度去猜测始作俑者。而不论结论如何，"85事件"给Danny造成的巨大影响都是无法挽回的。Danny从出道以来建立的健康、向上的形象遭到玷污，人气有所下滑。在"双十大"颁奖礼上一无所获，也使得他在乐坛的地位被他人赶超。此外，因受此事困扰，Danny的状态变得有所起伏。之后数年中，虽然他的作品依旧精彩、令人着迷，但相比《深爱着你》大碟中巅峰期的歌声，总似乎缺少了什么，某种东西永远消失了。在Danny的心中，原本对未来有很多设想，在音乐方面也有更远大的目标，但现实沉重地打击了他。如Danny这样年轻而又富有创造力和开拓精神的音乐人，本可以为华语流行音乐的发展探索出更多的可能，但这些永远成为未知。这不仅是Danny自己的损失，也是香港乐坛乃至整个华语乐坛的损失，谁也无法知晓那些谣言究竟令时代丢失了什么。因受"85事件"造成的困扰，Danny的性格也有了不小的变化。之前的他朝气蓬勃、充满阳光，经常爽朗地笑，但之后人们看到的是一个变得内敛与忧郁的 Danny。"苦痛的谣传 累人不浅"——恐怕再也没有一句话，能够比这句歌词更加准确地概括"85 事件"对于 Danny 的影响了。

1987 年 8 月，Danny 在 DMI 灌录的第三张大碟《梦里人》发行，其中最重要的作品就是由 Danny 作曲、向雪怀填词、杜自持编曲的《我的故事》。Danny 在主歌写完七个月后才完成了副歌旋律的创作，足见他有多么看重这首作品，自然对其也寄予了很高的期望。Danny 将填词工作交给了向雪怀。向雪怀从《凝望》大碟开始为 Danny 填词，不过在《我的故事》录唱之前，他并没有与 Danny 见过面。向雪怀听过 Danny 创作的旋律后，产生出这样的感觉："他（Danny）曾经是一个热血青年，满怀希望。受伤害之后，所有他曾经相信的都变成欺骗他的一派胡言。他对这世界彻底失望。"[1] 于是，向雪怀在写词时"尝试走进 Danny 的内心，看他的世界"，并很快写完了歌词。向雪

① 本章中《我的故事》创作过程引自《爱在纸上游——向雪怀歌词》，向雪怀、简嘉明著，三联书店（香港）有限公司，2016 年 5 月第一版。《我的故事》歌词的详细解析亦可参见该书中简嘉明所写文章。

怀于一个傍晚在 EMI 的录音室中迎来了与 Danny 的第一次见面和交谈。Danny 听过向雪怀对于歌词的解说后，留下一句"为什么这样夭心夭肺 ①？"便进入录音间开始录唱。Danny 录得很快也很完美，他在歌中投入了饱满而又厚重的感情，令每一位听者都为之心碎。而他自己也在控制室听了很多遍后"眼泪一涌而出，泣不成声"。Danny 在《梦里人》大碟的文案中写道：

> 向雪怀先生为我填了《我的故事》，相信没有人比他更能了解我的心境，"时候对我继续欺骗，但总会等到新一天"，多谢你启发了我。

此后接受访问时，Danny 也多次表示过对这首歌的喜爱，"《我的故事》的歌词差不多讲了我上半生的故事""最喜欢《我的故事》，取代了以往最喜欢的歌"。他还曾对母亲说："向雪怀好似躲在我床下，否则为什么他那么清

①　夭心夭肺，广东方言，意思是人被某些语言或行为刺激后，又或者看到某些文章句子而产生感触时，内心仿佛被硬物掏挖般的刺痛感受。

楚我？"

《我的故事》推出后拿到了中文歌曲龙虎榜 1987 年第
46 周的冠军，入选 1987 年劲歌金曲第四季季选及第十届
十大中文金曲，这也是 Danny 的曲作第五次获得十大中文
金曲奖。在那个金曲层出不穷的年代，这样一首安静的、
编排并不复杂的歌曲能够获得听众们如此广泛的认可，大
概是因为人们在歌中不仅听到了 Danny 的故事，也听到了
自己的故事。《我的故事》在 Danny 的创作生涯中是一首极
为重要的作品。向雪怀也因为填写《我的故事》的出色表
现，在众多与 Danny 合作的填词人中脱颖而出，Danny 之
后亦多次将重要的作品交给他填词。

除了作曲、作词和演唱，《我的故事》的编曲也极为精
彩。杜自持（Andrew Tuason）并没有使用当年流行歌常用
的电吉他、贝斯和鼓，而是用晶莹剔透的电钢琴搭配弦乐
的音色营造出如梦似幻的意境，听者在静谧的氛围中仿佛
随着音乐走入了 Danny 的内心世界，听他徐徐道出自己这
些年来的心路历程。杜自持凭借《我的故事》拿到了自己
的第一个编曲奖。1987 年发行的《梦里人》CD，比黑胶和
卡带版多收录了一首纯音乐版的《我的故事》，由杜自持

编曲并演奏，排在 CD 版最后一首的位置。杜自持用三种音色演绎了主、副歌的旋律，乐曲的情绪及氛围与 Danny 的演唱版略有不同。由于 CD 版将黑胶和卡带版的 B 面曲目放在了前面，演唱版的《我的故事》于是成为了 CD 版《梦里人》大碟的第一首歌，与纯音乐版的《我的故事》形成了首尾呼应以及主题重现的效果[①]。

　　Danny 最初通过陈家瑛联系到杜自持，请他为《痴心眼内藏》大碟中的两首歌编曲。杜自持与 Danny 都很喜欢迈克尔·杰克逊及普林斯的那种节奏感很强的音乐，二人的音乐品味很接近，所以在工作时很容易达成共识。Danny 知道杜自持能够做什么，杜自持知道 Danny 想要什么，二人有一种默契，合作时很顺畅。在制作下一张大碟时，Danny 想要再次演绎 1980 年时发表过的曲作《我爱

---

① 　在《梦里人》的黑胶和卡带版中，《梦里人》排在 A 面第一首，CD 版中则是第六首。2002 年 EMI 唱片发行八张一套的"陈百强纪念全集 CD"，采用了与首版 CD 相同的曲目顺序，其中的《梦里人》CD 收录了纯音乐版的《我的故事》。2012 年发行的"LPCD45 II"系列和 2019 年发行的《陈百强的创世记》25CD Box 中的《梦里人》CD 则都采用了黑胶和卡带版的曲目顺序，将《梦里人》作为专辑的第一首歌，均没有收录纯音乐版的《我的故事》。

白云》，他将重新编曲的工作交给了杜自持。Danny 并不知道杜自持会怎样改编，当他听到节奏轻快、bossa nova 风格又带些拉丁味道的新版编曲后喜出望外、非常开心。《梦里人》的音乐氛围优美而又神秘，与《我爱白云》是两首风格完全不同的作品，其中 Do Dong（又名 Guillermo Fuego Jr.，菲律宾裔吉他手）弹奏的木吉他更是精彩绝伦。Danny 非常喜欢这个新版本，将"梦里人"定为了新大碟的标题。自此之后，杜自持成为与 Danny 合作最为密切的编曲人。他从 1987 年起共为 Danny 编了 28 首歌（包含他自己作曲的 5 首），将 Danny 中后期的音乐理念完美表现了出来。除了《梦里人》，杜自持重新编曲的另一首杰作就是《双星情歌》。

1974 年，许冠杰为他主演的电影《鬼马双星》创作了插曲《双星情歌》，这也是同年他推出的第一张粤语大碟《鬼马双星》的主打歌，其中还收录了《双星情歌》的纯音乐版本。《鬼马双星》大碟中的另一首经典作品《铁塔凌云》更加著名。在此之前，香港人更喜欢听英文歌以及国语歌，也正是从许冠杰创作、演唱这些歌曲开始，香港才掀起了属于粤语流行歌的风潮。《双星情歌》发表的这一年

Danny 16 岁，自幼喜爱音乐的他被这首歌深深吸引。不过当年学校的管理很严格，不许学生唱情歌，所以《双星情歌》在校园里成了一首"禁歌"，Danny 和他的朋友们只能躲在厕所里唱。Danny 在"'83 红馆演唱会"上，邀请了两位中学时的拍档上场，弹吉他一起合唱了《双星情歌》。三人合唱的版本非常动听，采用了双吉他加钢琴这样最原始的民谣编排模式，凸显《双星情歌》旋律优美、歌词哀婉且具有中国古典诗词韵味的特点，尤其是副歌的和声更是令人惊艳。八年后，作为最擅长改编中文老歌的香港歌手，Danny 决定在 Love in L.A. 大碟中再次翻唱这首粤语流行歌启蒙时期的经典作品，并将重新编曲的工作交给了杜自持。杜自持用时尚的 R&B 节奏让这首诞生于十七年前的经典作品，焕发出全新的生命力。Danny 拿捏得恰到好处，哀而不怨的演唱也使得这个翻唱版本的精彩程度历经三十多年也无后继者能出其右。

在笔者看来，杜自持在 Danny 的创作团队中替代的是两位杰出的音乐人——鲍比达和林慕德。他不仅能够提供具有时尚气息、表现力极强的编曲，还能为 Danny 创作出风格多元的原创作品。他的曲作中既有《超越分界线》

"Hot Night"这样节奏强劲、带有标志性黑人音乐色彩的快歌，也有《当晚梦见是你？》《醉翁之意》这样在当年的香港乐坛还很新鲜的 R&B 风格的作品。其中的《醉翁之意》节奏轻快而又俏皮，听来还真有些酒过三巡之后走路摇摇晃晃的轻飘感觉。不过对于杜自持来说，他一直希望能够创作一首《我的故事》的续集送给 Danny，纪念他与 Danny 一同走过的音乐旅途，他创作的这首歌就是《三个自己》。

1989 年末，Danny 开始筹备他重回华纳之后的第二张大碟。在制作上一张大获成功的《一生何求》大碟时，Danny 便已经让杜自持独自监制了排在大碟首尾的 "Hot Night" 和《奢侈》。这一次，他再次请杜自持与时任香港华纳总经理的黄柏高共同担任新唱片监制。杜自持也没有辜负 Danny 寄予的厚望，为大碟收录的十首歌中的七首编了曲，并创作了《当晚梦见是你？》和《三个自己》一快一慢两首作品。杜自持在《当晚梦见是你？》中用灵动的电子鼓点与迷幻的合成器音色，营造出如梦境般迷人而又浪漫的氛围。Danny 在末尾处"道别吧"三个字的唱法独具匠心，令人过耳难忘。借这次担任唱片监制的机会，杜自持便要完成为《我的故事》写续集的心愿。填词人自然还要找向雪怀，他用"晨曦""燃烧的烈日""黄昏"来比喻人生的三个阶段，"年轻时对爱情的轻狂、成长后对感情的执着，还有老来发现对爱情的失落，是三个境况的自己，也是每个人都必须面对的'自我'"[①]。杜自持采用了与《我的故事》相近的音色为《三个自己》编曲。以电钢琴为主奏乐器，随着歌曲的深入，弦乐逐渐加入，让听者在不到四分钟的时间里仿佛看到了一个人的一生。Danny 的演唱比《我的故事》还要缠绵悱恻，伴随着弦乐的不断推高，从 Danny 的歌声中能够深刻感受到故事主角内心的不甘与挣扎。《三个自己》也是 Danny 在《等待您》大碟中最喜爱的作品。《等待您》大碟当年并没有在内地引进发行。在转年内地引进 Love in L. A. 大碟时，不仅将专辑名改为《天生不是情人》，而且用《三个自己》换掉了《南北一家亲》。很多内地老歌迷都是在《天生不是情人》卡带中首次听到《三个自己》。虽然换掉《南北一家亲》破坏了 Danny 在 Love in L. A. 大碟中的完整创意，是件令人颇为遗憾的事情，但从听觉上讲，换上《三个自己》并略微调整曲目顺序后，

---

① 引自 Kark Woo 撰写的乐评。

使得《天生不是情人》专辑相比原版的 *Love in L. A.* 在听觉的统一性上显得效果更好。而这种统一性，来自一首意象与《三个自己》相呼应的作品，那就是排在 *Love in L. A.* 大碟倒数第二首位置，很容易被人们忽略掉的作品——《半生人》。

《半生人》的词曲作者和编曲人都不是为广大歌迷所熟悉的名字。曲作者张瑞文曾在 Danny 去世二十周年时发文回忆《半生人》的创作过程并表达了对 Danny 的怀念之情：

> 在写曲时已把这曲（命）名为《半生人》，并写下大约的歌词内容。十分高兴 Danny 采用了并放在他 *Love in L.A.* 的专辑。Danny 独特的唱腔很配合旋律，而他回望的半生，竟于数年后成为他人生的大部分。那些年，歌手都有独特的自我风格及形象，Danny 更是才华出众的唱作人。一个会令我们永远怀念的真正"歌星"。

年轻的音乐人陈志康在为 Danny 的《一生何求》和《等

待您》两张大碟担任助理监制后，在 *Love in L.A.* 大碟中被扶正，与 Danny 共同担任了唱片监制。他为《半生人》编出的音乐有着夜色苍茫、前路漫漫的氛围，让这段原本起伏并不大的旋律展现出了如人生之路一般跌宕、波折的效果。填词人王书权的作品大多都发表在九十年代前期，之后他转行投身商界。在王书权为 Danny 所作的三首歌词中，最为精彩的莫过于《半生人》。这是一首中年人的励志歌曲，不同于《昨日、今日、明日》（1988）中更多表达的是对未来的期许，《半生人》透露出的是经历前半生的灿烂、风雨与挫败后，面对之后的人生时更加坚毅的信念。这既是其时即将年满 33 岁的 Danny 心态的真实写照，也令每一位中年人听来都心有戚戚焉。令人遗憾的是，Danny 并没能如《三个自己》的歌词一样走到他人生的"黄昏"。之后，每当人们听到《半生人》时，都会更加深切地惋惜于 Danny 的英年早逝。在 Danny 的心中，本还有岁月没有带走的理想与在下半生继续冲刺的目标。然而这一切，他都再也没有机会去实现了……

第九章 冷反中

2022 年 12 月 22 日，一个令人悲伤的消息传来，刚刚在 11 月举办了成军 40 周年演唱会的日本超级乐团、安全地带乐队的鼓手田中裕二于 12 月 17 日病逝，终年 65 岁。作为在中国最著名的日本乐队之一，很多歌迷认识安全地带的音乐都是从大量的粤语改编歌而来。主唱及作曲人玉置浩二、吉他手矢萩涉、武泽丰（日文为武沢豊，亦译武泽礼）、贝斯手六土开正、鼓手田中裕二于 1978 年在北海道组成了安全地带乐队。1981 年，他们作为著名音乐人井上阳水的伴奏乐队来到东京，并于 1982 年 2 月 25 日推出了乐队的第一张单曲《萌黄色のスナップ》，这也是安全地带以 1982 年作为之后周年纪念起点的原因。不过在最初的一年多时间里，乐队的成绩一直不温不火，直到 1983 年 11 月 25 日乐队推出了第四张单曲《ワインレッドの心》，不仅成为了乐队的第一首周榜[①]冠军单曲，大

---

① Oricon 日本公信榜，1968 年设立，按照唱片销量排名，分为周榜和年榜，由于日本唱片销售分为单曲和专辑，单曲销量最能够说明单一作品的受欢迎程度，所以本章内容以引用单曲销量及排名为主。

卖 70 万张 [①]，名列 1984 年年榜第 2 位，并且获得了该年度的日本唱片大赏 [②] 金奖，玉置浩二也获得了作曲奖。之后数年间，安全地带推出的每一张单曲几乎都成为大热作品，这些作品也都是由玉置浩二作曲的。1984 年，蔡枫华、谭咏麟先后将《ワインレッドの心》改编成了《月蚀》《酒红色的心》，也就此拉开了香港歌手改编玉置浩二作曲作品的大幕。

1984 年 10 月 25 日，安全地带推出了第七张单曲《恋の予感》，这是他们最有名的作品之一，也是安全地带销量第三高的单曲。Danny 很喜欢这首歌，早在 "85' 演唱会" 上，Danny 就用日语原文翻唱过《恋の予感》。Danny 日后曾回忆说，他只懂中文和英文，但为了演唱那些他很

①　日本唱片销量在二十世纪八十年代中期进入最低谷，无百万级别销量的单曲，进入二十世纪九十年代后，百万甚至二百万级别销量的单曲层出不穷。
②　日本唱片大赏，即日本唱片大奖之意，是自 1959 年开始颁发的日本乐坛最权威的奖项之一，由日本作曲家协会及日本唱片大奖制定委员会主办，从该年度在日本发行的单曲中评选出最具有代表性的数首 "金奖" 作品，再从 "金奖" 中评选出最终的一首年度 "日本唱片大奖"，此外会颁发新人奖、作曲奖、编曲奖、作词奖等奖项。

喜欢的其他语言的歌曲，只能死记硬背发音，但他其实完全不知道自己唱的歌词是什么意思。在制作《深爱着你》大碟时，他请林振强填写粤语歌词，祖儿编曲，将《恋の予感》改编成了《冷风中》。玉置浩二谱写的旋律极为优美，很符合中国歌迷的听觉审美——海峡两岸及香港、澳门在流行音乐的发展程度上虽然有代差，但在这一点上是相同的——经常会出现同一首歌有多个改编版本的情况。除了《冷风中》，《恋の予感》的粤语版还有钟镇涛的《迷离地带》以及黎明的《一夜倾情》，钟镇涛和黎明在台湾发片时还都推出过国语版。

安全地带乐队与制作人星胜共同创作的编曲极为经典，八十年代的改编作品中罕有重新编曲的例子，陈慧娴的《痴情意外》是其中的翘楚。《恋の予感》的几个中文改编版也都沿用了原版的编曲架构，但《冷风中》的音乐演奏是所有版本中最精彩的一个，甚至超越了日文原版。弹奏出前奏主旋律的合成器音色在歌曲一开篇便令人惊艳，这个仿佛是黑夜中闪烁的霓虹灯般的颤音音色在整首歌中多次出现，正如歌中那在冷风之中摇曳不定的情感。在《恋の予感》所有的版本中，《冷风中》的贝斯音量是最大的，这也使得《冷风中》的这段旋律是所有版本中音场效果最为饱满的。1985年时，人们普遍还没有重低音的概念，当多年后人们用带有加强重低音功能的设备去聆听《冷风中》时，会充分体会到与众不同的感受。由于唱片内页没有乐手名单，人们无从得知《冷风中》的贝斯手是谁（笔者猜测很有可能是祖儿亲自弹奏的）。这位无名高手在《恋の予感》贝斯线基础上重新创作了贝斯的旋律，稳健而又灵动的演奏，为这首具备摇滚基因的作品增添了一些爵士甚至是舞曲的味道，令听者心绪在哀伤的浪漫之外又多了一丝随之起舞的欲望。合成器与贝斯搭配上晶莹剔透的钢琴音色，为《冷风中》的音乐交织出令人神往的迷幻夜色之感。在副歌大量使用的弦乐音色仿佛那"无尽的风"，无论你情不情愿，都要带走那些"往昔残梦"。

林振强所填的歌词极为工整，两段歌词用对仗的写法描绘出一段逝去的恋情：

<table>
<tr><td>第一段</td><td>第二段</td></tr>
<tr><td>蓝是当年，无涯的天</td><td>红是当年，情人笑面</td></tr>
<tr><td>晨雾当天，总爱附你肩</td><td>长夜当天，把我共你牵</td></tr>
</table>

如问你在何日方再现?	如问这夜谁在亲你面?
令我心默然震动!	令我心未停作梦!
曾像恋火一般暖又红……	曾像一张温暖面容……

　　如上所示，林振强所填的歌词是有标点符号的，即歌词本身是带有语气的[①]，也提示着歌者应该在演唱时呈现出不同的情感表现。玉置浩二除了是作曲高手，同样是位出色的歌手，因此极少有改编版能超越他的原唱，而《冷风中》正是一例！1985 年正值 Danny 演唱生涯的巅峰期，他的歌声中气十足、情绪饱满，音色极具魅力，在细节上的处理——"默然震动"处的颤音、"恋火一般暖又红"中细微的转音、"亲你面"的悲戚——既有情绪上的层次感，唱腔又极为洋气。听来，似乎 Danny 唱出的并不是粤语，而是一种超越了语种限制、与旋律融为一体的语言。祖儿在尾奏的处理，更是在所有版本中独树一帜，紧接在 Danny 的歌声结束后出现的加大了混响的鼓声，仿佛空谷

---

① 　这是只有阅读首版唱片中的歌词页才能够有的体会，在绝大多数再版唱片以及音乐播放软件内嵌的歌词中是无法看到的。

回音，随着反复的乐句不断传来，引人遐想，令人回味。有类似创作理念的作品还有 Beyond 的《雨夜之后》，更多音效的采用使得乐曲极具画面感。

虽然上述改编作品在各位歌手的歌迷群体中都有着不错的反响，但真正让玉置浩二被广大香港听众认识的歌手是当年还是新人的张学友。他于 1986 年将安全地带的《夢のつづき》改编成了《月半弯》，这首歌入选了当年（第九届）的十大中文金曲，这也是改编玉置浩二作曲的作品在香港乐坛拿到的第一个大奖。张学友是改编玉置浩二作品数量最多的香港歌手之一，除了《月半弯》，他还将安全地带的 "Lonely Far" 改编成了《情不禁》；玉置浩二以个人歌手身份发表的作品中，还有第四张单曲 "I'm Dandy" 被张学友改编成了《花花公子》，第五张单曲《行かないで》被改编成了《李香兰》。此外，张学友还有一次与 Danny 的"撞歌"——改编自安全地带于 1986 年 10 月 21 日推出的第十三张单曲 "Friend" 的《沉默的眼睛》，Danny 的改编版是收录于《梦里人》大碟中的《细想》。《沉默的眼睛》比《细想》早推出两个月，而且作为主打歌派台打榜，听众们在先入为主的感知之下，对《沉默的眼睛》的接受度自然更高一些。两首歌都复刻了安全地带的原版编曲，两位歌者也都是香港乐坛的顶级高手，演唱风格各具特色、不相上下。Danny 在《细想》的尾段有独具匠心的超长哼唱。向雪怀为 Danny 填过不少好词，这次的《细想》虽然意境依然深邃，但在歌词的音韵与旋律的贴合上做得不够完美，第一段主歌最后一句"期待我维护"的转韵脚处理效果不是很好，相比之下，第二段歌词在听觉上就顺畅了许多。《细想》是 Danny 改编的第二首玉置浩二作曲的作品，也是最后一首。此外，《梦里人》大碟中还有一首歌也是受玉置浩二曲作的影响而创作的，那就是《未唱的歌》。1986 年 9 月 25 日，安全地带与井上阳水联合推出了单曲《夏の終わりのハーモニー》，Danny 听到后大受启发，于是要求徐日勤也为他创作一首男男合唱作品。①

　　《夏の終わりのハーモニー》也有两个粤语改编版，宝丽金旗下当年的两位新人李克勤与黄凯芹合唱的《绝对自我》（1987）以及华纳旗下女歌手叶蒨文独唱的《答案》（1988）。在众多改编玉置浩二作品的香港歌手中，李克

---

① 《未唱的歌》的更多故事详见本书第十一章《如果没有你》。

勤是最特别的一个，不仅数量多，而且多首作品作为了大碟标题歌或者主打歌。李克勤的第二张粤语大碟《夏日之神话》的标题歌改编自安全地带的《I Love You からはじめよう》；第三张粤语大碟《此情此境》的主打歌之一《蓝月亮》改编自安全地带的《月に濡れたふたり》；第五张粤语大碟《一千零一夜》的标题歌再次改编自安全地带的"Juliet"，《一千零一夜》也拿到了1990年的十大中文金曲；第六张粤语大碟 Love 中的主打歌之一《怀念她》改编自安全地带的《情熱》。李克勤对于安全地带 / 玉置浩二作品的集中改编，很像梅艳芳在出道的前四年中对山口百惠作品的改编方式：梅艳芳的第二张粤语大碟《赤色》的两首主打歌《赤的疑惑》《赤的冲击》分别改编自山口百惠的《ありがとう あなた》《赤い衝撃》，其中《赤的疑惑》入选1983年十大中文金曲及十大劲歌金曲；1985年第四张粤语大碟《似水流年》中的主打歌《蔓珠莎华》改编自山口百惠的《曼珠沙華》，入选了1985年的十大中文金曲；转年梅艳芳在台湾推出的第一张国语专辑亦以《蔓珠莎华》作为标题歌；1986年第五张粤语大碟《坏女孩》中的主打歌《冰山大火》(原曲《ロックンロール・ウィドウ》)、《孤身走我路》(原曲《This is my trial（私の試練）》)也都是改编自山口百惠的作品。在多张专辑中固定改编一位国外歌手或音乐人的作品，出发点是模仿已成名歌手的歌路和艺术形象，是未能形成个人风格的新人取得成功的一条捷径——这些改编作品也的确帮助这些歌手取得了很不错的商业成绩，甚至拿到了乐坛大奖。但当一位歌手日趋成熟，他／她势必要走出一条属于自己的路。显然，具备极强创作实力以及宽泛音乐视野的 Danny 从推出第一张个人专辑时便已经做到了这一点，因此他从未与哪一位国外音乐人绑定，在多张专辑里不断去改编同一位音乐人的作品。

在日本历代众多著名的作曲家中，玉置浩二之所以能够在香港歌迷的心目中成为最著名的那一个，一是因为八十年代中后期，香港乐坛兴起了改编日文歌的风潮，而此时也正是玉置浩二及安全地带乐队的全盛时期，佳作不断，几乎每一首单曲都是大热作品；二来，玉置浩二无论创作什么风格的作品，都很擅长谱写清晰且动听的旋律线，而这个特点正是最为中国歌迷所青睐的。相比欧美流行音乐注重节奏与和声编排的特点，在听乐时最能够留给中国歌迷深刻印象的是悦耳的旋律。因此，在八十年代中期至九十年代初的香港乐坛，玉置浩二曾一度成为被改编作品数量最多的日本作曲家（进入九十年代中期后其数量逐渐被中岛美雪超过），多首改编作品也成为香港流行音乐史上的经典曲目。香港环球唱片甚至曾在 2000 年推出过一张《玉置浩二改编作品集》，收录了十六首原宝丽金旗下歌手改编自玉置浩二的作品。李克勤也在 2013 年推出过一张重新翻唱玉置浩二改编作品的"发烧"专辑《复克》。玉置浩二对香港本地音乐创作人也有很大的影响力：黄家驹在 1988 年曾创作过一首 Demo，他觉得风格很像安全地带的作品，所以将 Demo 命名为《安全地带》[1]；写出了《红豆》《单车》等名曲的创作人柳重言也将玉置浩二视为他唯一的偶像[2]。

1987 年，安全地带成为了日本全年唱片销量第二名的歌手 / 乐队，仅落后于当年如日中天的中森明菜。在这一年，玉置浩二也开始以个人歌手身份发展，之后三十多

[1] 收录于《真的 Beyond I》，1998，Kinn's 唱片。
[2] 引自播客 Ben's Music Vlog《柳重言专访》。

年间，他一直在安全地带乐队主唱与个人歌手的身份之间转换，唯一不变的是旺盛且出色的创作能力。作为职业作曲家，除了为自己以及安全地带作曲，玉置浩二也有不少为其他人创作的名作，最具有代表性的是他为中森明菜创作的《サザン・ウインド》(南风) 以及为香西かおり创作的演歌作品《無言坂》。《無言坂》获得了 1993 年的第 35回日本唱片大赏，玉置浩二也获得了作曲奖。值得一提的是，在《無言坂》获奖之前，日本唱片大赏曾于 1990 年至1992 年有三届将歌谣曲、演歌风格与流行曲、摇滚乐风格作品分开颁奖。这是因为 1984 年之后，曾经在历史上获得大多数日本唱片大赏的演歌风格作品已经连续五年无缘唱片大赏。分开音乐种类颁奖，可以看作是主办方日本作曲家协会中的旧有势力为了守住固有领地的自救措施。1984 年，正是 Techno 和 Synth Pop 风格的音乐作品在世界范围内流行开来之时。作为亚洲流行音乐潮流的桥头堡，日本乐坛也呈现出这类音乐越来越受欢迎的趋势，且不可逆转。而演歌由于受风格所限，无法采用时尚的合成器音色和动感的电子鼓点，在年轻人听来不那么新潮，受欢迎程度大不如前。但需要指出的是，在日本这样成熟的唱片市场，听流行音乐不仅是学生或年轻人的事，唱片销售有着广阔的中老年人市场，因此演歌虽然日渐式微，但依然有着很大的受众群体。从 1993 年开始，日本唱片大赏不再区分歌曲风格，重新合并颁奖，而这一年正值以 Being 系旗下乐队及歌手 [①] 为代表的摇滚风潮在日本乐坛最为兴盛，1993 年日本唱片的销量冠军就是 ZARD。在摇滚及乐队音乐风靡一时的背景下，玉置浩二创作的演歌《無言坂》能够获得日本唱片大赏及作曲奖，充分体现了业内人士对于玉置浩二作曲能力的肯定。而 Danny 最早改编的两首日本创作正是演歌风格的作品。

　　Danny 第一次改编日本歌是在第三张大碟《陈百强与你几分钟的约会》（1980）当中，他将五木宏的《蝉时雨》（1979）改编成了《人在雨中》（作词：郑国江，编曲：梁兆基）；在第一次担任自己唱片监制的大碟《倾诉》中，Danny 再次将小林幸子的名曲《迷い鳥》（1981）改编成了《天涯路》（作词：郑国江，编曲：周启生）。在 Danny 改

---

① Being，日本音乐制作公司，旗下代表乐队、歌手：B'z、ZARD、WANDS、大黑摩季等。

编这两首演歌的时候，上文提到的演歌瓶颈期还没有到来，而且相比同期的香港本地原创作品，演歌在作曲、编曲上依然能够展现出一定的优势。虽然编曲上几乎完全照搬日文原版，但 Danny 在演绎《人在雨中》和《天涯路》时并没有模仿演歌独特的细微转音及颤音的唱法，而是代之以悠扬的唱腔，并根据歌词的意境，轻柔地唱出描绘爱情的乐句，在描述人生之路的部分展现出坚定的力量感。Danny 独到的处理方式，使得《人在雨中》和《天涯路》超脱了原版演歌风格容易产生的古旧感，成为在当年听来很时尚的两首作品。

在《偏偏喜欢你》和《百强 '84》两张大碟中，Danny 接连改编了在八十年代初最为内地歌迷熟悉的两位日本音乐人的作品。第一位是佐田雅志。1977 年以创作歌手身份出道后，佐田雅志既有为他人创作的名曲——比如山口百惠的《秋樱》——成为时代经典，也有多首他自己唱作的大热作品，最为国人熟知的莫过于《関白宣言》(1979)，不仅在日本国内大受欢迎、单曲销量超过百万张，经由相声演员姜昆改编成《大丈夫宣言 / 怕老婆之歌》后，在我国也流传甚广。早在 1980 年，佐田雅志就先后到北京、上海举办演出，成为第一位在内地开演唱会的日本歌手。佐田雅志很热爱中国，之后他还自筹资金拍摄了纪录片《长江》在日本公映，1983年在内地热播的电视纪录片《话说长江》就取材于此。佐田雅志的音乐以民谣风格为主，且词曲俱佳。Danny改编的《第三者》即是一首很典型的佐田雅志风格的、以吉他为主要伴奏乐器的作品。鲍比达为Danny的改编版《何必抱怨》给出的编曲保留了《第三者》的编曲模式，突出了手风琴的音色，使得歌曲的异域味道更加浓重，听者仿佛漫步于欧陆小镇，在跃动的节奏中，听着Danny娓娓道来郑国江写下的又一段人生哲理。《何必抱怨》的结尾没有照搬《第三者》$\frac{4}{4}$拍变$\frac{3}{4}$拍后的长达一分钟的手风琴solo，而是由Danny用"呜……"的哼唱以淡出方式结束全曲。

佐田雅志的创作黄金期集中于七十年代末至八十年代初，中文改编歌不多，所以在年轻一些的中国歌迷群体中知名度并不高。相比之下，乐坛常青树谷村新司则是更为人所知的音乐大师。谷村新司也是中国人民的老朋友，1980年，为了纪念《中日和平友好条约》签订两周年，佐田雅志、后醍醐乐队（Godiego）以及谷村新司所在的 Alice 乐队等，作为中日友好交流的使者，成为第一批来到中国大陆的日本流行音乐人。他们将与世界接轨的潮流音乐带到了刚刚改革开放的中国，新鲜的音乐风格也对内地尤其是北方的第一代流行音乐人影响颇深。转年，Alice 乐队在北京举办演唱会，当时主办方根据日文发音将乐队名称翻译成了"阿里斯"，李立（一写作"李力"）、王勇等人看过演唱会后，大受震撼，也组成了一支名叫"阿里斯"的乐队翻唱日本歌。三年后，李立、王勇与丁武、孙国庆、臧天朔等人组成了不倒翁乐队，依然以唱日本流行歌为主，"不倒翁乐队是内地第一支尝试用电声乐器演绎现代音乐的乐队，也是内地摇滚乐真正意义上的奠基者"[①]。值得一提的是，日本方面当年是非常有诚意的，来访的几组音乐人在当时的日本国内都是人气最高，唱片销量名列前茅，尤其是 Alice 乐队，他们是 1979 年日本唱片销量的冠军、1980 年的第三名。相比谷村新司被改编成中文版的

① 引自《呐喊：为了中国曾经的摇滚》，陆凌涛、李洋编著，广西师范大学出版社，2003 年 11 月第 1 版。

歌曲大多是他以个人歌手名义发表的作品，比如邓丽君、关正杰唱过的《星》（原曲《昴》），张学友的《遥远的她》（原曲《浪漫鉄道〈蹉跌篇〉》《浪漫鉄道〈途上篇〉》），张国荣的《有谁共鸣》（原曲：《儚きは》）、《共同渡过》（原曲《花》）等作品，Danny《旅程》的原曲《それぞれの秋》则是于1980年先以Alice乐队的第十九张单曲名义推出，两年后再次收录于谷村新司个人的专辑《父と子》中。这首由谷村新司作词、作曲并担任主唱的作品，充分展现了他唱腔中自带的一种旁人难以模仿的独特节奏感，华语乐坛中唱法有类似特点的歌手，最著名的就是李宗盛。Danny在《旅程》中将这种节奏感融入自己的演唱，超越了他年龄的成熟演绎令人叹服。尤其是在演唱第二遍"愿每段情亦美"和最后一句"哪日回头"时，吐字上的细微处理极为带感！郑国江创作的《旅程》歌词表达了笑对人生长路的信念，与《何必抱怨》有如姊妹篇。鲍比达编曲的《旅程》在原版基础上更加凸显弦乐的层次感与力量的渐进，仿如一首人生的进行曲。最妙的处理莫过于没有如原版一般在第二遍副歌后再次重唱主副歌，并以逐渐安静的方式结束全曲，而是在音乐进行到最高潮时戛然而止，留给听者无尽的回味。

在《旅程》发表的同一年，有两位男歌手演唱的日本音乐人作曲的作品在香港流行音乐史上产生了深远的影响。一位是张国荣，他将吉川晃司的出道单曲《モニカ》改编成了"Monica"，并且凭借这首歌取得了空前的成功。"Monica"入选了1984年度的十大劲歌金曲和十大中文金曲，让出道七年来一直不温不火的张国荣一跃进入一线歌手的行列。另一位是谭咏麟，经过此前两三年的不断进步，此时的他已经成为可以与Danny比肩的香港乐坛新一代最受欢迎男歌手。随着宝丽金拓展日本市场的战略，自1984年起，谭咏麟连续数年在日本发行了个人唱片。虽然谭咏麟在日本市场没有取得什么值得称道的成就（唯一的亮点是参加了1989年的第40回红白歌会），但赴日发展对于谭咏麟来说有一个巨大的收获，就是结识了当年正在创作巅峰期的日本音乐人芹泽广明。芹泽广明凭借为偶像乐队方格子（THE CHECKERS）等艺人创作的多首大热金曲，在1984年、1985年连续两年位居日本作曲家销量榜的第二名，他为谭咏麟创作的日本出道单曲《夏の寒风》，改编成粤语版《夏日寒风》在香港推出后，与张国荣的"Monica"一起掀起了之后十余年在香港乐坛的日本劲歌风潮，极大影响了香港听众的口味与香港流行音乐的历史进程。Danny 敏锐地察觉到了这种潮流的变化，或许也有唱片公司给予的商业成绩的压力，因此在制作《深爱着你》大碟时，Danny 史无前例地一次性改编了三首日本歌——《深爱着你》《我和你》《冷风中》。这是 Danny 历年的大碟中改编日本歌数量最多的一次，也是唯一一次以日本改编歌作为主打歌以及大碟标题歌。客观地讲，这三首出色的改编作品，大大丰富了《深爱着你》大碟的音乐风格，增加了大碟的可听性，这也是《深爱着你》能够成为 Danny 个人的最佳唱片乃至香港流行音乐史上的最佳唱片之一的重要原因。

芹泽广明为谭咏麟在日本发片而创作的作品，极大地反哺了谭咏麟在香港市场的发展，他先后为谭咏麟作曲十三首，其中的《爱情陷阱》《暴风女神 LORELEI》《朋友》接连斩获乐坛大奖，为进一步巩固谭咏麟在香港乐坛的地位立下了汗马功劳。Danny 所在的华纳以及 DMI 唱片都没有让 Danny 在日本市场发展的计划，Danny 也没能遇到属于自己的"芹泽广明"这样可以固定合作的日本音乐人，但他通过自己的渠道与日本音乐人进行了合作。第一位是日本八十年代著名的作曲家、编曲家、吉他手椎名和夫，他为 Danny 创作了《寄不出的信》。由于《当我想起你》大碟中没有注明版权信息，在那个资讯不发达的年代，歌迷们一直认为《寄不出的信》与《谁能忘记》（作词：林敏骢，编曲：罗迪，原曲：村下孝藏《大安吉日》）一样都是改编歌。直到近年来有歌迷向椎名和夫本人求证，才确认了《寄不出的信》是他为 Danny 原创的作品，而且这首歌并没有推出过日文版。

相比椎名和夫的鼎鼎大名，另一位与 Danny 合作的日本音乐人却有一个很陌生的名字：Hayashi Mitsuo。由于当年的输入法不够先进，在八十年代的港产唱片内页中除了中文和英文以外，很难打印出其他语种的文字。玉置浩二、谷村新司这种全部由汉字组成的名字自然简单，若是遇到如中島みゆき（中島美雪）、竹内まりや（竹内玛利亚）这样包含有假名的名字，则通常用"罗马字"（英文字母）来书写作曲人的名字，比如 Miyuki Nakajima、Mariya Takeuchi。在 Danny 的唱片中还出现过在作曲人位置直接写日本原版歌名的情况，比如《蝉时雨》和《第三者》。《文质翩翩》中注释 Hayashi Mitsuo 的中文名为林美津雄，没有资料能够解答 Danny 是如何结识这位日本音乐人的，他也仅在《凝望》大碟中与 Danny 有过合作。林美津雄不仅为《我爱上课》《至爱 /Greatest Love of All》编曲，还特地为 Danny 创作了一首前卫的电子风格作品《超越时空》。前奏用合成器音色描绘出辽阔无垠的太空画面，进入主歌后紧密而又强劲的节奏营造出神秘宇宙的紧张感。Danny 完美地演唱了副歌一连串的高音，再一次展现了他扎实的唱功。在当年有限的技术条件下，《超越时空》的 MV 极有创意的展现出一段 Danny 乘坐太空飞船，深入黑洞旋涡拯救恋人的科幻故事。MV 中 Danny 一身黑衣、表情冷峻的造型令人印象深刻。《超越时空》推出的同期，香港电台也制作了一部同名广播剧，由 Danny 担任旁白，黄凯芹与黄蔼君分别饰演男女主人公。广播剧同样是科幻题材，故事设定在 2028 年。在当年的人们看来，2028 年是一个非常遥远的时间。但在笔者写作本书时，2028 年只不过是四年后而已，如果 Danny 依然在世，到那时他已经是七十岁的老人了。

当八十年代中后期，日本改编歌开始在香港歌坛"泛滥成灾"时，Danny 并没有追随这种风潮。一直以演唱自己的创作以及香港本地音乐人原创作品为主的 Danny，之所以改编外国音乐人的作品，并不是为了让它们作为自己的打榜歌曲，帮助自己在商业上取得成功，而是为了丰富唱片中的音乐类型，让歌迷们感受到更多的新鲜感。事实上，在 Danny 的大碟中，改编歌，尤其是日文改编歌出现的频率，是远低于同期香港其他一线歌手的。在 Danny 推出的十九张全新大碟之中，除了《深爱着你》改编了三首，《梦里人》大碟改编过两首日本歌，有八张大碟完全没有收录过日本改编歌，另外九张都只收录了一首。同时，Danny 在选曲上也有着自己独到的品位，他并不追求原曲本身是否属于大热歌曲，《我和你》《一语道破》①《过去……永远都如此》②的原曲及原唱者均不知名。而《情人》③的原唱者 Bread & Butter 组合（由岩泽幸矢和岩泽二宫两兄弟组成）虽然小有名气，但原曲 "Old Friends" 仅是收录于他

---

① 收录于 1988 年《冬暖》大碟，原曲：山腰直彦的《サンタ一度》。

② 收录于 1989 年《一生何求》大碟，原曲：结城惠美 "You"，TV 版动画《美味しんぼ》（《美味大挑战》）主题歌。

③ 收录于 1987 年《痴心眼内藏》大碟。

们 1984 年推出的专辑 *Second Serenade* 中的非主打歌。"Old Friends" 的主歌有着日本小调式的阴郁风格，副歌旋律的色彩却又豁然开朗，能听出 City Pop 音乐的元素。奥金宝基本沿用了日文原版的编曲架构，舍弃了原版中以木吉他为代表的民谣元素，代之以合成器音色营造出的浪漫、朦胧的氛围。向雪怀写出了一首相当大胆的歌词，使得《情人》的意境在 Danny 的作品中显得极为与众不同。

在 Danny 所有的日文改编作品中，最令人惊喜的是《求求你》①。在此之前，Danny 尝试过很多种曲风，但摇滚却是在 Danny 的作品罕有出现过的元素——《一个下午》（1981）、《偶像》（1986）算是仅有的两首，人们也很难把 Danny 的名字和"摇滚"二字联系在一起。但 Danny 用《求求你》让人们再一次确信，没有什么音乐类型是他不能去尝试的，于是之后又有了《孤清清》（1988）和《幻象》（1988）。Danny 将《求求你》这首摇滚糅杂舞曲风格的作品演绎得极为精彩，听后令人热血沸腾，想要随着力量感

---

① 收录于 1987 年《梦里人》大碟，作词：陈嘉国。原曲：崎谷健次郎的出道单曲《思いがけない SITUATION –》。

十足的音乐和 Danny 一起一遍又一遍地高唱：

> 你莫愚弄我
>
> 求求你
>
> listen to my situation
>
> 你柔情蜜意
>
> 已变质
>
> 似一根倒刺

在实体唱片时代，曲目的排序体现出歌手和唱片公司对于歌曲的期待程度。《梦里人》大碟共收录了十首歌[①]，七首为香港本地原创作品，三首填词歌全部排在黑胶和卡带版最后的位置。这样的曲目排序体现出 Danny 对于香港本地音乐人的尊重，他并不倚仗填词歌成熟的作曲、编曲所能够带来的商业成绩，这在那个填词歌称霸排行榜的年代是十分难能可贵的。尤其是《求求你》排在（黑胶、卡带

---

① 《梦里人》的黑胶版、卡带版为十首；CD 版则为十一首，最后一首为纯音乐版的《我的故事》。

版)《梦里人》大碟的最后一首位置，容易被人们忽略，在推出当年并没有获得很多人的认可。令人颇为惊喜的是，《求求你》如今在网易云音乐平台上的评论数非常多，居然能够排到《梦里人》大碟的第二名，数量远高于其他几首当年大受欢迎的曲目。如果 Danny 知道《求求你》在问世三十多年后能够获得新一代年轻歌迷如此的喜爱，他一定会感到非常欣慰的吧！

　　Danny 改编的最后一首日本作曲家的作品，也是最特别的一首，是《回望》(1991)。原版并不是一首演唱作品，而是中村由利子的钢琴演奏曲《パストラル》①。将纯音乐作品改编成歌并不容易，动听的演奏曲也并不一定适合用人声去演唱。Danny 之前从未尝试过这种改编，但《回望》呈现出的效果是令人惊叹的！《パストラル》时长近 6 分钟，将 A-B-A 式的旋律重复了两遍，随着弦乐的缓缓加入，将宁静的情绪逐渐推高至顶点。但对于当年的香港乐坛来说，一首流行歌显然不适宜这样的长度，所以

① 中村由利子，钢琴家、演员，《パストラル》("Pastoral"，意为"牧歌")收录于中村由利子 1988 年的演奏专辑《时の花束》。

《回望》只采用了其中一段 A–B–A 式的旋律。徐日勤的钢琴完美还原了与 Danny 同岁的中村由利子的演奏，从歌曲伊始便大量使用弦乐铺底，营造出深沉而又哀伤的氛围。Danny 的演绎深情而又缠绵，饱满的情绪令听者动容。在制作《只因爱你》大碟时，Danny 已经萌生了告别乐坛之意。《回望》的歌词虽然表现的是回忆一段逝去恋情时的伤怀，但或许在录唱的时候，Danny 也在心中默默地回望着自己十几年来的音乐生涯……

第十章 不再问究竟

2019 年 1 月 11 日，香港环球唱片以复黑王（BTB）CD 的形式，推出了有史以来最全的陈百强全集套装 BOX，共有 25 张 CD 之多。这也是环球唱片继《文质翩翩》《环球高歌陈百强》之后，献给 Danny 的歌迷们的又一份大礼。相比之前二十多年间，华纳和 EMI（包括 DMI）分别以各种形式多次发行过的 Danny 全集[①]，能够集齐版权分属于 EMI + 华纳 + DMI 三家唱片公司全部的 Danny 录音室专辑的全集套装，这是第一次，恐怕也将会是唯一的一次。如此有纪念意义的套装 BOX，一定要取一个既响亮又能够配得上 Danny 在香港乐坛至高无上地位的名字。最终，由林慕德（Mahmood Rumjahn）作曲并编曲、林振强（Richard Lam）填词的经典作品《创世记》脱颖而出，这个全集套装的名字就叫作《陈百强的创世记》。

林慕德自幼学习钢琴，音乐天分很高，当年少的他听说圈中出现了一位能自弹自唱还会写歌的人，自然要来见识一下 Danny 的实力，所以二人在还未入行时便已经相识

---

① 华纳有 1997 年的《珍藏纪念版》（图案碟）全集 11CD，2002 年—2004 年陆续发行的 DSD 系列 11CD；EMI 有 2002 年的《纪念全集》8CD；2012 年华纳与 EMI 联合推出的 18CD，缺少 DMI 的 6 张。

了。后来林慕德赴加拿大专业学习音乐，待到他 1981 年回港时，Danny 已经是成名歌手。林慕德的事业起点是创作广告歌，他曾为"公益金百万行 1981"活动写过一段简短的广告歌，Danny 听后觉得旋律很好，于是邀请林慕德将其扩展成一首完整的歌曲，这便是林慕德为 Danny 创作的第一首作品——《公益心》(1983)。编曲方面，林慕德并没有采用复杂的编配，全曲以吉他等弦乐及和声搭配出有如宗教音乐的圣洁氛围。Danny 轻柔的演唱将郑国江填写的劝人从善的歌词清晰地传入听众的耳中。在当年的香港社会，公益还算是一个比较新的概念，《公益心》也被香港政府用作公益慈善活动的宣传曲，四十年来依然在香港众多公益慈善类节目中一次又一次地被播放，并被一代又一代港人演唱，传颂至今。

《公益心》虽然动听，但真正让 Danny 决定与这位旧相识进行更多合作的，是同在 1983 年，林慕德为罗文作曲并编曲的《激光中》。这首歌曲与 MV 均十分前卫的作品，在推出后大受欢迎，四十年来有着数不清的翻唱、改编版本。《激光中》入选了首届(1983 年度)十大劲歌金曲，不仅成为罗文的代表作之一，也让林慕德一下子成为风靡一时的新晋音乐人。林慕德在当年一众香港音乐人中，最突出的特点是擅长创作快歌，最有名的莫过于陈秀雯的《甜蜜如软糖》（1983）和王雅文的《夜之节拍》（1985），这些作品在作曲、编曲上都有着浓重的欧美创作的味道，不了解背景的人不太会想到这是本地原创，而会以为是填词歌。林慕德也是香港乐坛最早以擅长使用合成器创作电子音乐而闻名的音乐人，几年后，刘以达、黄耀光、梁翘柏等人才随着各自的组合陆续跻身主流乐坛。值得一提的是，上述几首作品都是由林慕德与林振强共同创作的，他们已然成为人们眼中的一对黄金词曲搭档，林振强大胆、新潮的歌词与林慕德时尚的音乐实乃天作之合，即将引领着香港乐坛迈向一个全新的高度，而且完全可以由香港本地音乐人的原创作品来达到这一目标。然而，正如本书前文所述的真实历史，那股于 1984 年在香港乐坛刮起的东瀛飓风，彻底改变了香港流行音乐的历史走向。

1983 年，美国黑人女歌手夏卡·康（Chaka Khan）演唱的"Ain't Nobody"（以 Rufus & Chaka Khan 的名义发表）成为 R&B 界的大热作品。转年上映的著名电影《霹雳舞》（Breakin'）中也出现了这首歌。Danny 听过"Ain't Nobody"后，想到林慕德《激光中》出色的表现，尤其是他在当年的香港音乐人中有极为出挑的节奏感，于是要求林慕德为自己也创作一首类似风格的歌曲。林慕德完美地完成了 Danny 交给他的任务，与林振强一起创作出了 Danny 的经典 R&B 作品《创世记》。

　　林振强平时写词，总要花很多时间才能决定写些什么。但这次收到的音乐令他隐隐约约有"雷电交加、天地初开、无边无际"的感觉，于是只听了一两遍，便决定写"创世"这个题材。不过因为他不知道世界是怎样创造出来的，手边又没有《圣经》，再去买也麻烦，索性自己构思了一个《创世记》出来，以区别于《圣经》中的《创世纪》。然而起初的过程并不顺利，直到抽了很多支烟后，林振强才终于写出了第一句"他手握光与电"，之后便渐入佳境，顺利完工睡觉。转天早上醒来，他发现词里全是描述，没有歌者参与，较为平淡。于是，又修改了 B 段，加入了如"渺小似风里沙""我奔进星际下，抬头望他"等表达主观感受和参与的词句。完成《创世记》后，林振强的烟已所剩无几[1]，一如笔者写完本段后，发现咖啡罐已然见底。

---

[1]　引自林振强自述《创世记》创作过程，1984 年 11 月《词汇》，非卖品刊物。

收录在《百强'84》大碟中的《创世记》只有三分半钟，但带来的冲击感极为强烈，令人眼花缭乱的合成器音色以及电子鼓音独特的力量感，是当年香港乐坛前所未见的，对于 Danny 来说，这也是一次在音乐风格上的突破与实验。Danny 坦言，在《百强'84》大碟中他最喜爱的正是《创世记》，重节拍、有劲度的录音效果，百分之百配合他在《百强'84》大碟中所要表现的充满活力的概念，而这种概念的灵感则是来自迈克尔·杰克逊的音乐以及 1984 年洛杉矶奥运会。四年之后，Danny 将这种概念带到了奥运会的举办地。他于 1988 年 7 月在"长崎亚洲音乐节"与韩国歌手赵容弼合作后，应赵容弼的邀请，在两个月后的汉城奥运会开幕前夕举办的"奥运汉江音乐会"中，现场独唱了《创世记》的英文版 "Your Loving Eyes"，据说英文歌词是 Danny 与林慕德一起创作的。遗憾的是，Danny 拿的话筒有故障，歌声时有时无，因此没有达到最好的现场效果。由于 "Your Loving Eyes" 没有灌录过唱片，而且 Danny 之后再未唱过这首歌，汉城的现场演出就成了 "Your Loving Eyes" 唯一的版本。在这场向全球直播的演出中，Danny 还与赵容弼、胡寅寅（中国内地）以及西城秀树（日

本）一起合唱了英文歌《汉城啊 汉城》以及韩语歌曲《朋友呀》（《친구여》，谭咏麟1984年《爱在深秋》的原曲）。在此之前，Danny也改编过一首韩国歌——《当我想起你》大碟中的《梦境》（1986）。由于《当我想起你》大碟的内页没有作曲人的信息，所以很长时间里歌迷们都不知道这首歌的原曲为何，甚至还有歌迷误以为是Danny的曲作。直到网络时代，才有歌迷查到《梦境》的原曲是1975年韩国歌手李惠恩的成名曲《你不会知道》（《당신은 모르실거야》），这也是Danny改编过的唯一一首韩语歌曲。

Danny非常喜欢《创世记》，"'85演唱会"和1986年在新加坡举办的演唱会都以《创世记》作为开场曲，在1986年于香港举办的"前进演唱会"上，Danny更是将《创世记》与"Ain't Nobody"连在一起演唱。但若说到《创世记》最精彩的一次现场表演，莫过于1984年9月1日的TVB"巨星霹雳群英会"。Danny身穿白色的武士服装，戴着墨镜，乘坐一辆装有数个照射灯的汽车出场，巨星气势震撼全场。之后，Danny摘下墨镜，脱下外套，身穿黑色亮片背心，手拿一支粗管照射灯边舞边唱。间奏处，他带领一众伴舞随节奏舞动。Danny虽不是专业舞蹈演员，但他的动作自有独到的力量与美感，流着汗水的健壮肌肉，散发着健康的青春活力，与《百强'84》大碟封面上的照片是同一概念的体现。道具和伴舞全部撤下后，Danny 独自掌控整个舞台，他将偶像迈克尔·杰克逊的标志性动作融入自创的舞步，灵活地扭动胯部，手插口袋提起一侧裤腿，轻松做出 moonwalk，让创作灵感发源于黑人音乐的《创世记》得到了最完美的表现。这段长达 6 分钟的表演也成为香港流行音乐史上的经典瞬间。值得一提的是，现场播放的背景音乐并不是原版《创世记》，而是专门制作的一个 remix 版本。这也是 Danny 的第一首 remix 作品。

八十年代中后期，香港各大唱片公司纷纷为旗下歌手推出 remix 作品。简单来说，remix 作品就是对现有录音素材的重新排列组合；大多用于在 disco 中播放，所以会比原版长许多；突出乐器演奏部分的乐段，通常情况下，其制作过程也不需要歌手参与，属于唱片公司扩大现有作品的商业价值的一种做法。负责制作《创世记》remix 版的黄柏高介绍说，《创世记》remix 版是香港第一首以 breakdance 手法制作的作品。他希望这首歌能"带出现今最新潮流"，并打算"将此曲交与各大小 disco 舞厅播放，希望收到舞林中人的评价，亦有一最大原因是推广陈百强在此碟（《百强'84》）中改变的风格，这是一次试验"。《创世记》remix 版被制作成了 12 寸黑胶碟交给 disco 舞厅，是香港的 disco 舞厅最早接受播放的中文舞曲之一，也是香港流行音乐中第一次出现搓盘音效（Scratch Sound Effect）。收录《创世记》remix 版的黑胶碟的封套正反两面都是与《百强'84》相同的照片，右下角分别用黑色字印着《创世记》和《粉红色的一生》。这张黑胶碟并没有公开发行，所以很多歌迷都是在半年后推出的《'85 精选》中第一次听到《创世记》remix 版——名为《创世记》（Long Version）。负责《创世记》remix 版剪辑工作的是著名的混音师 David Ling Jr.，之后的《偶像》remix 版同样由他操刀完成。

1986 年 7 月，华纳发行《偶像 REMIX》EP，此时 Danny 已经与华纳约满，一如上文所述，推出这张碟完全是因为唱片公司意图利用 Danny 留下的作品开发新的商业价值。华纳在之后半年内连续推出《精选'86》和《偶像劲歌精选 15》，除了上述考量，还有阻击 Danny 在新公司推出的新专辑销量的意图，这也是香港唱片公司在遇到歌手换公司时常用的商业策略。不过《偶像 REMIX》EP

对于歌迷来说却有着特殊的意义，这不仅是 Danny 第一张公开发售的 remix 歌曲碟，封面还选用了他在"'85 演唱会"上头戴水晶面具的前卫造型照片。此外，这张 12寸 EP 还选用了透明胶碟片，当年，彩色碟片刚刚兴起，非常罕见；在此之前，Danny 也只有《当我想起你》大碟曾推出过透明胶。《偶像 REMIX》EP 收录了四首歌，除了《偶像》remix 版，还有在《'85 精选》中已经收录过的合唱版 "Tell Me What Can I Do" 和 "Warm"，另一首则是《偶像 REMIX》EP "独占"的一个《当我想起你》的版本。在当年曾流行为歌曲加入独白，《偶像 REMIX》EP 中收录的就是一个特别版本，由 DJ 黄霭君在《当我想起你》的第一段及第二段的主歌前和最后一段副歌时分别念出深情独白。同年，华纳还推出了一张合辑 EP——《超白金 REMIX》，收录了四首 remix 版歌曲，分别是林姗姗的《连锁反应》、陈百强的《偶像》、叶蒨文的 "CHA CHA CHA"、林子祥的《史泰龙 LAMBO》，Danny 的《偶像》remix 版则是四首歌中唯一的本地原创作品。①

---

① 关于《偶像》，详见本书第十一章《如果没有你》。

Danny 的第二张公开发售的 remix 唱片是在《神仙也移民》大碟推出不久，1988 年初由 DMI 发行的一张没有封套的限量版图案胶。图案胶，亦称画胶，也是彩色黑胶碟的一种，独特之处在于将歌手的照片印在碟面上，因此极具观赏性。图案胶的生产工艺相对复杂，几乎都是限量推出，对于歌迷来说也有着极高的收藏价值。Danny 的这张碟，图案面为 Danny 与一众人等骑摩托车的黑白照片；黑胶面内圈纸上是 Danny 戴着墨镜，身穿与《神仙也移民》大碟封底同款绿色风衣的彩色照片，标题只写着"REMIX"的字样；共收录两首曲目，分别是 A 面（图案面）的《神仙也移民》remix 版，以及 B 面（黑胶面）的《超越分界线》remix 版。

Danny 一直很喜欢 disco 舞曲，在泰国旅游时听到英国三人女子组合 Bananarama 的超级金曲 "Love In The First Degree"（1987）后就决定改编这首歌。填词人卢永强结合当年香港兴起的移民潮写出了一首幽默俏皮的鬼马歌词，将时尚的现代元素与中国的古代神话巧妙融合在一起，颇符合香港这个城市既现代又传统的特点。在八十年代末的香港乐坛，表现移民潮现象的作品不在少数，《神仙也移民》毫无疑问是其中翘楚。收录这首歌的大碟 [①] 推出时恰逢 1988 年的农历新年，《神仙也移民》作为第一主打歌派台打榜，与春节的喜庆气氛相得益彰，推出后大受欢迎，在歌迷心中甚至成了这张大碟的标题歌。以当年的技术水平来说，《神仙也移民》MV 的视觉效果足够吸引眼球，Danny 也曾在多个现场表演时选唱这首歌。

前文多次提到 Danny 对迈克尔·杰克逊的喜爱，他尤其喜爱后者作品中的节奏感，很希望自己也能有一首杰克逊的制作人昆西·琼斯创作的那种黑人风格、节奏强劲的舞曲作品。在 Danny 十几年的音乐生涯中，有几次新老音乐人的传承与交接，在笔者看来，接替林慕德在 Danny 的音乐作品中地位的就是杜自持，而他创作的《超越分界线》正是 Danny 想要的昆西·琼斯式的音乐风格。《神仙也移民》与《超越分界线》都是极为适合改编成 remix 版的作品，因此 DMI 不仅制作了两首歌的 remix 版，以白版唱片的形式交给 disco 舞厅播放，还以图案胶 *REMIX* 的形式公开发行。由于 *REMIX* 是限量发行，数量很少，而且在

---

① 本碟封面只写了"陈百强"三个字，为 Danny 的第二张同名大碟。

之后近二十年时间内,《神仙也移民》remix 版和《超越分界线》remix 版一直没有被 CD 化，这两首 remix 版作品也被老歌迷们视为 Danny 最稀缺的作品。随着环球唱片接手 Danny 在 DMI 时期作品的版权，以及数字音乐的全面普及，如今歌迷想听到这两首 remix 版倒是非常容易了。

REMIX 是 Danny 的第二张图案胶，此前一年，DMI 曾在《痴心眼内藏》大碟发行不久，又推出了特别版唱片即彩色图案胶的《痴心眼内藏》，图案面使用的是黑胶版附赠的海报照片，其中 500 张有 Danny 签名的图案胶的销售收入全部捐给了"联合国儿童基金会"。*REMIX* 和特别版《痴心眼内藏》也是 Danny 生前发行过的仅有的两张图案胶。自 2016 年开始，环球唱片历经七年，先后将 Danny 在 EMI 与 DMI 时期的八张大碟以图案胶的形式推出。[①] 2023 年，环球又以七寸图案胶的形式发行了 EP《留住夕阳 / 眼泪为你流》。这些图案胶也都成为 Danny 的歌迷以及唱片收藏爱好者们的珍藏之物。

如上文所述，remix 版本大多用于在 disco 舞厅中播

------

① 《痴心眼内藏》图案胶为两款,《神仙也移民》图案胶为三款。

放，因此有些作品最终并不会公开出版，有些则不会单独以歌手的名义发行，而是在杂锦碟（合辑）中推出。《冰封的心》是 Danny 所有作品中 remix 版本最多的一首歌。普通版是《痴心眼内藏》大碟的开篇曲目，另外还有一首模仿原曲 "Cold As Ice" [①] 制作的《冰封的心（Extended Version）》放在大碟的末尾。这也是自《百强 '84》大碟中的《闪电》之后，Danny 再一次采用首尾呼应的方式安排曲目。菲律宾裔音乐人顾雅历（Alexander Delacruz）给出的《冰封的心》的编曲不逊色于原曲，在合成器音色的选用上甚至比原曲更加时尚、华丽。Danny 认为《冰封的心（Extended Version）》的效果更强劲，也更适合在 disco 舞厅播放，但他还是更喜欢普通版的《冰封的心》。在 1987年 EMI 唱片推出的杂锦碟 *EMI Ice & Fire Mix* 中收录了《冰封的心》的另外一个混音版本，长度 6 分 44 秒，被人们

---

① "Cold As Ice" 由 Björn Frankel、Björn Werner 和 Mario Martens 作曲，首唱是 Björn Frankel 于 1985 年发表的版本，Björn Werner 和 Mario Martens 组成的 Transmission 组合于 1986 年将 "Cold As Ice" 唱红。Transmission 发表的 "Cold As Ice" 共有三个版本，single version、single extended version 以及 album version。其中 single version 与普通版《冰封的心》的编曲最为接近。

称为《冰封的心（Ice & Fire Mix）》。《冰封的心（Ice & Fire Mix）》与《冰封的心（Extended Version）》的开篇与结尾几乎完全一致，时长也只差了6秒，区别在于从3分4秒开始的处理。另一首发表于合辑中的，是前文提到过的《夜的心 Remix》①，杂锦碟《开心跳不停》发行时 Danny 已进入昏迷状态许久，因此《夜的心 Remix》也完全是唱片公司的商业行为。

上述几首 remix 作品在 Danny 生前都公开发行过唱片，对于实体唱片时代的歌迷来说，只要肯下功夫是能够收齐的。但有两首 remix 作品，在很长时间内从未公开发行过，属于 Danny 最稀缺的珍品，其中之一就是《地下裁判团》的 remix 版。《地下裁判团》的原曲是英国组合宠物店男孩（Pet Shop Boys）于1987年发表的单曲 "It's A Sin"，"It's A Sin" 推出后拿下了英国单曲榜三周的冠军，是一首标准的电子舞曲风格作品，这也是让宠物店男孩闻名世界的标志性曲风。林振强在 Danny 的 DMI 时期只填过《地下裁判团》这一首歌词，他围绕原曲 "It's A Sin" 的核心词语，为

---

① 详见本书第七章《在这孤独晚上》。

Danny 写出了具有社会批判性的歌词：

> 其实我不过踏我路
>
> 行为共标准有一套
>
> 世界却说这种态度
>
> It's a sin!
>
>
> 别乱动旧日概念
>
> 别做梦乱做实验
>
> 别大嚷旧了要变
>
> 别叛逆自定路线
>
> It's a sin!
>
>
> 也试过多次
>
> 尽量静默接受
>
> 无奈渐没意义
>
> 渐渐另觅宇宙
>
> ……

在《地下裁判团》问世的时代，歌词所要批判的是因循守旧的保守派对新潮、小众人士的打压，而在网络暴力肆虐的当今，再听这首歌，令人有更多的唏嘘之感。林振强通过《地下裁判团》让世人了解到，Danny 不只是人们固有印象里的那个情歌王子，他的作品同样有着深刻的思想性。而歌词中的字句又何尝不是 Danny 在《百强'84》大碟与"'85 演唱会"中尝试前卫的音乐风格与表演形式但不被大众所理解之后的感悟呢？《地下裁判团》的新潮曲风以及歌词题材是 Danny 的又一次实验与突破，在听觉上带给歌迷们极大的震撼。对比"It's A Sin"和《地下裁判团》的 MV，也可以看到，在相近的主题之下，因为不同的文化背景，两支 MV 呈现出了截然不同的形态。Danny 在 1987 年"白金巨星耀保良"现场演唱《地下裁判团》时的表演也极为精彩。《地下裁判团》remix 版在 Danny 生前只收录在给 DJ 的白版唱片中，直到 2006 年马来西亚推出杂志《陈百强 我的故事》，附赠的 CD 中才再一次收录了这首作品，又在 2015 年被收录于《文质翩翩》中。

上述这些 remix 作品，都已经由唱片公司正式发行过 CD 版或者以数字音乐形式推出，唯一的例外就是前文提到过的，收录于《创世记》remix 版黑胶唱片 B 面的《粉红色的一生》remix 版了。《粉红色的一生》的原曲是法语歌《玫瑰人生》（"La Vie en Rose"，字面意思为"粉红色的人生"），法国著名香颂女歌手伊迪丝·琵雅芙（Édith Piaf）于 1946 年首唱。1977 年，经过牙买加女歌手葛蕾丝·琼斯（Grace Jones）大幅改编后，《玫瑰人生》成为一首以吉特巴为基础节奏、带有一些爵士味道的时尚舞曲。Danny 在 disco 舞厅中听到的正是琼斯版的《玫瑰人生》，之后便要求林慕德为自己也改编一版。Danny 构想并设计了《百强'84》大碟的整体概念及风格，之后由林慕德以及鲍比达将 Danny 脑海中的意象以音乐的形式表现出来。《粉红色的一生》并不是郑国江原本起的歌名，而是 Danny 改的。葛蕾丝·琼斯的版本节奏较慢，呈现出悠闲的状态，超过七分半的长度是香港市场不可能接受的。Danny 的版本精选了其中的演唱段落，节奏轻快、鼓点强劲，尤其是间奏处晶莹剔透的音色令人印象极为深刻。Danny 的演唱展现出年轻人的意气风发和活力四射。在近一分钟的尾奏处，Danny 用法语反复唱出 "La vie en rose, la vie en rose"，"C'est la vie" 一句的长音堪称神来之笔，结尾处配合加大的回响效果的假声吟唱，产生出梦幻般的情境。

　　这并不是 Danny 第一次演唱法文歌，早在 "'83 演唱会" 上，Danny 就已经原文翻唱过另一首动听的法文歌 "L'ecrivain"。不过 "L'ecrivain" 并不是由法国人创作的，而是由精通法语的日本创作女歌手五轮真弓作词、作曲并演唱的，Danny 在演唱之后也特别说明了这一点。这首优雅的华尔兹风格的 "L'ecrivain" 先是于 1976 年发表了日文版 "Jungle Jim"（ジャングルジム），在 1977 年才发表了法文版。Danny 在演唱前提到，之所以会唱法文歌，是为了纪念他在 1982 年的两次巴黎之旅。Danny 在 1982 年伊馆演唱会中的表演，令现场一位观众大为欣赏，这位 Mr. Miguel 是法国娱乐界人士，他邀请 Danny 去巴黎接受媒体的采访，这次巴黎之旅中，Danny 见到了法国著名服装设计师皮尔·卡丹。作为最早来到中国的服装设计师，皮尔·卡丹此前刚刚去过北京和香港，他与 Danny 聊起了他的中国之旅。皮尔·卡丹很喜欢 Danny 的音乐，盛情邀请 Danny10 月来巴黎的卡丹艺术中心演出——这也是 Danny 在 1982 年的第二次巴黎之旅，Danny 也成为第一位在卡丹艺术中心表演的中国人。

《粉红色的一生》的 MV 根据 Danny 的建议整个拍摄过程都用上了粉红色的色调，他还自备了超过八套深浅不一的粉红色衣饰来配合拍摄（最终的成片中只有 Danny 穿一身黑衣的画面），极为一丝不苟。在拍摄时，颜色烟机弄花了 Danny 的上衣，他没有责怪工作人员，而是立刻派人去名牌店买一件同款的衣服回来继续拍摄，专业而追求完美的性格表露无遗。Danny 在 MV 中跳起了与《创世记》现场表演时相同的舞步，黑色的眼影配合一身黑衣显得十分迷人。《粉红色的一生》remix 版只是对前奏以复制粘贴的形式做了加长，没有什么创意，或许这也是唱片公司一直认为没有必要单独出版 remix 版的原因。除了作为《创世记》remix 碟的 B 面曲目出现，《粉红色的一生》remix 版只在 2008 年马来西亚出版的杂志《陈百强 我的故事 II》附赠的 CD 中有所收录。

除了法文歌，Danny 还改编过西班牙文歌曲。在 1990 年 1 月发行的《等待您》大碟中，Danny 一口气改编了三首由胡安・卡洛斯・卡尔德隆（Juan Carlos Calderon）作曲、路易斯・马吉尔（Luis Miguel）演唱的作品，而且这三首歌都出自墨西哥歌手路易斯・马吉尔于 1988 年推出的经典专

辑 *Busca Una Mujer*。改编相对小众的西班牙语歌曲，再一次体现了 Danny 在音乐创作上不跟风的态度、独到的音乐品味以及不断尝试的勇气。这三首作品中那古典、优雅的气质并没有在当年的香港乐坛引起足够的关注，但却影响到了同在香港华纳唱片旗下的叶蒨文。她同年推出的《珍重》大碟中收录的《他》，亦是改编自 *Busca Una Mujer* 专辑中的 "La Incondicional"。Danny 的三首粤语版在编曲上的改动都不大，原汁原味地保留了西班牙语原版的味道。这三首作品风格各异，分别排在《等待您》大碟的第一、三、八首的位置，构成了大碟整体的音乐框架。正值填词生涯巅峰期的潘伟源负责其中两首情绪基调完全不同的作品，他创作《试问谁没错》（原曲 "Culpable O No（Mi é nteme Como Siempre）"）时的动机显然是想复制《一生何求》的成功模式，再创作出一首阐述人生哲理的经典歌曲，并以叠字的方式来表现人生的跌宕起伏与扑朔迷离。《试问谁没错》是《等待您》大碟的第一首歌，也是第一主打歌，推出后成为中文歌曲龙虎榜 1990 年第 8 周的冠军歌并入选 1990 年劲歌金曲第一季季选。相比略显沉重的《试问谁没错》，"I do，I do"（原曲 "Esa Niña"）的轻松喜悦令人眼前一亮。跳跃的律动感配合潘伟源填写的歌词中那种积极的、代表着年轻人的心态令人为之雀跃。遗憾的是，在现实中，直到生命尽头，Danny 也没有找到一位称心的佳人对她说出这句代表着托付终身的"I do，I do"。1990 年作为一个时代的分界线，不仅宣告了风云变幻的二十世纪即将进入最后一个十年，也拉开了香港乐坛"改朝换代"的序幕。此前的两三年间，多位实力派新人迅速蹿红，老一代歌手集体淡出，甚至与 Danny 同时代的歌手亦有人选择急流勇退。Danny "张眼四望"，乐坛比他资历更老的歌手已经屈指可数，这些变化让他对自己的未来也产生了新的思考。此前，Danny 已在《感情写真音乐特辑》中透露过几年后会退出乐坛的想法，但他只要一天还在出新唱片，就会不断地努力前进、争取突破。在这样的背景下，卢永强填词的《从新欣赏我》（原曲"El Primero"）就成为一首可以被看作表明 Danny 心志的作品。借这首歌，Danny 希望歌迷们重新去认识他那几年的蜕变与进步。"人不错，又不怎么过火"，这是不是时年三十一岁的 Danny 希望留给歌迷们的新印象呢？

林慕德参与制作的 Danny 的大碟只有四张，又尤以

《百强'84》中合作的作品最多，除了《创世记》，他还为Danny创作了Funky风格的舞曲《疯狂庆祝会》，Danny跳跃的演唱完美表现了歌曲中轻松欢乐的意境。进入1985年，林慕德还创作了另一首精彩的快歌——Danny与林姗姗合唱的《再见Puppy Love》。在《深爱着你》大碟中，林慕德与林振强一起为Danny写了两首歌，而且都是慢歌，一首是旋律线条硬朗的《永不改变》；另一首歌虽然没有作为主打歌派台打榜，却成为了歌迷心目中的神作，这就是——**香港流行音乐史盲过滤器、林慕德天才作曲家的鉴定证书、林振强大师填词功力的封神之作、陈百强非典型情歌的永恒经典——《不再问究竟》**（咚！）。

　　与Danny和许多以钢琴为主力乐器的音乐人一样，林慕德的很多灵感也是随意在钢琴上弹奏时迸发出来的。一天，他在EMI录音室的Steinway钢琴上弹出了一段很优美的旋律，于是他让拍档朱伟文（Raymond Chu）帮忙录了下来，并推荐给了Danny。这样动听的旋律，又是由Danny来演唱，自然要填一首情歌出来。不过在此之前，Danny已经有了那么多受欢迎的情歌，如何能写出一首与众不同的作品呢？大多数的情歌都是以歌者的角度去抒发情绪，林振强则创意性地写出了一段既有故事又有对话的歌词。青年因为失恋，在街边看夜空怀念恋人。一个小男孩和他搭话，先问他为何眼红，又问他难道想去摘星。青年为了让小男孩"不再问究竟"，只好陪他玩跳绳。林振强写的歌词虽然是白话文，却有如古文般简洁、明了："夜街"两个字交代出时间、地点，也勾勒出故事发生的情景；"怀念她"说明了故事的起因。歌中没有华丽的词藻，但每一个平实的词语看似不经意，实则都是经过了深思熟虑："顽童还**大胆**开声"，成年人的法则中，遇到陌生人伤神的状态，最正确的处理是不去理睬他，让他自己平复情绪，尤其不会去当面指出，让对方难堪，但单纯的孩子并不会顾忌这么多，这也才引出了整个故事；"哭了十声""苦笑十声"令人印象尤其深刻，不仅层层递进衔接了上下文，还为歌词增添了一丝古韵；《不再问究竟》或许是粤语流行歌中唯一一次出现"跳绳"这个词，体现出林振强天马行空的想象力，顽童跳绳的画面感使得整个故事生动了许多；"摘星"更是呼应了前一年林振强为 Danny 创作的经典作品；同样在歌词中不常见的"玩耍"二字放在句尾却丝毫没有影响韵脚效果，还令整首词有很突出的记忆点，产生了非常好的听觉效果。此外，必须要指出的是，整首歌词一如《冷风中》一般对仗、工整，令人叹服！

第一段 第二段

茫茫然在数星星， 茫茫然续数星星，
天际多么平静， 心里多么难静，
独站夜街中，独怀念她， 独站夜街中，独怀念她，
不知一街童正踏着我影， 身边的街童发闷在跳绳，

顽童还大胆开声， 顽童还大胆开声，
他说："哥哥眼睛 他说："哥哥眼睛
怎么怎么又红又肿， 怎么怎么在呆望星，
如像刚刚哭了十声？" 难道哥哥想去摘星？"

AHA…只好苦笑十声， AHA…只好苦笑十声，
并轻抹眼角 淡淡的眼泪影， 并轻抹眼角 淡淡的眼泪影，
AHA…只好解释有泪水， AHA…只好跟他玩耍，
乃因风砂吹了入眼睛。 祈望他不再问究竟
Ah Ah… Ah Ah…

林慕德结合歌词，弹奏出了有如星光闪烁般的经典前奏。正如歌词中的故事只是人生中一个很短的瞬间，歌曲也没有制作成大篇幅的类型。《不再问究竟》只有 3 分 17 秒，虽然短小但绝不平淡，发表后在歌迷群体和业内人士中都引发了极大的反响与共鸣，听过的人无不对其给出极高的评价，发表近四十年来亦有着数不清的翻唱版。梁汉文于 2011 年推出的纪念出道二十周年的专辑中更是收录了一首《一再问究竟》①向自己的偶像 Danny 致敬。填词人小克在既定的"致敬八十年代音乐人"的创作方向中，发现 demo 的前奏有些像《不再问究竟》，于是想到了去写二十多年后歌中的孩童长大后的故事。"风沙吹入了眼睛""望向晚星""路人踏我影""十声苦笑""陪伴我在跳这花绳"这些词句，无不在提示世人，《一再问究竟》是《不再问究竟》的续篇。当孩童长大后遇到相同的经历，他回忆起了多年前在街角遇到的那个男人，最终体会到了那个男人当时的心境，也明白了"用沉默当作治疗"的道理。

① 《一再问究竟》，作词：小克，作曲、编曲：林建华，收录于 2011 年《#20》专辑，梁汉文凭借《一再问究竟》获得 2011 年华语金曲奖"优秀演绎男歌手"以及"优秀粤语歌曲"。

《一再问究竟》获得了2011年度的十大劲歌金曲。

或许是自觉，或许是受到乐坛潮流的影响，从1986年开始，林慕德改变了创作方向，发表的作品以慢歌为主，例如他创作的第二首Danny与林姗姗合唱的《曾在你怀抱》，以及他为Danny创作的最后一首歌《你令我心醉》（作词：向雪怀）。《你令我心醉》前奏的钢琴一响起，就让人确信这一定是一首好歌，Danny歌声中的情绪仿若一层又一层向上翻涌的浪涛，给人以极为强烈的情感冲击。之后，林慕德又陆续发表了陈慧娴的《去吧》（1987），李克勤的《大会堂演奏厅》（1988）、《深深深》（1989），郑秀文的《舍不得你》（1995）等经典慢歌，并且凭借1994年为黎明创作的《那有一天不想你》（1994）获得了最佳作曲奖；而他在1987年为阳光柠檬茶创作的广告歌《如果……阳光》更是那一代港人美好的共同回忆。

虽然没有继续在音乐上合作，但这并不影响Danny与林慕德的友情。林幕德结婚时，Danny自荐当他的伴郎及司仪，并献唱了"Greatest Love of All"。近些年，林慕德也经常参加Danny的纪念活动，与歌迷们分享他与Danny的故事。他常提到曾自荐做Danny的经理人，但Danny婉拒了他，他也自认自己的管理能力未必能够胜任这一职务。他评价 Danny 唱歌时的温柔在男歌手中是没有人可以比拟的，堪称男人中的邓丽君。令笔者印象尤为深刻的是，林慕德在一次纪念 Danny 的活动现场深情地说，如果 Danny 还在，他们还可以一起聊天，一起喝酒，一起玩通宵；他现在不开心，因为 Danny 不在了；他现在也很开心，因为有这么多歌迷一直这么喜爱 Danny！

相比林慕德与 Danny 在音乐上的合作只有 1983—1986 年四年的时间，林振强为 Danny 填词的时间跨度要长很多。Danny 在第一次担任自己唱片监制的《倾诉》大碟中做了很多新的尝试，填词人方面最重要的变化就是请当时还是新人的林振强为自己填。林振强年少时也是香港第一代乐队潮的弄潮儿，他是雷鸟（Thunder Birds）乐队的主唱兼吉他手，乐队另一位成员是李小龙的弟弟李振辉。林振强的姐姐是著名作家林燕妮，李小龙的哥哥李忠琛曾短期成为过林振强的姐夫。林燕妮离婚后与黄霑互相爱慕，二人在 1976 年开办了"黄与林广告公司"，林振强正是在为广告歌写词的阶段被华纳宣传部高层何重立发掘，得以在 1981 年踏入流行乐坛。在《倾诉》大碟中，林振强共填了四首歌词，其中最著名的莫过于大碟的第二主打歌《疾风》(作曲、编曲：鲍比达)。曾有研究者总结过，林振强很喜欢使用"风"作为歌名，并以"风"来进行比喻，历年词作中可以自成一个"风"的系列，[①]《疾风》正是这个系列的发端(这个系列自然也包括 Danny 的《冷风中》)。林振强用"只知发力去冲"的野风来比喻不畏困难、一往无前的精神，唱歌的青年呼唤着"风啊 / 让我一起去冲"，将风作为"追寻理想的榜样和良伴"。林振强曾自述不愿写励志歌，但他写的励志歌着实精彩！ Danny 曾在多个现场演唱过《疾风》，1983 年"白金巨星音乐盛会"上的表演尤为出色，边唱边舞的他仿佛脚下生风，展现出青春洋溢的冲劲。鲍比达作曲、编曲的《疾风》中动感、时尚的桑巴舞曲风格深受当年香港舞蹈演员们的喜爱，是这些日后香港殿堂级排舞师口中的"舞者界的主题歌曲"。显然，从那个年代打拼过来的周星驰深知这一点，所以在他导演的电影《新喜剧之王》中用跳《疾风》的广场舞作为电

---

① 参见《香港词人系列——林振强》第三章《不羁的风》，月巴氏著，中华书局（香港）有限公司，2019 年 7 月初版。

影的开篇，女主角"如梦"的名字亦是来自"如内心有梦"的歌词。电影宣传活动也围绕"疾风"的概念展开：不仅将《疾风》改编成国语版（作词：翟剑，编曲：吴加恩），由七人组合"疾风女团"演唱，作为电影的宣传曲；电影发布会也以"疾风前行"为名。周星驰介绍说，在他那段跑龙套（临时演员）的生涯中，每天放工后最喜爱听的歌就是《疾风》，他用这首歌来激励自己不要放弃，坚持下去；现在他希望用这首歌传递《新喜剧之王》中的"疾风精神"——"努力奋斗，别放弃，相信自己，你就是自己人生的喜剧之王"——去鼓励更多的人。虽然《新喜剧之王》没有如周星驰以往的作品一样取得上佳的口碑及商业效果，但引发了很多人尤其是年轻一代重新去回顾《疾风》这首经典作品，甚至有不少评论认为选用《疾风》作为主题歌是《新喜剧之王》最大的亮点。

在《百强'84》大碟中，林振强依旧填了四首歌词。虽然 Danny 在这张大碟中主打的是充满活力的快歌，但最终商业成绩最好的还是一首慢歌，而且是一首为了禁毒宣传活动点题创作的主题歌《摘星》。面对这样一首主题非常严肃的命题作文，填词人林振强认为如果"平铺直叙地写，会闷死我，也闷死人"。他绞尽了脑汁，直到想出"一间没有窗的屋"，而"没有窗的屋，内里理应很黑，大有可能是间黑店，既有黑店，少不免有投宿者被谋财害命，而这些被害者，可能是漫漫路上的旅客"。最终他想到了《摘星》中最为精妙的一点——将毒品比喻成一间名叫"后悔"的旅店，进而将吸毒之人比喻成误入这间黑店的旅人。[1] 整篇歌词完全没有"毒品"或"吸毒"的字句，但林振强用"快乐店""人步进永不想再搬迁"形象地说明了毒品对人的诱惑。而歌中的旅人用自己坚定的决心摆脱了这种诱惑：

我要踏上路途

我要为我自豪

我要摘星　不做俘虏

不怕踏千山　亦无介意

面容满是尘土

---

[1]　引自林振强自述《摘星》创作过程，1985 年 5 月《词汇》，非卖品刊物。

提步再去踏上路途 我要为我自豪

我要摘星 不做俘虏

星远望似高 却未算高

我定能摘到

　　林振强凭借填词范本式的《摘星》荣获第七届十大中文金曲的"最佳中文（流行）歌词奖"，这也是他获得的第一个填词奖。Danny 于 1984 年 7 月 22 日在位于九龙的摩士公园举办的"禁毒星辉 1984"露天音乐会上作为特别嘉宾演唱了《摘星》，这也是继《公益心》之后 Danny 演唱的又一首非商业性质的作品。《摘星》是 Danny 的作品中绝无仅有的气势恢宏的作品，尤其是进行曲式的副歌，这也让 Danny 展现了在其他作品中难得一见的豪迈歌声。值得一提的是，Danny 在《摘星》MV 中身穿的白底、黑色雄鹰图案的背心正是《一生何求》大碟封面上的那一件。《摘星》在中文歌曲龙虎榜蝉联了三周冠军并入选 1984 年劲歌金曲第三季季选及年度十大中文金曲。

　　在《深爱着你》大碟中，林振强也创作了四首歌词，首首精彩！转年的《当我想起你》大碟中，林振强又为

Danny 创作了大受好评的《再见 Josephine》。随着 Danny 离开华纳转投 DMI，林振强与 Danny 的合作数量急剧减少。之后的三年间，他只为 Danny 填了《地下裁判团》一首词，Danny 特意在《梦里人》大碟内页中寄语林振强：

> 我还在等待一首"好得意"的词，好似你"咁得意"。①

直到 Danny 重回华纳唱片，二人才又在《一生何求》大碟中再次合作。排在大碟第一首曲目的就是林振强填词的 "Hot Night"。写表现情欲的快歌对于林振强来说是信手拈来，"Hot Night" 也作为大碟中仅次于标题歌《一生何求》的第二主打歌派台打榜，遗憾的是，当年内地引进发行《一生何求》时，将 "Hot Night" 换掉了。相比之下，笔者更加欣赏林振强在《一生何求》大碟中填的另一首歌词——《过去……永远都如此》，歌名设计得极为写意，

---

① 此句意为"我还在等待一首'心水力作'，好像你'这么可爱'"。"可爱" 是 Danny 称赞林振强出色填词水平的独特方式。

再次展现了林振强用词并不华丽，却能够塑造出美不胜收的意境的特点，即使不搭配旋律，读来依然如诗如歌般令人陶醉：

如梦句荡来俗世

轻轻的　当晚你交低

一束半梦半醒的美丽

然后你又如梦去

多潇洒　使我放不低

一堆半白半灰的叹喟
……
回来吧！

我共傍晚　共晨曦

亦与千个月影叫唤你

难道你便从此不想起某天某地

回来吧

世上如再没晨曦

就算失去自己也属你

过去如此

永远如此对你……

2003 年 11 月 16 日，在 Danny 去世整整十年之后，香港填词大师林振强因病离开了这个世界。无论过了多久，他与 Danny 这两位香港乐坛巨星在人们心中的地位，一如他为 Danny 创作的最后一首歌的名字一样：

过去……永远都如此……

第十一章 如果沒有你

1992 年 9 月 7 日——Danny 34 岁生日这一天，香港电台首次播放了 Danny 的新歌《亲爱的您》，这首由徐日勤作曲、编曲，梁伟文填词的歌曲，是 Danny 在发生意外前为新专辑已经完成录音的两首作品之一。华纳唱片特意安排在这一天将氛围温暖的《亲爱的您》派台播出，代歌迷向在医院昏迷已近四个月的 Danny 送上一份真挚的祝福。一个多月后，华纳唱片将《亲爱的您》与另一首 Danny 在昏迷前已经完成录音的新歌《离不开》，连同已经发表于 1992 年 1 月发行的《华纳群星难忘您许冠杰》合辑中的《天才白痴梦》以及 Danny 的 12 首旧作集结在一起，推出了 Danny 的最后一张新歌 + 精选《亲爱的您陈百强 92' 精选》。这也是继上一张《只因爱你》大碟之后，徐日勤的作品再一次成为 Danny 的大碟标题歌。如果算上 *Love in L.A.* 的第一主打歌《天生不是情人》——内地版的 *Love in L.A.* 亦正是以《天生不是情人》作为专辑标题，徐日勤作曲的作品实际上包揽了 Danny 最后三张大碟的标题歌和主打歌，这也正是徐日勤作为 Danny 的歌唱生涯中后期最重要的合作伙伴的一个缩影。而世人将徐日勤和 Danny 的名字第一次联系在一起则正是从《深爱着你》大碟开始的。

在 Danny 最初推出的几张个人唱片中，身兼唱片监制的谭国基为 Danny 找到了顾嘉辉、鲍比达、钟肇峰等出色的音乐人合作。自 1982 年的《倾诉》大碟 Danny 担任自己的唱片监制以来，他一直在不断尝试与不同的音乐人，尤其是年轻的新晋音乐人合作。在《深爱着你》之前的三张全新大碟中，Danny 先后启用了周启生和林慕德，二人为 Danny 的专辑带来了新鲜的音乐风格。在制作《深爱着你》大碟的时期，Danny 遇到了那位在之后八年中，为他作曲数量最多，也是在众多歌迷眼中创作风格最适合 Danny 演绎的音乐人——徐日勤。促成徐日勤与 Danny 合作的，正是顾嘉辉。徐日勤出身音乐世家，他的父亲徐永兆也是香港一代音乐大师。受父亲的影响，徐日勤自年幼便已开始学习钢琴。少年时，徐日勤远赴加拿大求学，之后三年间，他跟随当地华人音乐家在美国和加拿大多个城市的夜总会担任乐手，这也让他在正式入行前便已经积累了丰富的现场演出经验。这期间，徐日勤曾接到顾嘉辉电话邀其一起为 TVB 工作，但因合约在身，无法前行；当徐日勤回港后再次接到顾嘉辉的电话时，他毫不犹豫地同意了，而顾嘉辉给他的第一份工作就是弹《上海滩》。顾嘉辉不仅带徐日勤入行，还毫无保留地将自己的弟子推荐给其他音乐人。徐日勤也极为感激顾嘉辉的提携之恩，其中最重要的莫过于将他推荐给 Danny，这不仅让徐日勤多了一个工作的机会而且还认识了一位终身难忘的挚友。当距离二人第一次合作整整四十年后，已是满头白发的徐日勤被问到合作最愉快的歌手是谁时，他毫不犹豫的脱口而出：Danny![1]

相识后，Danny 找徐日勤合作的第一首歌是自己作曲的《盼望的缘分》。多年后，徐日勤回忆时说《盼望的缘分》是他的"考试成绩单"。一天深夜，Danny 打电话给他说："我写了一首歌，很正的，我想你帮我编曲。"徐日勤说："这行不行啊？你找辉哥（顾嘉辉）比较好吧？"Danny 对他说："你行的，你试试看吧。"徐日勤立刻踏着夜幕来到 Danny 家，Danny 将歌弹给他听。徐日勤完成编曲后，Danny 很满意，他通过了 Danny 的"考试"。之后，Danny 便将新大碟的主打歌《深爱着你》以及

---

[1] 引自 2024 年 1 月 15 日，香港电台《香江暖流～我们的 VIP》徐日勤专访。

自己的另一首曲作《恋爱预告》的编曲工作都交给了徐日勤。事实上，这三首由徐日勤编曲的歌曲，也是《深爱着你》大碟中传唱度最高、最具有标志性的三首招牌作品。与之前同周启生、林慕德的第一次合作一样，除了编曲，Danny 还邀请徐日勤为他写一首歌。徐日勤交出的第一首为 Danny 量身定做的作品就是《如果没有你》，他用不复杂的配器从歌曲伊始便营造出独特的迷幻氛围，正如深陷爱河之中的人时常会感受到的迷惘状态。与《永恒的爱》中相似的仿佛星星坠落的音效，却明显是用不同的手法制作出来的，成为了《如果没有你》令人印象最为深刻的声音标志。徐日勤展现出在作曲上与 Danny 相近的风格，旋律很"洋气"，如果不看歌词本，会让人以为这是一首填词歌。在专门为《深爱着你》大碟创作的十首歌曲中，郑国江仅填了《如果没有你》这一首歌词，他一改以往诗意与含蓄的表达方式，采用了很直白的语言——"若要为你死心里也愿意""没快乐也没趣，心中永久空虚"。较为遗憾的是，作为与 Danny 合作数量最多的词人，《如果没有你》也是 Danny 唱过的唯一一首徐日勤 + 郑国江组合的作品。Danny 的演绎收放得当，副歌第一句"如果我没有你"

的发力，与最后一句的"愿意一生体贴入微"的温柔，令听者如痴如醉。由于《深爱着你》大碟中的好歌实在太多，加上曲目排序靠后——倒数第二首，使得很多歌迷都会忽略《如果没有你》这首佳作。不过没有关系，毕竟这只是徐日勤与 Danny 合作的开始，一年后，徐日勤便为 Danny 写出了一首超级神曲——《偶像》。

1986 年，徐日勤的事业渐入佳境。这一年，他为宝丽金旗下的新老两位女唱将陈慧娴和徐小凤各创作了一首足以载入香港流行音乐史册的慢板情歌《与泪抱拥》和《婚纱背后》。时年只有二十一岁的陈慧娴高音甜美，年长十六岁的徐小凤以磁性的中音著称，徐日勤作曲的这两首歌将二人完全不同的声线所具有的魅力完美地展现了出来，两首歌也均成为了二人的代表作。不过对于以演奏钢琴见长的徐日勤来说，上述两首经典作品虽然是其高水准发挥的体现，但他在飞机上为 Danny 写出的《偶像》在音乐风格上的突破，才是他这一年中最高光的表现。听感与 1981 年央视开播的经典科普栏目《动物世界》选用的片头曲 "Just Blue" 极为相似的前奏，使得《偶像》从第一个音符便让人肾上腺素激增。绚烂的合成器音色让听者眼前仿佛出现了色彩斑斓的舞台，一位"青春奔放 红日似的透着金光"的年轻人正从远处走来——第一段主歌的每一个字句都是按照 Danny 的形象来刻画的。潘源良用了对比的写法，主歌描写偶像表面的风光，副歌则道出了偶像内心的感受，一句"他的一生包括泪与汗 统统基于观众着想"精准的概括了"偶像"的宿命。虽然在数年前正是 Danny 让香港人知道了什么是偶像歌手，但他却不仅是有着"漂亮面庞"的偶像，更是唱作俱佳的实力派，他在这首强调速度与力量的作品中的演唱一气呵成，展现出极为成熟的唱功与超凡的声音魅力，让人们认识到，Danny 是非常擅长演唱快歌的。林慕德在《百强'84》中为 Danny 创作的那些快歌，或许更多是在多年之后才被越来越多的听众所认可，但《偶像》则是甫一发表便大受欢迎，入选了 1986 年劲歌金曲第二季季选。徐日勤在《偶像》中运用了很多第一次在 Danny 的作品中出现的合成器音色，尤为精彩的是尾奏处长度超过一分钟的电吉他 solo，快速凌厉、精彩纷呈，标志着 Danny 的音乐即将进入一个崭新的时代。

一年后，徐日勤与潘源良又一起为 Danny 创作了一首经典作品，由 Danny 与关正杰（Michael Kwan）合唱的

《未唱的歌》①。Danny 在录音室中的合唱曲并不多，除了群星合唱的《地球大合唱》以外，多是与女歌手对唱，唯一的一首与男歌手对唱的作品就是《未唱的歌》。关正杰比Danny 大九岁，不过相比 Danny 的年少得志，关正杰在歌坛属于大器晚成的类型。在 Danny 推出第一张个人大碟的1979 年，出道已经十年、此时已年满三十周岁的关正杰才刚刚迎来事业的高峰，二人也同在转年初第一次拿到了十大中文金曲奖②。离开宝丽金加盟 EMI 唱片后，关正杰的歌唱事业有所下滑，却促成了他与加盟了 DMI 的 Danny 的跨时代合作，两位歌路和形象迥异的歌手一起合唱却产生了令人惊喜的化学反应。Danny 在《梦里人》大碟的文案中写道：

徐日勤先生所作的《未唱的歌》，使我能有机会和另一位朋友分享音乐的感性。更要在此多谢关正杰

①　《未唱的歌》，作曲、编曲：徐日勤，作词：潘源良，收录于 1987年《梦里人》大碟，DMI。
②　关正杰的获奖歌曲是《天蚕变》，作曲：黎小田，作词：卢国沾，收录于 1979 年《天蚕变》大碟，宝丽金。

先生、亚勤①……潘源良先生为《未唱的歌》填了这么好的歌词。二男声合唱，实在是很难填写的。

文案下方也附上了 Danny 与关正杰的合影。正如 Danny 所写，两个男声对唱的歌曲是很难写的，潘源良所填的这首励志、博爱、充满了理想主义精神的歌词堪称神来之笔。副歌中的"让我一生可以是首歌，将我心声飘于每片风"也被年少时的笔者拿来作为自己的座右铭。徐日勤制作的音乐既蕴含力量又不乏时尚气息，听来令人振奋不已。Danny 在现场演唱前曾说，"希望用这首歌感染自我封锁的人，令他们参透人生的意义，从而获得解脱"。两位一身正气的谦谦君子在现场演唱时用力握手的一幕令人颇为感动，Danny 做出的比心手势，更是令三十年后的歌迷们再一次惊叹于他的前卫。MV 完美再现了《未唱的歌》的创作过程，其中不仅有关正杰开车接 Danny 去录音室录音的情节，甚至还有徐日勤作曲和潘源良填词的画面，词曲作者在 MV 中出镜是极为罕见的，导演巧妙地运用玻璃

---

① 亚勤即徐日勤。亚勤为粤语"阿勤"之意。

反射人影的效果让四位主创人员得以同框出现，实属香港乐坛难得一见的经典场景。在《未唱的歌》MV 中的这次出镜，大概率是为人低调且多在幕后工作的徐日勤留下的最早的影像资料。多年后回顾这一幕，人们才发现，这是 Danny 送给好友徐日勤的一份超越时空的礼物。在商业电台举办的第九届"中文歌曲擂台奖"颁奖礼上，《未唱的歌》入选年度十大"最佳歌曲奖"，徐日勤获得了"最佳编曲奖"。

其实到 1988 年初的时候，徐日勤的名字在 Danny 的大碟中出现的次数依然是有限的，而且身份以编曲人居多。但细心的歌迷会发现，每当徐日勤以作曲人的身份出现时，都一定会伴随着一首动听的作品，虽然不一定是大碟内最引人瞩目的曲目，甚至在初听时可能都不太会引起听者很多的注意，但当听完整张大碟后静心回味时，却总会发觉有某首歌的旋律在心头萦绕不去，而这经常都是徐日勤为 Danny 作曲的作品。比如《挥不去的你》[1] 和《痴心

---

[1] 《挥不去的你》，作曲、编曲：徐日勤，作词：小美，收录于 1987 年《梦里人》大碟，DMI，亦有资料称《挥不去的你》原名《忘情酒店》。

晚安》①，这两首作品不仅旋律优美，而且与 Danny 的艺术特质有着极高契合度，让人会有这是 Danny 自己的创作的错觉。《挥不去的你》是 Danny 最擅长的歌曲类型，他在情感上细腻的把控，将歌词中的故事传达进听者的心里，间奏处加入的缥缈的女声吟唱为歌曲增添了梦幻的气氛，而"往夜店疯癫骗自己"的歌词，或许小美是基于 Danny 的亲身经历写出的。Danny 对于每一个音符的处理，让人充分体会到为什么 Danny 的作品貌似难度都不大，但却无人可以模仿到他演绎的效果。徐日勤创作的《痴心晚安》的音乐部分温暖、大气，潘源良继向雪怀在《我的故事》中写出的"谁没有从前 让快乐重建"之后，也在歌词中为 Danny 打气"不必再让愁闷锁在眉上，天地与心声共唱，应该要奔放"，Danny 的演绎富有感染力，相信每一位听过《神仙也移民》大碟的人都一定会对《痴心晚安》的印象极为深刻。或许正是因为徐日勤创作《痴心晚安》的出色表现，为他赢得了在 Danny 的下一张大碟担任唱片监制的

---

① 《痴心晚安》，作曲、编曲：徐日勤，作词：潘源良，收录于1988年《神仙也移民》大碟，DMI。

机会。

从 1982 年的《倾诉》大碟开始，Danny 包办了他在第一个华纳时期之后全部大碟的监制工作。加盟 DMI 后，他获得了在音乐制作上极大的自主权限，但他选择将部分的监制工作交给 EMI 旗下的音乐人王醒陶和杨云骠，唯一的一次例外，就是由徐日勤独自担任监制的大碟《无声胜有声》。很多人对《梦里人》大碟给予极高的评价，但在笔者看来，《无声胜有声》才是 Danny 在 DMI 推出的六张大碟中最为精彩的一张。《无声胜有声》大碟音乐时尚且风格多元，香港同期一线歌手大多是通过大量选用填词歌来做到这一点的，而《无声胜有声》大碟收录的十首作品中只有《一串音符》是填词歌，其余九首都是原创作品，再一次体现了创作歌手出身的 Danny 对于本地音乐人不遗余力的扶持。尤其是三位第一次为 Danny 作曲的新晋音乐人的作品堪称首首精彩：1986 年以创作歌手身份出道的伦永亮为 Danny 创作的唯一一首作品 "Don't Cry For Me" 是 Danny 最精彩的快歌之一，也被选为《无声胜有声》大碟的第二主打歌派台打榜；创作《孤寂》的孙伟明当时刚刚进入乐坛，前奏幽怨动人的钢琴 solo 让更多的人注意到了他，日后他亦成长为香港最顶尖的键盘手之一；虽然在1987年Fabio Carly已经与徐日勤合作了杜德伟的名曲《等待黎明》，但当他为Danny写出风格明显不同于本地音乐人的《迷路人》时，人们对这位意大利音乐人还是比较陌生的，几年后他终于有了一个响亮的中文名——花比傲。加上之前已经合作过的唐奕聪和郭小霖，年轻的幕后团队使得《无声胜有声》的音乐充满新鲜的音乐元素。

　　除了上述几位在八十年代中后期进入乐坛的新晋音乐人以外，在《无声胜有声》大碟中还出现了一个对于Danny的歌迷来说熟悉但又久违了的名字——顾嘉辉。时隔四年，顾嘉辉再次为Danny创作了一首《昨日、今日、明日》，这也是他为Danny创作的最后一首歌。在Danny的音乐历程中，虽然与这位香港乐坛首屈一指的音乐大师合作并不算多，但顾大师每一次都出现在对于Danny来说极为重要的时间节点上：为Danny第一张大碟的标题歌"First Love"编曲、奠定Danny的音乐风格；创作Danny主演的第一部（也是唯一一部）电视剧《突破》的同名主题歌、也是Danny演唱的第一首bossa nova风格作品；为《涟漪》《等》编曲、确立钢琴在Danny音乐作品中的标志性地位；创作《摘星》，助力 Danny 连续三年拿到年度十大中文金曲，进一步巩固了在香港乐坛的地位。徐日勤随后的出现，实际上在作、编曲人这个"功能"上代替的恰好是顾嘉辉的位置。才华横溢的徐日勤与 Danny 年龄相仿，曲风也更加新潮，确是 Danny 在进入新的音乐时期更加理想的合作伙伴。《昨日、今日、明日》想必是徐日勤特意邀请恩师在自己首次为 Danny 担任监制的大碟中再作一首曲给 Danny，这也让师徒二人在 Danny 的音乐之路上完美地完成了交接棒。在此之前，师徒二人已经进行了另外一次交接棒，那就是 Danny 的演唱会音乐总监。Danny 的"'85演唱会"由顾嘉辉担任音乐总监，之后他向 Danny 推荐了徐日勤。从 1986 年的"前进演唱会"开始，之后 Danny 无论在香港、内地抑或海外的大小演唱会几乎都是由徐日勤担任音乐总监（仅有"88' 台山演唱会"由杜自持担任音乐总监），徐日勤已经成为了 Danny 最信任的音乐人。

徐日勤也没有辜负 Danny 对他的信任，在《无声胜有声》大碟制作的过程中，徐日勤除了整体把控大碟的音乐品质以外，还亲自参与了后期的混音工作。此外，作为一名优秀的唱片监制，另一项极为重要的任务就是为大碟写出能在排行榜上取得好成绩的主打歌。事实上，徐日勤超额完成了任务，他写出了两首主打歌级别的作品，一首是被选为大碟标题歌的《无声胜有声》，另一首就是大碟内商业成绩最好的歌曲《从今以后》。徐日勤在为《无声胜有声》混音时，给 Danny 的人声加了很大的混响，配合静谧的前奏，使得整首歌的意境更加朦胧，令人心动不已。《无声胜有声》很适合在夜深人静或是夜色逐渐褪去的凌晨时分独自聆听，歌中的浪漫氛围会让听者陶醉在美丽的幻梦之中。《无声胜有声》还被 TVB 电视剧《衰鬼迫人》选为了插曲，在片中多次出现。《衰鬼迫人》也使得 Danny 与主演之一温兆伦的名字第一次出现在同一部艺术作品当中。此时不会有人想到，这两位年龄相差六岁、之前没有过任何交集的明星，在一年之后会因为另一部 TVB 的经典电视剧而被后人紧密地联系在一起。

流行音乐的潮流瞬息万变，当时间来到八十年代末，香港乐坛开始流行悲情基调的歌曲。虽然 Danny 从出道伊始便有《眼泪为你流》《几分钟的约会》《偏偏喜欢你》等表现失意或哀愁情绪的情歌，但均是"哀而不伤"——不唱苦情歌。但年初《烟雨凄迷》的大获成功，让徐日勤意识到，除了延续 Danny 一贯唯美风格的《无声胜有声》，还应该在新大碟中为 Danny 创作一首符合当下流行口味的悲伤情歌，除了旋律与编曲，煞费苦心的徐日勤还构思了歌中的故事。梁伟文正是根据徐日勤的讲述创作了一段以谎言与背叛为主题的歌词《从今以后》。梁伟文很满意《从今以后》，在 2007 年推出的他的作品精选辑《字传 2》中也选入了这首歌，他在专辑内页中写道：

> 很多人怀念陈百强，我也怀念与徐日勤紧密合作的日子，让我享受到信任。那些紧密的旋律，让我学会写长句。这首歌写爱一个人，幻想他有多大的杀伤力。

Danny "有层次的演绎出歌曲中错愕、忿恨、决绝等感情变化，恰到好处绝不过火"[1]。《从今以后》推出后大受欢迎，成为了中文歌曲龙虎榜及劲歌金榜的冠军歌并且入选 1988 年劲歌金曲第三季季选。Danny 此前的作品中从

---

[1]　引自 Kark Woo 撰写的乐评。

未有过如此"惨"的情歌,《从今以后》为 Danny 开启了一种新的歌路,也是徐日勤自认他为 Danny 写的歌中最满意的一首。

相比前述几首歌,徐日勤与梁伟文一起创作的《背着良心的说话》只能算是一首小品式的歌曲。这首配器简单的作品,因为收录在《一生何求》这样一张经典的大碟中,尤其是对于像笔者这样自《一生何求》大碟"入坑"Danny 的歌迷来说,在那个资源匮乏的年代,不知道已经随着整张卡带听过几十甚至上百遍,早已烂熟于胸。流行文化产品就是这样一种奇妙的东西,虽然从宏观意义上讲,它的商业属性更重一些,但却能够深入人心,即使几十年过去,那份初听时的感动依然令人无法忘怀。《背着良心的说话》颇有日本歌的味道,徐日勤用键盘音色演奏出的吉他分解和弦,有如随秋风萧萧落下的冷雨,令听者深刻感受到情伤者内心无比的寒冷。梁伟文所填的歌词,在当年总是能给人以惊喜,你是否见过有人用"没意思"来形容爱?貌似波澜不惊的字句中,实则落笔相当之狠:

如果讲背着良心的说话

祝你日后也爱他

如你未来能绝不牵挂

等我心跳肯停下

　　曾有人说，如果你在听歌时感受到一分的痛苦，那写歌的人感受到的一定是十分的痛苦。不知在写《背着良心的说话》时，梁伟文的心是否已经碎掉了。自从《无声胜有声》大碟开始为 Danny 作词之后，梁伟文成为了 Danny 最喜爱合作的填词人之一。甚至 Danny 发表的最后一首独立作曲的作品也是找梁伟文来填词的——《歌者恋歌》①。梁伟文对于之后二十年华语乐坛的重要影响毋需赘言，遗憾的是，上天没有给予他和 Danny 更多合作的时间，否则不知他们还会一起贡献给歌迷多少经典的作品。

　　在梁伟文为 Danny 填词的十二首作品中，有八首都是与徐日勤合作的。这对当年的黄金词曲搭档，不仅为 Danny 创作出了《天生不是情人》《只因爱你》《亲爱的您》这样主打歌级别的主流情歌，还有关注深夜流连酒吧的少

①　详见本书第二章《盼望的缘分》。

女这样边缘化题材的《怨女》^①以及《野性的心》^②这样另类到内地引进出版时被换掉的前卫快歌。

相对来说，徐日勤为 Danny 创作的歌曲仍是以慢板歌曲为主。当对于自己的曲作重质不重量的 Danny 的创作灵感有些跟不上出碟的速度时，正是徐日勤为 Danny 守住了招牌的慢板情歌这一基本盘。二人都是以钢琴作为创作乐器，而且性格也很相近，因此谱出的曲子风格也很相近。更何况作为出色的音乐人，徐日勤也有着高超的为歌手量身定作歌曲的能力，因此为 Danny 写出的旋律经常会让人有这是 Danny 自己创作的感觉，这也是为人低调的徐日勤在 Danny 的歌迷心目中有着极高地位的原因。如本书前文所述，虽然演绎的慢歌更受欢迎，但在 Danny 的内心一直是很喜欢唱快歌的。因此除了慢歌，徐日勤也同样要肩负起为 Danny 写快歌的任务，除了最著名的《偶像》，用急促的电子鼓点与灵动的合成器弹奏勾勒出迷乱氛围的《怨

① 《怨女》，作曲、编曲：徐日勤，作词：梁伟文，1988 年《无声胜有声》大碟，DMI。
② 《野性的心》，作曲、编曲：徐日勤，作词：梁伟文，1991 年《只因爱你》大碟，WEA。

女》也是一首佳作，只不过《无声胜有声》大碟中的好歌太多了，使得《怨女》容易被人所忽视。在徐日勤第二次为Danny担任监制的《只因爱你》大碟[1]中，他更是一口气为Danny写了两首快歌。

电子味道浓重的《末世纪风骚》[2]，正如前奏中的马达声预告的一样，是一首非常适合开车时听的作品。不过听《末世纪风骚》开车容易越开越快，笔者在此向您温馨提示，听歌开车固然过瘾，但一定要注意交通安全。当年还是新晋填词人的周礼茂风格前卫、大胆，很适合为动感的舞曲填词。"我饥饿"——你能够想象出这样大胆的歌词是Danny唱出的吗？其实Danny原本是一位勇于尝试新鲜曲风及表演方式的有着开拓精神的音乐人，只不过"'85演唱会"的经历让他深受打击。那次的经历让Danny认识到，自己对于艺术探索的脚步与大多数香港歌迷保守的接受程度之间有着巨大的鸿沟，而自己在歌迷心目中的形象也由不得自己肆意去突破。因此之后数年，他总是郁郁寡欢，

---

[1] 《只因爱你》是Danny第一张在香港没有发行黑胶版的专辑。
[2] 《末世纪风骚》，作曲、编曲：徐日勤，作词：周礼茂，收录于1991年《只因爱你》大碟，WEA。

无法完全发挥出自己的能量，甚至在《一生何求》和《等待您》大碟中，他都将风格比较前卫的作品放在了大碟的最后一首，似乎是有意藏起自己的珍宝，避免遭到无谓的批评。而在《只因爱你》大碟中，他勇敢地将好友徐日勤创作的两首快歌穿插在慢歌当中，《末世纪风骚》更是放在了大碟第三首的位置——这宣告着此时的 Danny 已经不在意外界舆论的压力，完全放松地去享受他喜爱的音乐。这也让徐日勤得以放飞自我，施展他在编曲和演奏上的绝技，《末世纪风骚》的间奏中交替出现的键琴和电吉他音色令人眼花缭乱，让听者感到仿佛正在亲身经历一场世纪末的狂欢。这其实是与人们熟悉的 Danny 不太一样却又真实存在的另一面的 Danny——现实中的他最喜爱的娱乐方式正是在夜晚随着快速的节奏舞动自己的身躯。美术指导张叔平与摄影师 Justin Chan 亦是贯彻这一理念创作了《只因爱你》的唱片封面：朦胧的夜色中，Danny 的身影俊俏而又飘逸，手放在胸口的经典姿势也让人联想起《深爱着你》大碟的封面照片；歌词本封底采用的是与唱片封面（即歌词本封面）同一组的 Danny 身穿深色服装跳舞的照片。在唱片封底及宣传海报上，还有一组 Danny 身穿全套白色服装、半露胸肌的靓照，在 Danny 去世后唱片公司发行的各种精选辑中被多次使用，比如《文质翩翩》的封面及附赠的海报。这组照片也出现在内地版《只因爱你》黑胶的封底兼歌词纸上。与此前推出的 Danny 的内地版专辑一样，内地版的《只因爱你》也换掉了两首歌曲，并且将曲目顺序重新进行了排列。换入的歌曲分别是 1981 年的《有了你》以及 1986 年的《再见 Josephine》，而被换掉的歌曲就是徐日勤作、编曲的两首快歌——《末世纪风骚》以及《野性的心》。不用细看歌词，只看歌名就能够判断出这两首歌被换掉的原因。《野性的心》前奏的音效让听者仿佛来到了原始森林，间奏处中东风格音乐的演奏，更是让这首歌在当年显得十分前卫，对于许多习惯了听抒情歌曲的歌迷来说，是有些不太容易接受的。

而在《只因爱你》大碟中最受歌迷们欢迎的，自然还是徐日勤为 Danny 创作的慢板情歌。排在大碟第一首的《痴情岁月》[①]，以雷雨的音效开篇。这在当年是很时尚的一

---

① 《痴情岁月》，作曲、编曲：徐日勤，作词：潘源良，收录于 1991年《只因爱你》大碟，WEA。

种手法，Blue Jeans 与林忆莲合唱的《下雨天》、孟庭苇的《无声的雨》、陈慧娴的《Jealousy》等作品均是如此。《痴情岁月》与《心痛》[①]相似，虽依旧属于慢歌类型，但音乐部分却是时尚且律动感十足的，这形成一种很奇妙的效果，歌词描绘的是悲伤的情绪，但如果忽略歌词的含义、只关注音乐，却令人想要随之扭动身体，甚至闻之起舞。更何况《心痛》的旋律本身也不哀伤，是笔者听过的所有以"心痛"为歌名核心词语的作品中最优美轻快的一首，萨克斯风与合成器缠绕在一起的效果，给人以新鲜的、在 Danny 以前的作品中从未有过的听感，歌曲结束后仍萦绕在心中久久挥之不去。随着《痴情岁月》开篇的雷雨声减弱，徐日勤再次安排了悠扬的萨克斯风，不过这一次带来的是一段凄美风格的旋律。《痴情岁月》虽然是《只因爱你》大碟的第一首曲目，但只是第三主打歌，徐日勤还为 Danny 准备了另外一首对排行榜更加具有冲击力的作品，也就是大碟的标题歌及第一主打歌《只因爱你》，推出后先后

---

① 《心痛》，作曲、编曲：徐日勤，作词：小美，收录于 1991 年《Love in L.A.》大碟，WEA。

成为劲歌金榜和中文歌曲龙虎榜的冠军歌，入选1991年劲歌金曲第三季季选，这是 Danny 生前在香港乐坛拿到的最后一个音乐奖项，《只因爱你》也是 Danny 的最后一首排行榜冠军歌。《只因爱你》既有动听的旋律，又有跌宕的气势，因此能够获得市场的广泛认可。转年，徐日勤再次延续这种风格为 Danny 创作了《亲爱的您》，可惜由于 Danny 无法亲自为作品进行宣传，《亲爱的您》没有能够再创《只因爱你》的佳绩。其实《只因爱你》的旋律并非徐日勤为 Danny 量身定做的，这段旋律最早发表于1989年，由向雪怀填词、陈洁灵演绎后，以《无缘》之名作为亚洲电视台播出的电视剧《野樱花》的主题曲发表。不过《无缘》并没有收录在任何一张唱片中出版，因此没有获得太多关注度。徐日勤找出这首旧作，由梁伟文重新填词后交给 Danny 演唱，也算是为这段动听的旋律找到了最好的归宿。

自《我的故事》之后，Danny 在《烟雨凄迷》《从今以后》《一生何求》《对酒当歌》《一生不可自决》这些大受欢迎的悲情歌曲中走过了漫长的五年时光，当人们已经开始用忧郁来形容 Danny 及他的歌路时，徐日勤用《只因爱你》帮助人们又找回了那个刚出道时温暖的 Danny。一如之前他唱的歌，即使有愁绪，也从未让人感受到冰冷。此际，他又唱出了幸福满满的情歌，纵使岁月的痕迹已经悄悄爬上他那俊俏的脸庞，但他正满怀信心，期待着歌迷们从（重）新欣赏他，喜爱上成熟之后另有一番心境的他。《只因爱你》与《亲爱的您》不同于 Danny 在八十年代的情歌作品，更加琅琅上口，很适合在卡拉 OK 中演唱，这是属于九十年代的、新的流行趋势。如果不是那场意外，延续《只因爱你》风格的《亲爱的您》一定会再次掀起一股热潮，让 Danny 向他深爱的歌唱事业以及众多热爱他的歌迷有一个圆满的告别。

从 1985 年的《如果没有你》到 1992 年的《亲爱的您》，徐日勤一共为 Danny 做了十六首半的曲作，其中最有纪念意义的作品正是那半首——Danny 与徐日勤共同作曲的《而情是近》。Danny 的曲作大多来自于独自弹奏钢琴时迸发的灵感，他也只发表过两首与他人一起创作的旋律。显然，Danny 更容易与键盘手碰撞出灵感的火花（很多音乐创作者都是以吉他为创作乐器），与 Danny 合作《燃点真爱》的周启生与徐日勤一样都是擅长键盘类乐器的高手。

《而情是近》前奏中的钢琴如水银泻地一般，之后加入的合成器音色以及强劲的鼓点，让这首歌既有时尚的气息又充满力量，令人惊呼许久未见的那种朝气蓬勃的 Danny 又回来了。王书权所填的歌词有着经历过岁月洗礼后才有的成熟感悟，这样的词曲搭配营造出的微妙感觉与此时刚刚年满三十三周岁的 Danny 身上散发出的独特魅力相得益彰。在 Danny 离去后，《而情是近》更是成为他与徐日勤之间的友情最"真的见证"！

　　Danny 与徐日勤不仅是音乐上密切合作的伙伴，在生活中更是非常要好的朋友。二人性格相近，行事风格都极为低调，年少时都曾赴国外读书的经历，也让二人在音乐之外有了更多共同的语言。Danny 对徐日勤的影响也很深远，尤其是衣着的品味，每次看到徐日勤身上那斯文儒雅的气质，都仿佛是看到了 Danny 的分身。徐日勤回忆说，Danny 从未把他当做"雇员"来对待，二人是关系非常近、无话不谈的朋友和兄弟；录音完成后，他们会一起喝几杯，Danny 还会带他去兰桂坊，他以前从来都没去过兰桂坊，都是 Danny 带他去的；Danny 也曾和他说过，不做音乐以后想做 fashion designer。

1990 年前后，徐日勤曾与袁洁莹是一对情侣。袁洁莹是 Danny 的超级歌迷，因为徐日勤的关系，袁洁莹也成为了为数不多去过 Danny 家的女性朋友。Danny 为了助力徐日勤追女仔，不仅作为神秘嘉宾参加了袁洁莹二十一岁的生日会，还亲手送给袁洁莹一条漂亮的丝巾。遗憾的是，这对才子佳人没有终成眷属。虽然他们之间的爱变了，但无论过了多久，他们对 Danny 的爱都没有变，依然用各自的方式怀念着 Danny。2018 年，袁洁莹参加 TVB 举办的《流行经典 50 年》活动，现场演唱《恋爱预告》时 [①] 戴的正是二十八年前 Danny 送给她的那条蓝绿色的丝巾。

作为 Danny 生前最好的朋友之一，徐日勤在 Danny 身后为他扶灵，送了 Danny 最后一程。1994 年 TVB 举办的"陈百强金曲纪念演唱会"上，徐日勤亲自上台弹钢琴为三位歌手伴奏翻唱 Danny 的歌曲。上台前接受访问时，他满脸落寞与哀伤。十几年过去，当香港电台制作《不死传

----

① 2008 年 10 月 20 日翡翠台播出《Cantopop At 50 陈百强特辑》，六位歌手翻唱 Danny 的十首作品。

奇》系列节目①时，徐日勤讲到 Danny 时，依然难掩心中的伤感，直言损失了一位很好的合作伙伴和挚友。2018年，环球唱片为了纪念 Danny 诞辰六十周年，召集香港几乎全部的重量级歌手翻唱 Danny 的名作推出《环球高歌陈百强》(*The World Sings Danny Chan*)致敬专辑，徐日勤担任了全部 13 首歌曲中 12 首的监制工作，并参与了多首作品的编曲、和声编排和混音。同年 9 月举办的"高歌陈百强"演唱会上，徐日勤再次作为音乐总监，并在开场林姗姗讲述她与 Danny 的初见故事时，用钢琴演奏《涟漪》作为 BGM。徐日勤与 Danny，从相识的那一天，就注定了是一生的朋友，正如《感情到老》②的歌词中写到的："彼此感情从不更改到老。"

---

① 《不死传奇》于 2007—2008 年播出，共六集介绍六位逝去的香港音乐人，2008 年 2 月 2 日播出的陈百强专题为该系列的最后一集。
② 《感情到老》，作曲：杨云骠，作词：卢永强，编曲：杨云骠、卢东尼，收录于 1988 年《冬暖》大碟，DMI。

第十二章 永不改变

2023 年 10 月 25 日，香港英皇剧院，一部上映四十三年来从未重映过的香港电影，在经过数码修复后以 4K 高清画质重现大银幕，这就是 Danny 主演的第一部电影《喝彩》，这一天也正是 Danny 去世三十周年的纪念日。一周后，在厦门举办的第 32 届中国金鸡百花电影节上，4K 修复版的《喝彩》作为"华语影展"环节的闭幕影片首次在内地上映。在原版《喝彩》的宣传海报上，出品方写的是富山有限公司，新版海报打上了英皇电影的标志。许多人在此时才发现，原来《喝彩》的出品人居然是杨受成。没错，《喝彩》正是七十年代已经在钟表业奠定财富基础的杨受成投资拍摄的第一部电影，也是他正式进入娱乐业前投下的一枚试金石。如笔者这样经历过世纪之交那些年英皇娱乐（EEG）在香港乐坛与环球、华纳、EMI 这些国际唱片公司分庭抗礼的人实在是无法想象，作为"华纳一哥"的 Danny 居然和英皇之间有这样的一层关系。

　　《喝彩》并不是 Danny 第一次出演影视作品，在此之前，他曾在电影《你係得嘅》①《夜车》② 以及 TVB 电视剧《甜

① 《你係得嘅》，李香琴、沈殿霞导演，郑大卫、徐小明主演，1976年上映。
② 《夜车》，严浩导演，张国强、袁丽嫦主演，1980 年上映。

姐儿》①《轮流转》②中出演过一些角色③。在谭国基的计划中，Danny 凭借第一张大碟 *First Love* 取得成功后，还需要借助其他媒介扩大影响力和知名度。在当年，最佳的宣传渠道毫无疑问就是主演电影。于是，蔡继光导演的处女作，也是为陈百强量身定作的青春偶像电影《喝彩》于 1980 年 10 月 2 日在全港上映。剧情主线围绕 Danny 饰演的阿 Ken 在校园、家庭、爱情以及参加歌唱比赛的经历展开，阿 Ken 也完全是按照 Danny 刚出道时健康向上的学生王子形象来设计的，甚至家庭背景也与 Danny 相似。除了剧情，电影中出现的大部分音乐也都是来自于 Danny 的创作：歌曲方面，除了 Danny 专门为电影创作的主题歌《喝彩》以外，还选用了 *First Love* 的粤语版《初恋》以及《眼泪为你流》作为插曲；配乐方面则有改编自《不再流泪》的纯音乐版本。略有遗憾的是，Danny 没有参与电影后期的配音工作。

　　除了 Danny 以外，《喝彩》中还出现了另一位谭国基旗下的年轻歌手——张国荣。张国荣推出个人唱片比 Danny

① 《甜姐儿》，甘国亮监制，缪骞人、华娃、苏杏璇主演，1978 年播出。
② 《轮流转》，甘国亮监制，郑少秋、郑裕玲等主演，1980 年播出。
③ 陈百强还客串参与过 1980 年播出的 TVB 电视剧《声宝喜相逢》。

早两年，不过一直没有得到大众的认可，相比一出碟就荣获十大中文金曲的 Danny，张国荣此时的地位与 Danny 不可同日而语。因此在《喝彩》中，相比阿 Ken 健康、书卷气的正面形象，张国荣饰演的 Gigo 是个有点"邪"、社会气息多一些的角色，用"反面"来形容不甚恰当，只能说相比之下偏"负面"一些。Ken 的"正面"与 Gigo 的"负面"是当年社会主流价值观的缩影，另一种直观的体现是电影高潮戏——音乐比赛环节中对于两种乐器的态度。Gigo 手拿电吉他带乐队演出的片段，若以现在的眼光来看，表演上是很有张力、现场效果也非常精彩的。但在当年的电影中，他一定会输给安静弹钢琴的 Ken。若是换在如今举办的歌唱比赛，结果很有可能会颠倒过来。一个普遍的观点是，现在的观众们就是喜欢大嗓门，现场效果也是越热闹越好。《喝彩》中担任歌唱比赛的评委、饰演自己的黎小田 ① 对于这种价值观是深有体会的。黎小田的父亲黎草田也是著名的作曲家，小田年幼时，他曾非常严厉地督促小

---

① 黎小田（Michael Lai），香港作曲人、编曲人、制作人，陈百强好友，为陈百强创作了《烟雨凄迷》《心碎路口》。

田学钢琴，姿势不标准就会给小田一鞭子藤条，但他坚决反对小田学吉他，并曾用脚踩烂过小田的四五把吉他。①

　　另外出现在《喝彩》中的主要角色还有钟保罗、翁静晶和前文提到过的陈欣健。钟保罗在《喝彩》中饰演 Ken 的哥哥 Paul。现实中钟保罗以电台 DJ 身份入行，出演《喝彩》时也是谭国基旗下的艺人，与 Danny 和张国荣并称为"中环三剑侠"（亦称"中环三太子"），后来钟保罗成为了 TVB 的金牌司仪。钟保罗在《喝彩》中也是饰演自己，职业同样是电台 DJ。另外两位当时很出名的商业二台 DJ 俞琤、杨振耀也在电影中扮演了自己。这种在电影中饰演自己的情况在那个年代的香港是经常出现的，尤其对于非职业演员来说，既能带给观众亲切的感觉，对于演员自身的职业也是一种很好的宣传。在 1989 年 TVB 为了纪念 Danny 推出个人唱片十周年拍摄的"感情写真音乐特辑"中，Danny 邀请了多位好友一起聊天，第一个出场的就是钟保罗，他回忆了拍摄《喝彩》以及 Danny 还未成名时的

①　引自《香港音乐的前世今生——香港早期音乐发展历程（1930s—1950s）》，周光蓁编著，三联书店（香港）有限公司，2017 年 10 月第一版。

往事。令人意想不到的是，"感情写真音乐特辑"播出没有多久，钟保罗便在 1989 年 9 月 1 日跳楼自杀，年仅 30 岁。饰演 Julie 的翁静晶因为在《喝彩》与电视剧《突破》中两次与 Danny 扮演情侣，而给人们以金童玉女的印象，因此被人们猜测他们在现实中是不是也产生了爱情的火花。不过 Danny 曾公开表示过翁静晶并不是他喜欢的类型，而且此时他真正的女朋友正在美国念书。陈欣健在《喝彩》中扮演 Ken 的二叔，一个被主流社会抛弃的人。设计二叔这个角色要表现的正是阿 Ken 心中"不恋祖荫""不愿做二世祖"的价值观。阿 Ken 不想受家庭的影响、希望通过自己的打拼谋求发展的理想与志向，正是 Danny 亲身经历的体现。

在《喝彩》中曾有一支五人乐队的身影一闪而过，他们在歌唱比赛环节获得了第三名，在剧情中的作用是为 Danny "陪榜"，这就是成立于 1979 年，在当年小有名气的民谣乐队 Trinity。《喝彩》的编剧之一文隽（另一位编剧是郑丹瑞）与 Trinity 的一位队员是同学，于是邀请 Trinity 参与了电影的拍摄。出现在电影画面中的 Trinity 成员从左至右分别为：邓祖德、刘永基、雷有曜、雷有辉、王永和①。吉他手邓建明后来也加入了Trinity，他与雷有曜、雷有辉一起于1985年加入太极乐队，邓祖德则成为了太极乐队的经理人。太极乐队的键盘手是为Danny创作了《任性》《幻象》并为多首作品编曲的唐奕聪，主唱雷有辉担任过多次Danny演唱会的和声歌手，雷有曜、雷有辉以及邓建明的名字也都出现在了Danny的最后一张全新大碟《只因爱你》的幕后人员名单当中。

《喝彩》是香港电影史上第一部青春偶像片，取得了非常好的票房成绩，也给那一代香港年轻人留下了深刻的印象。日后的香港乐坛天后陈慧娴曾回忆说，《喝彩》是她上中学时唯一一部翘课去看的电影。由于中国各地处于不同的社会发展阶段，这种类型的电影，台湾直到1989年才诞生了《七匹狼》，内地观众则是到了世纪之交时才有了第一部类似题材的电影《那时花开》。相比之下，《喝彩》电影的影响力更多只是局限于当年的观众，对于后世的影响力，还是Danny唱作的同名歌曲更加持久。

《喝彩》上映两个月后，收录电影主题歌的大碟《陈

---

① 来自雷有辉的回忆。

百强与你几分钟的约会》发行，排在第五首和最后一首的曲目是同一段旋律，那就是改编自经典歌曲《斯卡布罗集市》（Scarborough Fair）的作品《失业生》，分别是 Danny 的演唱版和纯音乐演奏版本，两首作品的编曲完全相同。《斯卡布罗集市》原本是自中世纪以来流传的一首英国民谣，经过西蒙与加芬克尔（Simon & Garfunkel）的改编于 1967 年作为美国经典电影《毕业生》的插曲发表后风靡世界。《毕业生》讲述的是大学生 Ben 毕业初期的一段迷惘经历。郑国江巧妙地将"毕业即失业"这一主题融入这段旋律中，讲述了一个香港版的《毕业生》故事。《失业生》的编曲①没有完全照搬《斯卡布罗集市》的民谣风格，而是加入了大量中国民乐元素，使得《失业生》成为一个古香古色、中国风浓郁的独特翻唱版本。显然 Danny 也是非常喜爱《斯卡布罗集市》的，他在"'91 紫色个体演唱会"上演唱了英文原版，现场版并没有采用《失业生》版本的编曲，而是和英文原版的编曲几乎相同。《陈百强与你几分钟的

---

① 《陈百强与你几分钟的约会》的唱片内页中，《失业生》没有注明编曲人是谁。

约会》大碟发行不久之后，谭国基极具创意的将《失业生》歌曲的内容扩展成一部完整的电影，这就是于1981年8月26日上映的第二部为Danny量身定做的电影，名称就叫做《失业生》。

《失业生》继续由"中环三剑侠"担任主演，人物设定也与《喝彩》相似。在片中，Danny饰演的阿宝与张国荣饰演的阿荣是同学加好友，阿荣还鼓励阿宝去追徐杰饰演的Mabel，不过毕业后二人因为不同的身世与理想走上了不同的人生道路；而这一次，钟保罗饰演的则是阿宝的弟弟。此外，年方二十七岁的赵雅芝以"阿荣的表姐"的身份在《失业生》中客串出现，虽然只是一分钟左右的镜头，但那份惊艳相信是所有看过《失业生》的观众一定都不会忘记的。

《失业生》最经典的场景，莫过于结尾处阿宝一身白衣在中环置地广场中央弹奏钢琴、演唱《有了你》的一幕，优雅的气质、俊朗的形象、动听的歌声在当年迷倒了不知多少少男少女。这可以被视为《喝彩》的片尾——在香港大学的陆祐堂拍摄的Danny参加比赛时弹琴唱歌一幕——的加强升级版。《失业生》中的场面更加宏大华丽，给人的印象自然也就更加深刻，也令Danny的学生王子形象愈发深入人心。其实这一幕正是重现了 Danny 在 1978 年参加雅马哈电子琴大赛决赛时的场景，当年 Danny 也是身穿一身白衣，弹奏一架雅马哈牌纯白色琴，只不过是电子琴而不是钢琴。《失业生》上映后再度大受欢迎，许多六〇后香港女性回忆起最喜欢的 Danny 的歌时都会提到《有了你》。遗憾的是于 1982 年举办的首届香港电影金像奖上并没有设置"最佳电影歌曲"奖，否则《有了你》很有可能会成为香港电影金像奖历史上的第一首获奖金曲。[①] 此外，Danny 为《失业生》创作了插曲《太阳花》[②]，这也是 Danny 第一首律动感如此轻快、活泼的曲作。郑国江所作的"她的一张小粉脸"的歌词正如 Mabel 清纯的面庞，"愿摘太阳花，来为你编制冠冕"则来自于阿宝在海边为 Mabel 戴上花环的场景。这一幕的剧照也被选为了 Danny 第四张个人大碟的封面，大碟名称也被命名为《失业生主题曲》。在当年，这是很常见的唱片命名方式，也贯彻了谭国基为 Danny 设

①　第 1 届香港电影金像奖仅设置了"最佳电影""最佳导演""最佳编剧""最佳男主角""最佳女主角"五个奖项，从第 2 届开始增设"最佳电影歌曲"奖，于第 15 届更名为"最佳原创电影歌曲"奖。
②　《太阳花》，作曲：陈百强，作词：郑国江，编曲：赵文海。

计的音乐与电影捆绑的发展路线，虽然日后人们更喜欢以电影主题歌《有了你》称呼这张大碟。值得一提的是，《失业生》这首歌从始至终也没有在电影《失业生》中出现过。

《失业生》不仅在上映当年取得巨大的成功，在二十六年后的 2017 年 9 月 8 日以数码修复版的形式首次在国内上映时，同样引起了很大的轰动。由于"中环三剑侠"均早已离世，而绝大多数的观众，尤其是众多 Danny 和张国荣的粉丝在此之前都没有过机会在大银幕上欣赏这部经典电影，因此重映时引发了不小的观影热潮。公映结束后，《失业生》发行了高清修复版的蓝光碟，这也是 Danny 出演过的电影中的第一部，网上流传的大部分 Danny 的高清视频素材都来自于此。

虽然《失业生》如此受欢迎，但之后 Danny 和张国荣却暂时不可能再出现在同一部电影中了。对于 Danny 来说，拍戏是一件很辛苦的事情，他并不喜欢这样的工作。于是在拍完 TVB 电视剧《突破》并于 1982 年秋天与谭国基和平解约后①，Danny 在之后近三年的时间里都没有再拍

---

① 另一种说法是双方合约到期后没有续约。

戏，而是专注于音乐事业。张国荣显然是喜欢拍戏的，他也自认在表演上很有天赋，但连续两部与 Danny 合作的电影拍下来，却很难让他感到开心。Danny 和张国荣早在 1978 年就已经相识了，当时二人都是未成名的歌手。他们在 TVB 的《欢乐今宵》节目中一起唱过英文歌、去澳门做过小型演唱会，都是二十出头的年轻人，一起收工、逛街不在话下。Danny 录好了新歌后拿给张国荣听，张国荣说最喜欢里面有电话那首，自然就是《眼泪为你流》，歌发表后 Danny 就红了。而张国荣虽然比 Danny 年长两岁，而且在 1977 年就已经推出了第一张个人唱片，不过之后五六年都没有红起来。由于一起出演《喝彩》和《失业生》，而且年纪、形象相近，Danny 和张国荣经常被媒体拿来比较。加上二人虽同在谭国基旗下，但在角色的分配上谭国基顺理成章的更加偏重已经成名的 Danny，而张国荣只能给 Danny 演反派。张国荣认为，虽然在音乐上 Danny 更加出色，但演技明明是自己更好，自然不喜欢总是去给 Danny 演反角。于是在《失业生》的发布会上，Leslie 单方面公开向记者宣布不会再与 Danny 在电影和歌唱上有合作，他用这种极易让外界误解二人有矛盾的方式来表达自己对于谭国基的抗议。张国荣希望能够谋求其他出路、有属于自己的一片天空，两年后他通过打官司的方式终于与谭国基解约。

不过几年后，Danny 与张国荣还是再次出现在同一部电影《圣诞快乐》①当中。《圣诞快乐》的剧情围绕麦嘉饰演的报馆主任老麦追求邻居——徐小凤饰演的歌手小凤——这个在当年很新颖的"黄昏恋"的故事展开。这一次 Danny 饰演的是老麦的大儿子——剧中的名字就是 Danny——是个品学兼优的音乐系大二学生，当然也很受女同学的青睐。张国荣饰演的 John 则因为给老麦送新车误打误撞遇上老麦的女儿李丽珍，之后二人陷入爱河。不过 Danny 与张国荣在电影中并没有对手戏，片尾全体角色大合影时也没有出现在同一个画面当中，这又引起了媒体对于二人不和的猜测。1985 年 4 月 6 日，在 TVB 举办的《十万小时庆祝盛典》活动上，Danny 与张国荣一起合唱了三首歌。舞台上，二人劲歌热舞，选唱的前两首曲目"Monica"《粉

----

① 《圣诞快乐》，高志森导演，麦嘉、徐小凤、陈百强、李丽珍主演，1984 年 12 月上映。

红色的一生》分别是张国荣和 Danny 当时最火的快歌，"Monica"由 Danny 唱出第一段，《粉红色的一生》由张国荣率先唱出。之后二人在合唱盛典主题歌[①] 时更是互换礼服上衣，并向演职人员致谢。这段时长九分钟的演出，堪称香港乐坛最辉煌年代的缩影，两位超级巨星精湛的表演与默契的配合，日后再也无缘见到。四个月后，张国荣首次在红馆举办演唱会，他用一段著名的独白正式回应了外界对于他与 Danny 不和的传言："我讲一下对陈百强的感受给你们听。我对他非常的不满，因为，他作的歌实在太好听了。我对他亦都非常的失望，理由就是因为，他的歌永远都没一支作给我唱。做电影，永远他做忠（好人），我做奸（坏人），如果我们是女人还更惨，那他就是余丽珍，我就是李香琴[②]。就由这个李香琴唱一首歌送给余丽珍听。各位，请为余丽珍喝彩！"之后张国荣便演唱了 Danny 的名曲，也是他们第一次合演的电影主题歌《喝彩》。第一

---

① 　此盛典主题歌是威猛组合（WHAM!）的名曲 "Wake Me Up Before You Go-Go" 的中文版，歌名及作词人不详。
② 　余丽珍和李香琴是香港粤剧电视的著名演员，余丽珍饰演的正宫娘娘为正角形象，李香琴饰演西宫娘娘为反角、奸妃形象。

段唱完后，张国荣邀请 Danny 上台，不善言谈的 Danny 与张国荣拥抱后，看着后者却一时不知该说什么好，只说出一句"我一直不想做余丽珍"——这是一句埋在心底多年、发自肺腑的话，大概 Danny 还有没说出口的后半句"我也不想你做李香琴"。那个年代，能够在红馆开演唱会标志着张国荣终于达到了一线歌手的行列，所以 Danny 向张国荣道恭喜、祝他百尺竿头更进一步。之后二人一起将《喝彩》唱完，并再次相拥在一起。这也是这两位传奇巨星在舞台上的最后一次合作。Danny 于 1987 年接受郑丹瑞的采访时回应与张国荣不和的谣言说："我们是很久的朋友，以前一起合作、拍电影，以前是同一个经理人。后来各自发展，接触就少了。我心中不会有任何一个假想的敌人，我觉得唯一假想的敌人就是自己而已。"

《圣诞快乐》是 Danny 在演技与形象上的一次重大突破，从电影《喝彩》到电视剧《突破》，Danny 一直给人以斯文儒雅的学生王子形象，但在这部主打喜庆欢乐的贺岁片中，Danny 展现出他搞笑的一面：从最初被梁韵蕊饰演的钢牙妹索吻，到钢牙妹变身时尚佳丽后看傻了眼的花痴男；之后为了帮助老麦追小凤，更是扮黑社会变身"拖鞋强"想要吓走袁和平饰演的表哥，结果被内力深厚的表哥一阳指"戳"败——Danny笑称这段演出为"扮鬼扮马"。《圣诞快乐》让Danny又萌发了演戏的兴趣，他希望能够遇到好的剧本、拍几部好的电影。恰逢Danny与华纳的唱片约即将到期，在Danny与各唱片公司商谈新合约时，德宝电影公司的潘迪生向Danny抛来了橄榄枝，用他的迪生娱乐影业有限公司（Dickson Picture And Entertainment Ltd.）与EMI合作为Danny开办一家新的唱片公司，这就是之后的DMI。Danny也与德宝电影公司签约成为了演员，并客串①演出了又一部贺岁电影《八喜临门》②。在当年的香港电影中，海外回来的"表哥"是经常出现的角色，那个年代的香港人又有几个没有点"海外关系"呢。Danny在《八喜临门》中饰演的就是位从美国回来的"表哥"——罗美薇饰演的吴奈所暗恋的对象，而他最后的情感归宿则是李丽珍饰演的麦当娜。Danny在《八喜临门》中的戏份不多，但

---

① 海报上注明"特别情商客串：陈百强"，《圣诞快乐》电影海报上对于张国荣的定位亦为"特别情商客串"。

② 《八喜临门》，冯世雄导演，吴耀汉、冯宝宝等主演，1986年1月上映，德宝公司出品。

他（向吴奈）微笑眨眼、竖起大拇指的画面，如今却经常在网络视频中被引用，还被做成了表情包。此外，Danny还演唱了《八喜临门》的电影主题歌《家》。①

1986年下半年，Danny终于遇到了"最好的剧本"——电影《秋天的童话》②。导演张婉婷和她的丈夫、编剧罗启锐都是Danny的忠实歌迷，在确定由周润发"发哥"和钟楚红"红姑"担任男女主角后，对于男配角的演员，他们只考虑Danny，没有想过要找其他人。Danny看过剧本后欣然应允，但提出了一个要求，必须把男配角的名字由Whinston改成Vincent。与张、罗的第一部电影《非法移民》一样，《秋天的童话》的故事背景及拍摄地也在美国，为此Danny去纽约出了三周的外景，还自己准备了所有的服饰。在电影故事中，Vincent是钟楚红饰演的十三妹在香港时的男朋友，十三妹追到美国想和他一起读书，但Vincent此时已有了新的女朋友。按照剧情设定，Vincent是个有些花心的人，但Danny的演绎却让任何一位观众都

---

① 关于《家》的更多信息详见本书第五章《永恒的爱》。
② 《秋天的童话》于1987年7月于香港上映。

讨厌不起来。大家只会认为 Vincent 是与初到美国的十三妹有着截然不同的西方式的"现代爱情观"而已，又有谁能在感情上一次性就做出最正确的选择呢？后来，十三妹也选择了重新回到 Vincent 的身边——这也是电影真正的结局。在现实生活中，周润发饰演的"船头尺"是不可能在海边开得了餐馆的，片尾十三妹与"船头尺"在海边重遇的一幕只是个美好的"童话"。由于年代过于久远，在 2017 年修复版的《失业生》之前，Danny 出演的电影从来没有在大陆公映过，中央电视台的电影频道自世纪之交时开始播放的《秋天的童话》应该是大陆第一次正式播放 Danny 出演的电影。

笔者认为，在 Danny 出演过的所有影视作品中，演技最精妙的一幕正是出现在《秋天的童话》中：十三妹在街上偶遇 Vincent 和女友坐在长椅上休息，Vincent 回头时发现了十三妹，欲走又怕女友生疑，下意识微微欠身之后又犹豫的坐下，有些滑稽的动作和神态将人物尴尬的心理表现得淋漓尽致。从戏份来说，Vincent 是除了男女主角以外最重要的第三号人物，但令人没有想到的是，Danny 居然没有收到片酬，这次出演也由名副其实的男配角变成了客串。Danny 在接受采访时说："呀……俾人呃咗啰（被人骗了）！"。《秋天的童话》上映后大受欢迎，成为香港影史上的经典名片。Danny 为影片取得的成就高兴，但也不希望再出演这样的角色，因为任何人提起《秋天的童话》只会记得周润发演的船头尺和钟楚红演的十三妹，而他只是个陪衬，根本没有人会记得他。不过这并不会影响 Danny 与周润发和钟楚红这两位老朋友的友谊，红姑是 Danny 最欣赏的女性之一，发哥在参加"感情写真音乐特辑"拍摄时号召大家"要疼 Danny，因为他是一位很弱小心灵的小朋友"。Danny 去世后，周润发和钟楚红都作为扶灵人送了 Danny 最后一程。

此外，《秋天的童话》还有一个只属于 Danny 自己的故事。从纽约回到香港后的某天午后，Danny 见到一片红叶飘落到自家的阳台，这让他回忆起在纽约拍戏的经历，于是他弹着钢琴创作出了一段优美的旋律。这段旋律有着浓重的欧美音乐的味道，与故事情节发生在美国的《秋天的童话》的气质相当契合。Danny 希望能够用这段旋律作为《秋天的童话》的主题歌，他托俞琤向张婉婷转告这个想法，并且很有信心的在"'86 前进演唱会"上向歌迷们宣布了这件事，还亲自用一架透明的钢琴为现场观众演奏了这段旋律。然而，《秋天的童话》最终选用了电影配乐人卢冠廷作曲、吕方演唱的《别了秋天》作为主题歌，Danny创作的这段旋律则是以《梦呓》之名发表在1987年1月发行的Danny的大碟《痴心眼内藏》当中。

为什么张婉婷没有选用Danny创作的旋律？这是令Danny的歌迷们三十多年来一直非常不理解的事情。2022年7月31日，张婉婷在《秋天的童话》4K重映活动连线回答影迷提问的环节时给出了她的回答：Danny从来没有跟她说过为电影创作过一首歌，而且她认为电影音乐应该有连贯性，所以从一开始就认为应该是由配乐人来创作主题歌并且在电影不同的片段对主题进行变奏；张婉婷也很庆幸Danny没有向她提过要用他作的曲当主题歌这个要求，否则她不知道该怎么拒绝Danny。[①]虽然没有能够如愿成为《秋天的童话》的主题歌，但《梦呓》的旋律还是

① 《秋天的童话》幕后制作及张婉婷问答部分内容参考自《再见秋天、再见童话》一文，作者djjackle，公众号：吃喝玩乐一肥人，2022年8月11日。

出现在了另一部由德宝出品的电影《最后胜利》^①当中。《最后胜利》的片头、片尾歌都选用了 Danny 的《深爱着你》，男主角曾志伟和女主角李丽珍也都在片中演唱过《深爱着你》，《梦呓》则是作为配乐在电影中出现。

　　笔者认为，《梦呓》的旋律更适合以演奏曲而不是歌曲的形式出现，旋律中蕴含的深邃的情感用文字承载后反而弱化了其本身具有的魅力。或许 Danny 也明白这一点，所以在《痴心眼内藏》大碟中，除收录由俞铮与陈少琪共同填词的演唱版《梦呓》之外，Danny 还请编曲人奥金宝创作了一版演奏版的《梦呓》，这也是在 Danny 担任监制的大碟中首次进行这样的尝试（之后才有了演奏版的《我的故事》）。录音室的《梦呓》演奏版加入了弦乐与键盘模拟的音色，与 Danny 的现场钢琴独奏版各有千秋。由于《痴心眼内藏》大碟内页中并没有乐手名单，所以无法确定录音室演奏版《梦呓》中的钢琴是谁演奏的，但根据键盘类乐器一般都是由编曲者演奏的规律来推断，演奏者应该

① 《最后胜利》，谭家明导演，曾志伟、李丽珍、徐克主演，1987 年 3 月上映。

是编曲人奥金宝。《秋天的童话》在第 7 届香港电影金像奖上拿到了"最佳电影""最佳编剧""最佳摄影"三个奖项，卢冠廷入围了最佳电影配乐的最终五个提名，但并未获奖。《秋天的童话》是 Danny 出演的最后一部电影，虽然在 Danny 的艺术人生中曾出演过多部电影，也奉献过多首经典的电影歌曲，但最终还是遗憾的与香港电影金像奖彻底地错过了。

1993 年 10 月 25 日，在陷入昏迷一年零五个月后，Danny 永远离开了这个世界，告别了热爱他的亲人、朋友和歌迷们。当年的人们不会想象到，三十年来科技的飞速发展，会让笔者写作本书的当下成为一个人人拿着手机看视频的时代。在 Danny 活跃的年代，如今传媒通用的数码摄影、数码摄像以及互联网技术都还没有出现或普及。在 Danny 去世之后的二十多年里，电视台、电影公司以及唱片公司几乎没有发行过 Danny 的高清视频。TVB 拥有版权的《突破》电视剧、《感情写真》音乐特辑只发行过 VCD，Danny 主演的电影以及"'91 紫色个体演唱会"发行的最高画质也只是 DVD——即标清画质。只有《秋天的童话》曾在 2010 年推出过蓝光影碟，从分辨率上虽然属于高清画质，但也不是修复版。如今绝大多数在网络上流传的 Danny 的电视采访、演出、演唱会等影像资料是忠实歌迷们当年用录像机从电视台翻录下来，再从录像带转制成数字视频后上传到网络的。直到 2017 年以后，由电影公司利用数字修复技术重新制作的《失业生》《秋天的童话》蓝光影碟发行，才让 Danny 终于有了高清版的视频素材出现。随着 AI 技术的不断发展，也有网友尝试用已有的素材自行修复 Danny 的视频，虽然清晰度得到了不小的提升，但毕竟不是利用原始母带作为影像源，在移动设备上看效果还可以，但终究与现今年代真正意义上的高清标准还有着不小的差距。2015 年香港环球唱片推出的《文质翩翩》精选附带的 DVD 中，12 段经过数码修复的清晰的 Danny 经典演出片段提醒着歌迷，在 TVB、电影公司及相关版权方手中，其实存有大量 Danny 的影像资源，若要重见天日，需要有识之士多加出力以及适当的契机才有可能。如笔者这样的普通歌迷，也只有一年又一年的翘首期盼，希望有生之年，还能够看到有新鲜的、更加清晰的 Danny 的影像来到我们的眼前。

Danny 离开我们已经三十多年了，但他的艺术形象，他创作的旋律，以及他演绎过的作品，对于香港乐坛乃至整个华语音乐世界来说，经典地位都是永远不会改变的。在愈发重视原创精神的当下，Danny 自身的作曲才华以及他在那个填词歌成风的年代坚持大量使用本地音乐人原创作品的态度，亦随着时代的演进，获得了业内人士和普通歌迷们越来越多的称颂与褒扬。在每个五周年、十周年的纪念日，亦都有新一代歌手翻唱 Danny 的歌来向他致敬。还有一代又一代的年轻人如当年的笔者以及很多 Danny 的忠实歌迷一样，在某个时刻听到了 Danny 的歌声，喜爱上了 Danny 的作品，将 Danny 视为自己的偶像，听着 Danny 的音乐成长，用 Danny 的音乐陪伴自己的人生。无论欢喜还是悲哀，幸福或是艰辛，心中的 Danny 永不改变地与你同行！只要你能够想起 Danny 那充满正能量的歌声，他就会永不改变地给予你无穷的鼓励！

正如 Danny 在《深爱着你》大碟的最后一首歌《永不改变》中用他并不多见的硬朗音色所唱的：

如若你有一天，

无力再苦战，

旁人在你身边挂出冷面，

祈望你不灰心

同行共苦的我，

无论你怎样，

仍像今天绝不变！

附录　关于《一生何求》的一切

2023 年 6 月 29 日晚 8 点,《"湾区升明月" 2023 大湾区电影音乐晚会》在 CCTV-6 电影频道、凤凰卫视、香港电台等多个平台同步播出。在这场迎接香港回归二十六周年纪念日并寄语"粤港澳大湾区的中国式现代化新图景"的盛大晚会中,徐小凤、温拿乐队、成龙、汪明荃、刘德华、陈慧娴、李克勤等香港一众老牌明星纷纷登台表演献唱歌曲。晚会高潮阶段,温兆伦与内地歌手刘惜君共同出场合唱了《一生何求》,引得台下的主持人和明星观众们轻声跟唱,背景大屏幕上也陆续出现了温兆伦、邵美琪、黄日华、商天娥、周海媚年轻时的照片。虽然早在 1986 年温兆伦便已经推出了他的首张个人粤语大碟,在九十年代初他也唱出过《没有你之后》《随缘》等几首在香港乐坛较为知名的作品，但他首唱的所有歌曲的知名度都不如那部让他一举成名的 TVB 电视剧的主题歌要高，这就是 Danny 演唱的电视剧《义不容情》[①] 主题歌《一生何求》。

1988 年 12 月 1 日，Danny 正式对外宣布，与 DMI 约满后不再续约，将第二次加盟香港华纳唱片。与第一次加盟时的孤军奋战不同，此时的华纳旗下已有几位一线歌手。并无意与他人竞争的 Danny 这次选择回归，老朋友黄柏高的作用相当重要。Danny 第一次加盟时，香港华纳的总经理是吴正元，正是因为与她不睦，Danny 才选择离开华纳。短短几年时间，当初的制作部新人黄柏高已经取代吴正元升任华纳总经理，Danny 也希望借重回华纳的机会能够与好友黄柏高共创一番事业。此外，Danny 极为欣赏的林忆莲此时已由 CBS／SONY 转投华纳，再加上一直留在华纳的好友叶蒨文，华纳成为此时 Danny 的不二之选。黄柏高安排何哲图（Herman Ho）具体负责为 Danny 提供服务，而 Danny 向何哲图提出的第一个要求就是拿到王

---

① 《义不容情》，韦家辉监制、导演，黄日华、温兆伦、刘嘉玲、邵美琪、商天娥、周海媚主演，1989 年 4 月 3 日首播。

杰的《惦记这一些》的改编权。Danny 在台湾旅行时于朋友的车上听到了《惦记这一些》，他很喜欢这首歌，希望改编成粤语版。一回到香港，Danny 就打电话给华纳，询问是否能够拿到《惦记这一些》的版权。其时，恰逢华纳正在筹备王杰来港发展的第一张粤语大碟，而负责服务王杰的也正是何哲图。此前，台湾飞碟唱片为王杰先后于1987 年 12 月和 1988 年 7 月推出的前两张国语专辑《一场游戏一场梦》《忘了你忘了我》，在中国台湾、新加坡和马来西亚掀起了一股"浪子"狂潮。与飞碟密切合作的华纳于是决定签约本身就是香港人的王杰来港发片，曲目全部选择王杰在台湾已经发表的作品再做改编，并于 1988 年10 月将王杰的第一首粤语歌《可能》派台打榜，12 月又跟进王杰与林忆莲合唱的《还有》继续预热。所以，Danny想要拿到《惦记这一些》的版权自然不是问题。为王杰担任唱片监制的郭小霖原本准备将《惦记这一些》也交给王杰演唱粤语版，同时负责服务这两位歌手的何哲图经过考虑后，决定把《惦记这一些》的改编权交给 Danny，并由潘伟源负责填词。最终在 1989 年 2 月发行的王杰第一张粤语大碟《故事的角色》中，除了来自王杰前两张国语专辑中的歌曲，还改编了王杰在 1989 年 1 月推出的第三张国语专辑《是否我真的一无所有》的标题歌，或许就是为了弥补《惦记这一些》留下的空缺。

Danny 在制作《凝望》大碟时，希望借由加盟新公司（DMI）的机会和一些新的填词人展开合作，经由唱片监制王醒陶的介绍，潘伟源为 Danny 填了第一首词《我爱上课》。除了潘伟源，陈嘉国、向雪怀、卢永强、唐书琛都是在《凝望》大碟中第一次为 Danny 填词。虽然之后一年多，潘伟源未再获得为 Danny 填词的机会，但当黎小田应邀第一次为 Danny 作曲后，Danny 却指名要求由潘伟源来填词，使得黎小田还以为潘伟源和 Danny 很熟，其实此前二人连面都没有见过。黎小田很早便与 Danny 相识，虽然他比 Danny 年长了整整一轮，但并不妨碍二人成为忘年之交，他经常与 Danny 去 Disco 舞厅玩，有时他送 Danny 回家，有时 Danny 送他回家。一次 Danny 问黎小田："你有那么多作品，为什么不给我写歌？"于是黎小田便为 Danny 量身定作了一段旋律，潘伟源填上了意向绵密、华丽凄美的歌词，这就是收录在《神仙也移民》大碟中的《烟雨凄迷》。黎小田曾谦虚自评他写的旋律只能得 60 分，但由于有了 Danny 的演绎于是便成了 100 分。相比作曲，黎小田的编曲更见功力，尤其是在间奏处谱写的萨克斯独奏的旋律堪称点睛之笔。填好词之后，潘伟源想去录音室和 Danny 见一面，但到了门口却被工作人员以会影响歌手酝酿情绪为由把他赶走了。Danny 知道潘伟源来过后，马上追下楼来找，但没有找到。Danny 完成录音后打电话告诉潘伟源，将寻找他的感觉唱到了"昏暗街头，你似梦幻般飘近，抓紧你，呼吸渐深沉"这句里面。《烟雨凄迷》推出后大获成功，在中文歌曲龙虎榜和劲歌金榜都拿到了冠军，并且入选 1988 年劲歌金曲第一季季选，更是让 Danny 第一次拿到了"双十大"金曲，这也是 Danny 自首届十大劲歌金曲之后时隔五年终于再次获得这一奖项。之后，潘伟源便成为 Danny 固定合作的填词人，他在《无声胜有声》和《冬暖》两张大碟中都各填了两首词。

当潘伟源接到为《惦记这一些》填写粤语词的任务时，他知道这是 Danny 回归华纳之后的第一首歌，也是 Danny 特意要来改编的，所以一定要写好，这给了潘伟源不小的压力，究竟该写什么题材好呢？他考虑：自己之前已经为 Danny 写过《烟雨凄迷》这么出名的情歌，作为情歌王子的 Danny 也已经唱过那么多情歌，不如换个题材来写；Danny 是这么全面的一位歌手，什么风格都难不倒他，不如写一首成熟一些、讲述人生哲理的歌来给 Danny 唱。在 Danny 的早期作品中，郑国江其实为 Danny 写过不少人生哲理类的歌词，不过那些都是劝勉年轻人要努力奋斗，或是面对人生长路时要为理想一往无前的主题。潘伟源此时面对的是已过而立之年而且在很多人眼中经历过事业低谷的 Danny，填词时的立意肯定要与此前不同。在潘伟源看来，Danny 从来没有经历过低谷，他事业的最低点也要比大多数人高很多，对 Danny 来说只有辉煌和略微不那么辉煌而已。而他想写给 Danny 的正是一首可以让 Danny 在回顾过往的人生时，对于人情冷暖有很多感触的歌词，这就是《一生何求》。拿到歌词后，Danny 问潘伟源，为什么要写这么"历尽沧桑"的歌给他。潘伟源的回答是："我只大你几年（岁），如果我能够写的出，你一定也能唱的到。"

此时，恰逢 TVB 的监制韦家辉正在拍摄时装剧《义不容情》并在寻找合适的主题歌和插曲，黄柏高很希望能够由 Danny 和王杰来演唱，于是打算带潘伟源去见韦家辉谈写主题歌的事。不希望被要求修改歌词的潘伟源起初并不想去见韦家辉。黄柏高劝说潘伟源道：韦家辉并不知道歌词已经填好了，咱们一起去听韦家辉讲一下剧情，之后再把歌词交上去并且说是为电视剧所写的就好了。韦家辉向二人提出要求歌词写"一个人得到了他不想得到的，而想拥有的却失去了"这一主题，这正是黄日华饰演的男一号丁有健的命运。丁有健并没有要发达的想法，他只希望一家人团圆、弟弟妹妹都过得好，然而最终他却妻离子死、兄弟反目，只空有一身财富。韦家辉为了表达这一主题，也力排众议，坚持安排了丁有健的妻子——刘嘉玲饰演的倪楚君去世的大结局。为了能够完成让《一生何求》成为《义不容情》的主题歌的目标，潘伟源忍痛将原本写好的歌词中的"偏加重我苦忧"改成了"触不到已跑开"，并且告诉韦家辉这是专门为剧中周海媚饰演的李华追火车的镜头而写的，令韦家辉十分满意，决定采用《一生何求》作为《义不容情》的主题歌。

　　Danny 为《一生何求》选择的编曲人是绰号"小飞象"的吉他手苏德华（Firman So），这也是他第一次为 Danny 编曲。苏德华在 1983 年与鼓手唐龙、贝斯手单立文及键盘手黄良昇共同组成了摇滚乐队 Chyna，并推出了以长城的照片作为封面的英文大碟 *There's Rock & Roll in Chyna*。1987

年，苏德华与单立文、黄良昇另组乐队 Blue Jeans 签约 CBS / SONY 唱片并推出了一张 EP 和三张大碟。Danny 与林忆莲在"'88 存真演唱会"上合唱过的《住家男人》，原唱就是 Blue Jeans 与林忆莲。除了玩乐队，苏德华还是名出色的录音室吉他手，他参与录制过的港、台两地的流行音乐作品数不胜数。由于 Danny 的大部分大碟内页都没有记载乐手名单，所以无从考证在《一生何求》之前苏德华究竟参与过哪些 Danny 的作品。笔者推测，收录于《凝望》大碟中的《没法可续缘》的电吉他可能是苏德华弹奏的，尾奏处的电吉他 solo 与王杰的《你是你，我是我》中的演奏极为相似。王杰的前三张国语专辑均是由著名音乐制作人李寿全的 RIO 工作室完成音乐制作后，交由飞碟唱片发行。李寿全在这三张专辑中请到的录音乐手是台湾八十年代中后期最经典的录音室乐手组合——陈志远（键盘）+ 黄瑞丰（鼓）+ 郭宗韶（贝斯）+ 游正彦（吉他），再加上初到台湾发展的苏德华，编曲工作全部由陈志远完成。陈志远为《惦记这一些》设计的编曲架构以双木吉他为贯穿全曲的伴奏乐器，点缀以合成器的音色以及在第一段间奏和第二遍主歌先后加入的贝斯和鼓，整体上偏民谣风格，吉他也以弹奏分解和弦为主，在好歌如云的《一场游戏一场梦》专辑中并不出众，甚至都不如间奏有精彩的木吉他 solo 的《风和雾》给人留下的印象深刻。《一生何求》的编曲其实与《惦记这一些》是几乎完全相同的，唯一不同的是前奏和间奏改用笛子演奏了主旋律，古朴、悠扬的音色相比《惦记这一些》使用的合成器音色带给人更加真切的感动，也更经得起时间的考验。相比《惦记这一些》，苏德华在《一生何求》中的吉他演奏更加精彩，他每一次拨动的仿佛不是吉他琴弦而是听者的心弦，令听者的灵魂与音乐产生出强烈的共鸣。Danny之后还将《等待您》大碟中的《在空气中等你》《从新欣赏我》的编曲工作交给了苏德华，同一年，Danny 还请苏德华的乐队友人黄良昇负责为《陈百强 90 浪漫心曲经典》大碟中唯一的新歌《半分缘》编曲。

虽然在乐器的演奏上《一生何求》与《惦记这一些》几乎无异，但两首歌在听感上呈现出的差别是巨大的，这是为什么呢？首先，两首歌在混音上采用了不同的处理手法。《惦记这一些》将木吉他的音量调得很大，每种乐器的音色层次分明，人声极为突出，但音场效果略显单薄。《一生何求》中，乐器与人声的音量均衡得恰到好处，二者完美融合在一起，听感更符合现代审美，即使三十多年后亦是如此；第一段间奏处加入贝斯后，音场效果更加饱满，带领听者的情绪进入更深的一个层次；从第二段主歌加入的鼓声，每一次敲击仿佛都在轻扣你的心门；逐渐丰富的各乐器演奏在第二段间奏处达到乐曲的高峰，绚烂的双吉他合奏在合成器音色的点缀下，让听者眼前似乎出现了一片繁星点点的夜空，每一颗星星都是过往人生中一段难忘的回忆。其次，两版歌词带给听者的感受也是完全不同的。王文清发表的国语作品全部由他自己包办词曲，相比作曲，他的作词水平是要略逊一筹的（早期的王杰亦是如此），若是搭配到合适的旋律，那种源自创作时最原始的感动往往是精雕细琢后填出的歌词难以企及的，正如《一场游戏一场梦》《忘了你忘了我》这样的作品带给听者的强大冲击力。但如《故事的角色》（国语版）、《惦记这一些》等歌词，王文清在一些词句尤其是韵脚的处理上是稍欠火候的，经过香港词匠们的重新谋篇后，方能将旋律中蕴含的能量极大发挥出来。

当然，对于一首歌曲来说，歌手的演绎是最重要的部分。词、曲、编即使再好，若是歌者无法将其中的感情充分表现出来，也是无法打动普罗大众的。Danny 在《一生何求》中再次展现了他把握歌曲感觉的独到之处。面对这样一首情感细腻、复杂的作品，他唱出了一种与他在其他作品中呈现出的完全不同的音色，引发出听众百味杂陈、感慨万千的思绪。那是一听便知道是 Danny 的嗓音、却又有着什么不同以往的元素存在的歌声。Danny 对于细节的处理——如"却偏失去"的略加停顿、"便更改"的转音——精妙无比。之后的三十余年中，有数不清的歌手翻唱过《一生何求》，即便很多人已经尽力去模仿 Danny 的唱法，却无人能够唱出比 Danny 更加动人的效果。1991年，Danny 在一档电视节目中曾与王杰、吕方同台合唱了《一生何求》与《惦记这一些》：由 Danny 独唱《一生何求》的两遍主歌，王杰和吕方合唱《惦记这一些》的副歌；在第二遍和第三遍的副歌中，Danny 即兴用哼鸣为两位华纳旗下的后辈歌手伴唱。之后 Danny 下台，留下王杰与吕方演唱了《一场游戏一场梦》专辑中另一作品的国、粤两版，就是《风和雾》与《天老情未老》。除了《故事的角色》，王杰还先后于 1989 年 8 月、12 月在香港推出了他的第二张和第三张粤语大碟——《谁明浪子心》与《人在风雨中》，他也凭借《谁明浪子心》（歌曲）拿到了 1989 年度的"双十大"金曲并在两个颁奖礼上都获得了最佳新人奖。然而，在经历了 1989 年短暂的蜜月期之后，王杰与华纳后续的合作就算不上多么愉快了，他也遭受了与 Danny 在第一个华纳时期末尾相似的"待遇"。由于王杰在约满后未与华纳续约，华纳将王杰在 1994 年已经录好的全新粤语大碟《哑巴的杰作》雪藏至 1996 年才推出，并且没有进行任何宣传。这也使得王杰自 1993 年后在香港乐坛彻底消失，直到 1999 年末才在英皇（EEG）旗下再次回归。

在 1989 年 4 月 1 日播出的 TVB "欢乐今宵新干线"栏目中，Danny 首次公开演唱了《一生何求》并介绍这是 TVB 的新剧《义不容情》的主题歌。在当时，无论是现场或是电视机前的观众大概都只会觉得这是一首很动听的歌，但没有人会想到，当两天后的 4 月 3 日晚上《义不容情》开播，《一生何求》会产生巨大的轰动效应。在《义不容情》不到一分半的片头剪辑画面中，人们看到了信息量丰富的情节：随着前奏经典的旋律出现了夕阳下的香港街景，落魄的丁有健叼着烟头缓缓从远处走来；蓝洁瑛在"回头多少个秋"的歌声中回头看到的是索命的绞绳；"寻遍了却偏失去"时丁有健抬起头，画面中先后出现了他已故去的至亲——母亲、父亲、养母、养父，紧接着"未盼却在手 我得到没有"的是发达了的他站在豪宅中仰望天空的画面；"一生何求"的歌声中，一个男人低着头从阴影中走来，这就是温兆伦饰演的男二号"大坏蛋"丁有康；韦家辉没有浪费潘伟源的心血，在"触不到已跑开"的歌词出现时真的配上了李华追火车的画面；最后一句"没料到我所失的 竟已是我的所有"唱出时，西装革履的丁有健在夜风中抚发苦思，画面两侧出现的是他最爱的两个女人——倪楚君和李华，然而她们最终都离他而去。《义不容情》的片头堪称画面情节与歌词含义完美结合的典范之作，哀伤的曲调配合从第一集伊始主人公悲惨、冤屈的命运，令电视机前的无数观众深深为之牵挂。之后展开的曲折难测、高潮迭起的剧情，更是让人在每一集结束时都无法割舍，迫切的想要知道后续的发展。《义不容情》成了超级热播剧，而与剧情紧密相关的主题歌《一生何求》也在一次又一次的播放中深深地印在了无数观众的心里。作为主题歌，《一生何求》不仅在《义不容情》五十集的片头均有播放，在片尾也有一半左右的集数播放，也就是说，在两个月每晚的黄金时段，无数香港人连续听了至少七十遍的《一生何求》。不过在第一集的片尾，TVB就搞了个大乌龙出来，字幕中将《一生何求》的作曲人写成了王杰，这让当年的很多观众都误以为《一生何求》是由王杰作曲的，而这种错误在之后很多集中都还有出现，虽然在第一集的片尾字幕中就已经打出了插曲的词曲信息，并且写对了作曲人是王文清。观众们是在第五集的片尾第一次听到王杰演唱的《几分伤心几分痴》[①]。因感情基调不如《一生何求》更加契合剧情，所以《几分伤心几分痴》只在一半左右的片尾出现，但在商天娥饰演的冯美欣走向生命最后时刻的那一段中，《几分伤心几分痴》完美烘托出了人物的心境与状态。多年后，当人们重看这个片段时，不禁会联想到Danny在家中陷入昏迷前那个最后独处的晚上，在那段短暂的时光里，他的心中究竟在想些什么呢？

此前，Danny也曾为多部TVB电视剧配唱过主题歌，

---

① 《几分伤心几分痴》,《一场游戏一场梦》的粤语版，词、曲：王文清，粤语词：潘伟源。

比如《画出彩虹》①《痴心眼内藏》②《错爱》③《令你着迷》④，这些作品虽然也很受歌迷和观众的欢迎，但从未有一首歌能够如《一生何求》一样取得如此大的轰动和影响力。无论对于 Danny 个人、香港乐坛以及香港电视剧的历史来讲，《一生何求》都是一首极为重要的经典金曲。《一生何求》的影响力也不仅限于香港地区，在世界各地，只要是有华人的地区，一定都有《一生何求》的歌声。

　　大碟尚未推出时，《一生何求》已在 4 月 30 日入选 TVB 劲歌金曲第一季季选，之后陆续成为了叱咤乐坛流行榜（第17周）、中文歌曲龙虎榜（第 19 周）以及劲歌金榜三台冠军歌。这也是继《感情到老》之后，Danny 的第二首三台冠军

---

① 电视剧《画出彩虹》主题歌，招振强监制，张曼玉、刘青云、吕良伟等主演，1984 年首播。
② 电视剧《钻石王老五》主题歌，曾励珍监制，吴启华、吴镇宇、毛舜筠、蓝洁瑛等主演，1986 年首播。
③ 电视剧《错爱》主题歌，李鼎伦监制，张兆辉、周海媚、关礼杰、欧阳震华等主演，1987 年首播。
④ 电视剧《衰鬼迫人》主题歌，韦家辉监制，卢海鹏、毛舜筠、伊雷、温兆伦等主演，1988 年首播。

歌。华纳发给电台的白版唱片[①]封面上的照片来自于 TVB 为《一生何求》拍摄的 MV 中，Danny 坐在地上、双腿支起、用手抱住腿的画面，同期拍摄的照片也被用在了 Danny 去世不久后华纳唱片推出的《离不开——陈百强纪念歌集 80–93》的封面上。《一生何求》的 MV 以 Danny 的画面穿插《义不容情》的片头及剧情画面构成。第一段主副歌中，Danny 上身穿深色外套、内穿白衬衣，下身穿浅蓝色牛仔裤，坐在白色的雾气当中；第一段间奏时，他站起走过灯光照耀的舞台，当他的身影在第二段副歌伊始再次出现时，已换上了一身黑色的衣服，内穿紫色的高领毛衣，这个造型的照片用在了同年仅在内地发行的《陈百强经典金曲——陈百强专辑（2）》卡带的封面上[②]。这盘卡带封底的照片来自《一生何求》的另一版 MV，是 TVB "感情写真音乐特辑" 中 Danny 身穿白底大红花图案

---

① 白版唱片，又称电台版黑胶、宣传黑胶，是唱片公司送给电台 DJ 打榜用的，通常一张碟只有一首歌；由于只作宣传之用，因此尽可能压缩制作成本，封面设计极为简单，大部分是以白色作为封套底色，印上歌名和歌手的黑白照片，封底印上歌词和词曲作者信息，并盖上 Promotion only 印章。

② 此版专辑由华纳提供版权、北京东方影音公司出版，收录了陈百强在第一个华纳时期的 12 首作品，只发行了卡带版。

上衣、白色长裤的造型；MV 中除了有在游艇甲板上拍摄的 Danny 吹海风的画面，还穿插了 Danny 以往在各个颁奖礼领奖时的历史画面，契合了潘伟源填词时希望 Danny 借这首歌回顾过往歌唱生涯的初心[①]。这一理念也贯彻于另一版在外景拍摄的《一生何求》MV 中，除了领奖，还有 Danny 在现场捧花唱歌的历史画面。前两版 MV 中都没有 Danny 开口唱歌的画面，这一版中，Danny 若有所思在公园中漫步，时而停下开口唱歌，他身穿一身黑衣、外套墨绿色的长款大衣，显得身材修长、非常有型。

华纳唱片原本计划配合《义不容情》的播放在 1989 年 5 月中旬推出 Danny 的新碟，遗憾的是 Danny 因喉咙痛及咳嗽被迫中断了录音工作，《一生何求》大碟最终于 6 月 7 日上市发行[②]。这一年正好是 Danny 推出个人唱片十周年，

[①] 这一版 MV 结束于第二遍间奏之后。

[②] 1989 年 6 月 6 日《天天日报》整版刊登的《一生何求》广告中载明"唱片盒带铁定明日全面隆重上市"；但在华纳唱片召开的记者招待会发给媒体的宣传稿中却载明"……万般期待下，于 6 月 9 日正式推出先声夺人的崭新大碟：《一生何求》……"本书以报纸广告的发行日期为准。

《一生何求》又是 Danny 重回华纳推出的第一张大碟，意义非比寻常，Danny 不仅亲自担任唱片监制，整体把控专辑的品质，他还特意请来了著名的摄影师鲍皓昕（Basil Pao）设计大碟封套。此前，鲍皓昕曾在意大利导演贝纳尔多·贝托鲁奇的名片《末代皇帝》中饰演了溥仪的父亲醇亲王爱新觉罗·载沣，他还身兼副导演及剧照摄影师，拍摄了很多著名剧照及幕后照片。鲍皓昕在香港乐坛最著名的作品是为太极乐队加盟华纳后推出的第一张大碟《禁区》（1987）设计了唱片封套，这让他获得了第十届十大中文金曲奖的"最佳唱片封套设计奖"。鲍皓昕以深黑色作为大碟封套的底色，用黑白胶片拍摄 Danny 的照片来配合标题歌《一生何求》深邃的意境；大碟标题、歌手名及曲目表采用的是一种不常见的绿色，在黑色的封套上显得极为醒目，歌词页反过来以绿色为底色印上黑色的歌词，独特的颜色搭配显得既风格时尚又格调高雅。值得一提的是，首版黑胶、卡带、CD 以及之后的全部再版 CD 中，封面的大碟标题以及封底的曲目表都是用竖版打印的，只有 2012 年华纳推出的《一生何求》再版黑胶改成了横版打印。继五年前的《百强'84》后，Danny 再次身穿背心拍摄了《一生何求》大碟的封套。眼尖的歌迷会发现，Danny 穿的白底黑色雄鹰图案的背心不正是在《摘星》MV 中出现过的那一件吗？在大碟外封套的两张照片上，Danny 的姿态一致，都是上身挺直、双手扶在桌上，唯一不同的是封面上的 Danny 表情平静，封底上 Danny 则是露齿微笑。同期拍摄的很多姿势、表情相近的照片也被分别用在了宣传广告以及记者招待会派发给媒体的文件夹上。2008 年 9 月 7 日，马来西亚的风云工作室为了纪念 Danny 诞辰五十周年，推出了《陈百强 我的故事 II》杂志，在封面和封底便使用了《一生何求》同期拍摄的照片：杂志封面与报纸广告上 Danny 表情平静的照片，仅有神态上的细微差别；杂志封底上是一张 Danny 笑的比大碟封底还要开心的照片。

　　《一生何求》黑胶对开的内封套上，Danny 外套了一件白色的衬衫，侧靠在床边望向他方，同样深黑色的背景上用绿色的字体印上了 Danny 书写的"文案"。华语乐坛中的"文案"一词来源于八十年代以滚石、飞碟唱片为代表的台湾唱片公司出品的唱片内刊载的宣传文字，大部分由唱片企宣撰写，少量由歌手本人书写，内容以表现歌手的心情、思想，介绍歌手的历史、特点为主。陈乐融为王杰撰写的"昨日的浪子、今日的巨星、明日的传奇"就是台湾乐坛最经典的文案之一。香港唱片公司没有企宣这个岗位，港产唱片内历来也没有刊载"文案"的习惯。在 Danny 的大碟中偶有出现的"文案"都是 Danny 亲笔撰写的，有长有短：Danny 在《陈百强与你几分钟的约会》中用英文写过感谢语；在《偏偏喜欢你》中用一句话来表达他的理念："不刻意追寻灿烂与无尽的爱 只盼珍惜那完美的一刹永恒"；在《无声胜有声》大碟的封底上，用手写体印上了 Danny 写下的英文："maybe, maybe baby, i can learn to love! "；Danny 在《梦里人》大碟中撰写了最长、内容最丰富的一篇"文案"，既有他的人生理念，也有对于词曲作者和其他工作人员的感谢。在《一生何求》这张有着重要纪念意义的大碟中，Danny 再次写下了一段真情流露的"文案"并以亲笔手迹的形式印在黑胶版对开的内封套以及卡带版的歌词页上（CD 版中未收录这段话）：

这已是我音乐生命中的第十个年头，其中我经过欢呼、沉默、苦涩、或快乐、冷或暖，一切一切……
有些也许已忘掉，有些却仍刻骨铭心。

今天，重返华纳唱片公司，倾力制作出这张我心
爱的大碟，印证了自己更趋成熟的音乐风格，而在这
一刻，深知有您热情的支持，我，一生何求？！

在唱片宣传海报上则印着如下这段话：

重投华纳唱片公司，为我带来很多感受。不同的
冷暖滋味，瞬间都涌上心头。我的最新个人唱片，记
录了此刻我的情感波动，诚意希望你也能分享。

除了在大碟发行前已经先期推出的第一主打歌《一生
何求》，华纳选择派台的第二主打是动感快歌 "Hot Night"。
之前的默契合作 ①，使得 Danny 决定让杜自持与他共同监
制《一生何求》大碟中的两首歌，一首是大碟最末一首的

① 陈百强与杜自持的合作经历，详见本书正文第八章《最深刻的记忆》。

改编歌《奢侈》①，另一首就是排在大碟第一首的由杜自持作曲并编曲的快歌"Hot Night"。杜自持与 Danny 一样都很喜爱重节奏感的黑人舞曲，他在 1988 年已为 Danny 创作过一首《超越分界线》，"Hot Night" 比前者更加动听，不仅速度更快、力度更加强劲、旋律也更加流畅，配上林振强所写的冲劲十足的歌词，令人随着前奏中的"One, two, three, Come on, Let's go!"的召唤便想要一跃而起、拍掌、扭动起来，间奏处的萨克斯独奏异常精彩，"Hot Night"也是 Danny 历年的众多快歌中出类拔萃的一首作品。"Hot Night"有两个版本的 MV。在第一版 MV 中，Danny 在黑暗的房间中找到了一个怀表，他按下按钮后穿越至一个神秘的场所；根据"月夜 如白热电网，灵魂 如炼狱火烫，你我 内心中的火舌，翻滚 在彼此的眼光"的歌词，画面中出现了铁丝网、烈火、锁链和面具人等在 Danny 之前的 MV 中不太可能出现的元素；MV 结束于 Danny 在遭遇危险时再次按下怀表按钮后消失逃脱的画面；Danny 身穿

---

① 本书正文已对《一生何求》大碟中的《背着良心的说话》(第十一章)、《谁是知己》(第五章)、《流浪者》(第七章)、《过去……永远都如此》(第十章)、《奢侈》(第七章) 有过详细介绍，本篇中不再赘述。

牛仔装在一个圆形大风扇前舞动手臂的照片也出现在"Hot Night"的白版碟封面上。白版碟有两版封面是很罕见的一件事，毕竟它的作用仅是在宣传期提供给电台DJ播放，过了宣传期也就失去了价值^①，但"Hot Night"偏偏就有两版白版碟，另一版的封面是Danny穿西装拿着话筒在舞台上唱歌的照片。与《一生何求》一样，"Hot Night"的另一版MV也出自"感情写真音乐特辑"（音乐在中间被删减了一部分），情节是身穿白衣的Danny从一个群魔乱舞的酒吧中拯救女主角，二人抢在圆形闸门关闭前从一众人等的追赶中顺利逃脱。"Hot Night"推出后成为劲歌金榜的冠军歌，Danny也曾在多个现场演唱"Hot Night"并开心地扭动身躯跳舞。在同年TVB播出的由李克勤与黄贯中饰演双胞胎主角的电视剧《淘气双子星》中，有一段由当时还未成名的郭富城饰演的东莞仔带领剧中的"东莞一族"舞蹈组合在天桥上热舞"Hot Night"的画面。

　　"Hot Night"和《奢侈》都是Danny非常喜爱的具有时

① 白版碟后来变成唱片爱好者的终极收藏品之一，并不在唱片公司的考虑当中。

尚气息的先锋作品，遗憾的是，当 1990 年内地引进发行《一生何求》大碟时 ① 将这两首歌分别换成了《深爱着你》和《我和你》。此前内地曾以进口版的形式发行过 Danny 在 DMI 时期的三张专辑，之后又以引进版形式推出过精选辑，《一生何求》是在内地以引进版形式发行的第一张 Danny 的新专辑。虽然对于任何一张专辑来说，换歌都是一个遗憾，尤其是对于身兼唱片监制的 Danny 来说，在每一张专辑中他都有统一而又独特的想要表达的概念以及希望传递给歌迷们的信息。不过需要承认的是，"Hot Night" 和《奢侈》对于当年绝大多数的内地歌迷来说是有些过于前卫的。试想如果当年是原版引进的话，抛开这两首歌的歌词是否能够过审的问题，仅从音乐的接受程度来讲，也一定会对当年听到这盘卡带的大多数歌迷产生不够完美的印象。而当年"中录"的编辑也的确很有水平，他们挑选了 Danny 此前在华纳推出的最佳专辑《深爱着你》中的两首旋律优美的日本改编歌来代替，《深爱着你》和《我和

---

① 　该引进版由华纳提供版权、中国录音录像出版总社出版，中国图书进出口总公司发行，发行了卡带和黑胶版。

你》一首一尾，让引进版的《一生何求》变成了以节奏舒缓的情歌为主、感情基调显得更加统一的一张专辑。虽然这两首歌的制作早于其他歌曲四年，但对于当年绝大多数听众手中的播放设备来说，是听不出其中录音质量的细微差别的，更何况《深爱着你》大碟的录音水准本来就优于《一生何求》大碟。

虽然换掉了"Hot Night"和《奢侈》，但在引进版《一生何求》专辑的歌词页中依然保留了原版中"A1/B5 CO-PRODUCED BY 杜自持"的内容，不过当年的内地听众能够听到的杜自持参与的歌曲只有一首——排在 A 面第 5 首的《冷暖风铃》。《冷暖风铃》的作曲人王正宇并不是职业音乐人，他的正职是律师，后来也成长为一位资深大律师，音乐创作只是他的爱好，因此作曲数量并不算多，最有名的一首是张国荣的《为你钟情》。王正宇只为 Danny 写过两首歌，而且风格迥异，第一首是摇滚风格的《孤清清》[①]，第二首就是曲调温柔的慢板作品《冷暖风铃》。《冷暖

---

① 《孤清清》，作词：向雪怀，编曲：杜自持，收录于 1988 年《神仙也移民》大碟，DMI。

风铃》的旋律西洋味道浓重，乍一听会以为是一首欧美填词歌。杜自持的编曲也颇为时尚，即使三十多年后听来也并不过时，贯穿全曲、时隐时现的萨克斯更是为整首作品凭添万种风情。卢永强填写的歌词采用对仗的笔法，借随风飘摆的风铃比喻男女之间变幻不定的感情——风铃可以用心收藏而变得平静，而一段接近尾声的感情却无法人为去左右——构思之巧妙，给人以极为深刻的印象。Danny演唱过的另一首由非职业音乐人创作亦在歌迷群体中深受好评的作品是《别话》①。《别话》的作者杨立门从小就喜欢唱歌，大学毕业前夕还曾报名参加歌唱比赛，但因为考上了公务员于是退赛。之后几十年，杨立门的事业发展得很顺利，级别最高达到过首长级甲一级政务官，是香港级别非常高的官员。从政之后，杨立门依然保持了对音乐的热爱，于是创作了《别话》报名参加香港作曲家和作词家协会举办的第一届 CASH 流行曲创作大赛。《别话》进入了决赛不过并没有获奖，但获得了华纳唱片的赏识、买了版

① 《别话》，作曲、作词：杨立门，编曲：杜自持，收录于1990年《等待您》大碟，WEA。

权，最终被 Danny 选中收录在《等待您》大碟当中。2015年，55 岁的杨立门从政府退休后选择出道成为歌手，并在个人专辑 Our Songs 中翻唱了这首他自己创作的《别话》，在同年举行的"好歌万年青"个唱上，杨立门也翻唱了多首 Danny 的经典作品。《别话》的旋律优美、歌词隽永，副歌的部分甚至还有些神似 Danny 的《等》，Danny 演绎这种风格的作品游刃有余。《别话》深得歌迷们的喜爱，是 Danny 的一首隐藏神曲。

《一生何求》大碟收录了十首歌曲，黑胶和卡带版的 A 面五首全是本地原创作品，B 面五首是改编歌，其中两首来自台湾音乐人的创作，另有一首日本作品和两首欧美作品。除了 B1 的《一生何求》以外，另一首台湾改编歌就是排在 B2 的《对不对》，这也是大碟的第三主打歌。八十年代末，香港乐坛改编的风向自欧美、日本之后又转向了中国台湾。随着经济的腾飞及"解严"释放的创作能量，台湾乐坛在八十年代中后期展现出强大的创作能力及人才储备的优势，佳作层出不穷。香港乐坛的掌门人发觉到这一点，纷纷为旗下歌手推出台湾改编歌，在第十一届（1988年）十大中文金曲颁奖礼上，不仅有《祝福》（原曲：姜育恒《驿动的心》，1987）、《无需要太多》(原曲：马兆骏《我要的不多》，1987）两首台湾改编歌拿到了年度十大金曲，齐秦的《大约在冬季》还成为了继苏芮的《酒干倘卖无》之后时隔四年再次拿到十大中文金曲的国语歌，《祝福》还拿到了 1988 年度十大劲歌金曲及金曲金奖。Danny 也敏锐地察觉到了这种潮流，除了《一生何求》之外，还挑选了另一位出色的台湾创作歌手的作品进行改编，原曲是收录在伍思凯 1988 年首张个人专辑《爱要怎么说》中的《最好不要再想我》①。自《深爱着你》大碟开始为 Danny 填词的潘源良虽然与 Danny 合作日久，却大多是一年一首，但每首必是精品，《对不对》亦是如此。潘源良似乎是要呼应"二潘"的另一"潘"潘伟源所填的《一生何求》，也写出了一首哲理式的歌词，"假使所得的必失去 我也会珍惜当时 永久心中记取"，只不过他笔下是对于爱情的反思"原来情爱 只得一句：不愿或情愿"。陈志康与袁卓繁合作的重新编曲，让《对不对》展现出与略显平淡的《最好不要再想

① 《最好不要再想我》由伍思凯作曲、宋天豪填词。首版《一生何求》唱片内页中错将《对不对》的作曲人写作：曹俊鸿 / 黄大军，2002 年发行的 DSD 版 CD 及 2012 年发行的再版黑胶更正为：伍思凯 / 宋天豪。

我》完全不同的气势，旋律如此流畅且大开大合的作品令
人联想起 Danny 自己作曲的《盼望的缘分》，间奏中原创
的电吉他 solo 听得人如痴如醉。对比 Danny 与伍思凯的
演唱，能够让人再一次深刻领会到对于一首作品的掌控的
确是有成熟与稚嫩的区别，哪怕这首歌是由歌手自己创作
的。当年刚刚出道的伍思凯没能让《最好不要再想我》在
台湾乐坛产生太大的反响，Danny 在《对不对》中的演绎
让这首作品焕发出全新的光彩。《对不对》是包括笔者在内
的很多歌迷心中大碟内仅次于《一生何求》的最佳作品。
这次成功的尝试让 Danny 在下一张大碟中再次将伍思凯
作曲并演唱的《整个世界的寂寞》改编成了《关闭心灵》[①]。
Danny 只演唱过四首台湾音乐人创作的作品，除了上文提
到的三首歌，另一首是收录于《等待您》大碟中的《空气中
等你》，这首歌的原版是由孙崇伟包办词曲的国语歌《想
你在风中》，不过 Danny 的粤语版发表在先，国语原版直
到 1991 年才在苏芮的《停在我心里的温柔》专辑中发表。

---

① 《关闭心灵》，作词：潘源良，编曲：杜自持，收录于 1990 年《等
待您》大碟，WEA。

《想你在风中》的第一句歌词是"我在风中等你",梁伟文将其改成了意境更为梦幻的"空气中等你",苏德华在前奏和间奏中弹奏的木吉他 solo 极为动听,整首作品氛围优雅而又浪漫。《空气中等你》是《等待您》大碟中唯一一首表现"等待"意向的作品,也可以算是这张大碟的标题歌。

《一生何求》大碟中,另一首深受歌迷喜爱的作品是排在 A 面第 2 首的《心碎路口》。黎小田只为 Danny 写过两首歌,除了《烟雨凄迷》,另一首就是《心碎路口》,依然是一段哀怨的旋律,但相比《烟雨凄迷》感觉上更接近徐日勤作曲的《从今以后》。黎小田的编曲画面感十足,令听者仿佛身处潮湿昏暗的雨后街头,与主人公一起感受到情伤者内心的冰冷;间奏的编排极为精彩,有如内心中被压抑的情感不断向上翻涌,这一段已超脱普通流行歌的范畴,有氛围音乐之感。陈少琪日后在华语乐坛的地位颇高,但他与 Danny 的合作仅有一首半。以八十年代中后期香港"四大乐队 / 组合填词人"① 之一的身份踏入乐坛的陈

① 因葵、陈少琪、梁伟文、刘卓辉,他们均是以为八十年代中后期兴起的"第三代乐队潮"中的乐队或组合填词而成名。

少琪，此前只与俞诤一起为 Danny 填过《梦呓》。或许是合作对象在宝丽金旗下的缘故，陈少琪没有能够与 Danny 展开更多的合作。这"四大填词人"中，也仅有刘卓辉没有为 Danny 填过词。陈少琪在《心碎路口》中用意识流的笔法，写出了一段令人痛彻肺腑的歌词。"但我冷笑街灯太天真"——如果你全情投入地爱过、深深地痛过，一定能够理解陈少琪想要表达的意象。Danny 演唱时并没有用足全部的力道，但表现力上却拿到满分，"说我不幸！"处的鼻音哼鸣令人印象极为深刻。恰如其分的情感拿捏，正是 Danny 在演绎每一首作品时都能够如此打动听众的原因。《心碎路口》比《从今以后》更有撼动人心的气势，遗憾的是唱片公司并没有将《心碎路口》选做主打歌派台，因此没有在乐坛引发太多的关注，属于《一生何求》大碟中的遗珠之作。

《一生何求》大碟推出后，不负众望，发行仅仅七天销量就达到了双白金，在 1990 年 6 月 17 日举行的第十二届金唱片颁奖典礼上获得了白金唱片奖。《一生何求》大碟打破了当年马来西亚所有香港唱片的销量纪录，"《一生何求》买到要抢"在吉隆坡成为了行业内的口头禅。与 Danny 在 1986 年加盟 DMI 时，华纳和 EMI 纷纷推出 Danny 的精选辑一样，《一生何求》大碟推出后，DMI 亦乘势推出有针对性的《我的所有》和《我的所有 II》精选，标题自然是来自于《一生何求》中的歌词"没料到我所失的　竟已是我的所有"。其中令人最为意外的是在《我的所有 II》中居然收录了《一生何求》的演奏版，封面上也打出了"陈百强与你感情到老·一生何求"的宣传语，在歌词页上还印上了《一生何求》的歌词，不清楚版权问题是如何解决的。香港作曲及作词家协会于 1989 年颁发《一生何求》为电台最多播放（改编流行作品）及电视台最多播放（改编流行作品）。1990 年 1 月，《一生何求》先后入选第十二届十大中文金曲及 1989 年度十大劲歌金曲，这也是 Danny 继《烟雨凄迷》之后的第二首"双十大"金曲，潘伟源还在十大劲歌金曲颁奖礼上获得了最佳填词奖。虽然获得殊荣，但在潘伟源看来，还是留下了一个遗憾。由于前一年他为叶蒨文填词的《祝福》在第十一届十大中文金曲颁奖礼上拿到了最佳中文（流行）歌词奖，按照当时的规定，前一年拿了奖第二年就不能获得提名，所以《一生何求》没有能够获得十大中文金曲奖的最佳歌词奖。虽然歌词含义与《义不容情》的剧情、立意尤其是片头剪辑的画面极为契合，但潘伟源在创作《一生何求》的歌词时完全只是为 Danny 量身定作而已。无论是当年因为追剧而爱上《一生何求》的观众，还是后来将《一生何求》与 Danny 的故事绑定在一起去理解的听众，一代又一代、不计其数的人们在不同的年代因为各自不同的原因喜爱上《一生何求》，而且一遍又一遍地传唱下去，不断为《一生何求》赋予更新、更深刻的理解。多年后，当提到这一点时，潘伟源非常激动，面对镜头他一度哽咽，只能想到用"神来之笔"总结自己在多年前的创作。令人非常遗憾的是，华纳当年却并没有利用好《一生何求》的热度为 Danny 再创事业的巅峰。在当年香港的一线及准一线歌手普遍在一年内至少推出两张大碟的时代背景下——DMI 在 1988 年便为 Danny 发行过三张新碟——华纳并没有在 1989 年内再次为 Danny 推出新碟，而是直到 1990 年 1 月才发行了《等待您》大碟，在 1990 年内也只为 Danny 推出了这一张新碟和仅有一首新歌的《陈百强 90 浪漫心曲经典》新歌＋精选大碟，白白浪费了《一生何求》如此高的热度，使得 Danny 连续多年获得大奖的势头被打断。华纳在 1990 年内也并没有为 Danny 安排什么可以巩固人气和维持热度的工作，直到 1991 年才第一次在一年内为 Danny 推出了两张全新大碟 *Love in L.A.* 和《只因爱你》，但此时《一生何求》的热度早已过去，虽然这两张大碟中的众多好歌让 Danny 再次获得业界和歌迷的广泛肯定，但此时的香港乐坛已是一众新人的天下。

Danny 去世后，人们不约而同将《一生何求》作为怀念 Danny 时最常用的 BGM，并将《一生何求》与 Danny 的人生联系在一起，慨叹他的命运，也引发一代又一代的人们对于人生和命运这个永恒命题不断的、更加深入的思考。Danny 去世一周年之际，华纳推出的《紫色的回忆》致敬合辑中的第一首歌就是群星合唱《一生何求》，由苏德华重新编排了大气、磅礴的音乐，华纳旗下的诸位歌手[①] 共同演绎，MV 中亦有不少 Danny 的珍贵历史画面。1994 年 10 月举办的《陈百强金曲纪念演唱会》上，黄柏

---

① 按照开唱的顺序依次为：叶蒨文、刘德华、郭富城、钟镇涛、苏有朋、黎姿、吕方、吴奇隆、黎瑞莲、张卫健、马浚伟。

高亲自将代表永恒的《紫色的回忆》"金CD"赠给了陈爸爸，演唱会也在《一生何求》的歌声中结束。三十多年来，亦有无数影视剧用《一生何求》作为主题曲或插曲。《一生何求》的意义远远超越了当年推出时作为电视剧主题歌及排行榜金曲的属性，而成为一个时代的符号以及全体华人心中的共同记忆。《一生何求》是华人世界永恒不朽的经典金曲。

由于《一生何求》过于经典，对于很多人尤其是非粤语地区的听众来说，《一生何求》就是Danny的代名词，而在推出这首歌几年后Danny便英年早逝，也让很多人在将Danny与《一生何求》"强关联"之后，对于Danny去世的原因产生了一些误解，滋生了一些谣言，本书有必要在此进行解释并辟谣。《一生何求》悲伤的曲调、Danny不顺利的情感经历以及在1990年后未再获得乐坛大奖，让很多人将这些事情联系在一起误以为Danny陷入昏迷是服药自杀。事实上，Danny的昏迷系误以酒送药所致。因Danny独居，所以家人发现时已过去几小时的时间，在联系家庭医生未果后再送医院救治，客观上对病情有所延误。到医院时，Danny的身体情况已经极为危急，虽暂时抢救了过来，但始终未再苏醒。另一方面，Danny 虽然在八十年代中后期经历过心情的低落期，但在 1991 年时已调整了心绪，重新做回一个开心、积极的人。他在 1992 年也一直在乐观地推动告别歌坛的事宜，并充满期待地谋划新的事业。事发前几小时，Danny 还与陈家瑛等人通过电话，据当事人回忆，Danny 的情绪完全没有问题，一切只是一个意外。另一个 Danny 有艾滋病的谣言则是自 "85 事件" 时已有。Danny 昏迷入院后，医院在验血时做了检测，结果为 Danny 没有艾滋病，为 Danny 证明了清白之身。Danny 去世后，又有恶人生造出 Danny 吸毒的谣言。Danny 在世时虽未做过毒品检测，但从他的状态和身体特征与吸毒者毫无相似之处即可轻易证明此谣言纯属无稽之谈。

本书是内地正式出版的第一本关于 Danny 的专著，因此也有必要在这里提及《一生何求》对于内地听众的特殊意义。随着八十年代电视机逐渐在内地家庭普及，到 1990 年时内地的观众们已经陆续看过不少香港的电视剧，亦有几首著名的电视剧歌曲在内地流传甚广，比如《上海滩》①《大侠霍元甲》②《万水千山总是情》③，但这几首歌因为出品年代、曲式风格以及配合电视剧反映的民国时代背景等因素，虽然经典，但在八十年代末听来已经有古旧感，像是上一个时代的产物。而在内地播放的几部香港时装剧，例如《流氓大亨》《法网柔情》又没有很对内地观众胃口的主题歌。当1990年《义不容情》陆续在内地各个地方电视台开始播放时，无数观众被其中曲折、扣人心弦的剧情所深深吸引，而在他们接触到剧情之前，首先听到的就是在片头播放的与内容丰富的画面配合紧密的《一生何求》。虽然绝大多数内地观众听不懂粤语发音，但字幕帮助他们理解了歌词的含义，这首旋律优美的作品得到了无数内地观众的喜爱，也让人们记住了演唱者的名字——陈百强。因为获取信息的不同步，内地听众没有能够同步接触到 Danny 巅峰时期（1983—1985）的作品。而当八十

① 《上海滩》，顾嘉辉作曲，黄霑作词，叶丽仪演唱，1980年无线电视连续剧《上海滩》主题歌。
② 《大侠霍元甲》，黎小田作曲，卢国沾作词，叶振棠演唱，1981年丽的电视连续剧《大侠霍元甲》主题歌。
③ 《万水千山总是情》，顾嘉辉作曲，邓伟雄作词，汪明荃演唱，1982年无线电视连续剧《万水千山总是情》主题歌。

年代中后期内地开始以进口版的形式发行香港出品的卡带时——内地最早发行的 Danny 的专辑为 1987—1988 年的《梦里人》《神仙也移民》《无声胜有声》的进口版卡带，进口版卡带过高的价格，大概也只有北京、上海这样经济发达的城市才有很多人买得起；而 Danny 在 DMI 时期多元化、对于香港听众来讲都很前卫的音乐风格，在还处于恶补流行音乐课程阶段的内地听众听来就更不那么容易被接受了。这些因素都使得 Danny 并没有很快获得内地听众的普遍认可。直到《一生何求》随着《义不容情》在内地热播，Danny 才真正"红"了起来，内地听众们也终于有了 Danny 的第一张引进版专辑《一生何求》[①]。由于当时内地没有具参考价值的唱片销量统计（现在也没有），无从了解引进版《一生何求》的销量，但从如今二手市场上无论是卡带还是黑胶存世量都很多这一情况来看，当年的销量一定是极高的。[②]《一生何求》是很多内地听众记住的第一

---

① 内地的第一张引进版陈百强卡带是《我的所有》精选，与香港版的《我的所有》封面及曲目均不同。
② 借用本书策划人墨墨的描述，"可能当年上海每个家庭都有一盘《一生何求》"。

首粤语歌，也是 Danny 在内地最著名的作品。当人们之后陆续从各种渠道听到《偏偏喜欢你》后，这两首经典金曲也就成了 Danny 在内地（尤其是北方地区）传唱度最高的作品。

与《一生何求》一起被比内地观众记住的还有一个名字——温兆伦。温兆伦自 1982 年进入香港演艺圈，先后做过电视节目主持人、电台 DJ、歌手、演员，多年的奋斗让他小有名气，但始终没有大火。出演《义不容情》让温兆伦一跃成为 TVB 一线演员，之后陆续主演了为他量身定做的《我本善良》（1990）以及《今生无悔》（1991）、《灰网》（1991）、《火玫瑰》（1992）等剧，这几部电视剧也都被引进播放，使得温兆伦成为了九十年代初在内地最受欢迎的香港男演员之一。2023 年底热播的电视剧《繁花》第三集中有一段剧情是温兆伦莅临至真园开业仪式，剧中其出场时引发的轰动效应以及路人的一句"最大的明星总归要最后出场的"的台词，充分展现出了温兆伦当年在内地的受欢迎程度，他出场时的 BGM 也正是他的名曲《随缘》的前奏。^① 演员事业的火爆，也助力了温兆伦歌唱事业的发展，他在 1990 年推出了时隔三年的新大碟《没有你之后》，大碟标题歌也让他第一次有作品入选劲歌金曲季选（1990 年劲歌金曲第三季季选）并有了第二首排行榜冠军歌（第一首为 1987 年的《恋爱故事》）。之后四年，他在香港推出了多张大碟，但最好成绩也只是入选劲歌金曲季选，从未拿到过乐坛大奖，这与他签约的是从制作到宣传都明显落后于时代的香港娱乐唱片有很大的关系。1994年，温兆伦主演的 TVB 电视剧《第三类法庭》开播，潘伟源填词的主题歌《我得到什么》，立意堪称《一生何求》的续集，同年发行的《我得到什么》大碟也是温兆伦在香港推出的最后一张粤语大碟^②。之后，温兆伦将事业重心转移至台湾，而对于他的歌手生涯来说，1992 年至 1997 年在台湾飞碟唱片旗下推出的七张国语专辑显然成绩更好；但随着飞碟厂牌的消失，温兆伦再没有推出过新专辑。他在世纪之交时将事业重心转至内地并全力以演员身份发展至

① 该剧中，播放了由曾比特翻唱的《一生何求》以及温兆伦原唱的《随缘》。
② 1999 年的粤语专辑《天降奇缘》仅在内地发行。

今。对于温兆伦来说，一件很尴尬的事是他虽然推出过国、粤语共十几张专辑，但他自己首唱的歌曲中却罕有如今依然能够带给观众强烈共鸣的作品，而且他作为演员显然要比歌手成功，相比他的音乐作品，人们对于他塑造的银幕形象印象更加深刻，其中，除了《我本善良》的齐浩南以外，最经典的莫过于《义不容情》的丁有康了。温兆伦用他出色的演技将这个为了自己的利益把女友推下火车、活埋养母、气死妻子、毒死侄子的大奸大恶之人演到令每个观众都恨之入骨，以至于他当年不仅走在路上被老太太骂，回到家里连家人也不给他好脸色，丁有康成为香港电视剧历史上最深入人心的反派角色。娱乐唱片在当年也拿到了《一生何求》的版权和原版伴奏，并为温兆伦灌录过一版《一生何求》，不过并没有收录在他的大碟中，而是制作了一部 MV 以供播放。当温兆伦近年来在内地参加商演或出席晚会时，他选择演唱的大多都是《一生何求》。他一次又一次的演唱也将《一生何求》这首经典的歌曲介绍给了不了解那段历史的新一代听众和观众，许多大型晚会也都会重新制作编曲，让《一生何求》不断焕发新的生命力。虽然已近六旬的温兆伦的嗓音早已失去了巅峰期时清亮的光彩，他用自己的方式演绎出的也与 Danny 的版本是不同的味道，但相比三十多年来数不清的其他翻唱者，在 Danny 离开这个世界之后，作为《义不容情》中最被人铭记的那个名字——温兆伦或许正是《一生何求》最适合的传承人了。

我是谁

每个疲倦的深夜

默默对自己疑问

我是谁

每个清醒的早晨

角色该怎么扮演

我有很多角色——家庭中的儿子、丈夫、父亲，职场中的下属、同事、师傅——这些角色都不是我主动去创造的，是因我的社会属性而逐个产生的。只有一个角色是完全根据我的意志凭空塑造出来的——蛋泥儿君。"我是蛋泥儿君，英文名 Danny，源自我的偶像陈百强，Danny

Chan，我是 Danny Chang。在注册主播名时，发现 Danny 实在是太多了，所以叫蛋泥儿君，方便识别。"这是在我参与写作的第一本书中，对自己的介绍。"蛋泥儿君"由一个乐迷幻化而来，当有机会成为一名写作者时，要写的也一定是一本属于乐迷的书。所以在本书中，我不仅写了 Danny，还写到了 Danny 活跃的那个时代的很多人。我希望读者从本书中看到的不是一个孤立的个体 Danny，而是香港流行音乐那个最为辉煌的年代的群像，只有这样才能够明白 Danny 的音乐是如何创作出来的以及为什么会创作出这样的音乐，也最终才能真切认识到 Danny 的音乐对于那个时代以及后世真正的价值是什么。一本乐迷的书聚焦的重点必然是音乐，"在音乐言音乐"是我做节目和写书时的宗旨，所以想从本书中看到关于 Danny 的其他热议话题的读者可能要失望了。

当我在十几年前开始阅读关于香港流行音乐的书籍和文章时，发现大多数内容是关于歌词和填词人的，而少有人去写对于流行音乐来讲最重要的作曲和编曲人，能够自己写书的也都是填词人。事实是，音乐工作的内容是很难用文字来准确呈现的，作曲、编曲或演奏的高手大多也不擅长撰写文字，即使擅长，音乐的灵感也通常无法用语言来描述——为什么这么弹，为什么用这种音色，更多时只是凭一种无法说清楚的感觉来判断。但我希望能够去弥补这一记叙上的空缺，所以当我开始主理"蛋泥儿音乐咖啡"时，便一直侧重介绍作曲、编曲人及乐手；在写作时，除了歌手是最重要的主角以外，我也希望能够让读者从我的书中多了解一些从其他书籍和文章中不太容易阅读到的关于幕后音乐人的故事。

> 我只是一个平凡人
>
> 现实和理想难以平衡

从定下选题到完成正文及附录的全部内容，已经过去了两年多的时间。虽然我很早便列好了提纲，但在写作过程中，随着搜集到的资料、许多想法在时光流逝中的改变，尤其是 2023 年围绕纪念 Danny 去世三十周年的一些活动和出版物，让我推翻了至少三分之一的原定计划，调整了很多大一部分写作的方向，某些部分甚至是在落笔前一刻才确定如何去写。有些原定要写的、甚至已经写了一部分的内容最终都没有收录在书中，比如很多我个人聆听Danny 音乐的故事。我希望本书的文字呈现出更加客观的形态，让非 Danny 的歌迷也能够接受并通过这本书去认识一个他们之前并不了解的 Danny。随着历年来对于 Danny的音乐作品更加深入的理解，我也一直在不断地修正、甚至推翻我此前的某些观点，包括在往年的"蛋泥儿音乐咖啡"节目中表述的不够准确或错误的细节。虽然交稿前我已经反复对本书修改、校对了三遍，但其中或许还存在着某些谬误，如果您发现了，欢迎批评指正，请在"蛋泥儿音乐咖啡"的微博或其他社交平台以及本书的豆瓣页面给我留言，在此衷心表示感谢！

对于我来讲，理想是能够有更多完整、安静的空间来写作，但现实则是没有尽头的工作与忙碌，追求平衡的方式只能是尽量利用好碎片化的时间，记录下每一刻脑中迸发的灵感，最终再理清思路、将所有的只言片语拼接在一起。我也在毫不放松的赶稿中度过了自己的四十岁生日，那是充实而有意义的一天。在此，我要感谢家人的支持，没有你们的支持，我是不可能完成这本书的。此外，我还要感谢 YY 一直以来对我的支持，平子酱不厌其烦的粤语翻译，djjackle、Ben 的细节交流，豆芽儿和很多歌迷朋友对我的鼓励和期待，当然还有策划人墨墨老师的信任与提点以及责任编辑胡远行老师的耐心等待和辛苦工作。

　　但是我的心仍有些空间

　　保留给最初坚持的信念

　　我相信会有这一天

　　有骄傲的容颜

　　几十年来，香港、马来西亚发行过数本关于 Danny 的书籍、画册或写真集，但内地却从未出版过专题介绍 Danny 的图书。《陈百强：深爱着你》将是第一本由内地人书写、在内地正式出版的关于 Danny 的专著，其中不同于其他地区写作者的角度与观点，对于 Danny 的影响力的宏观叙事一定会是有益的补充。这本书最初是以在 Danny 去世三十周年时推出为目标创作的，正式出版时大概已临近《深爱着你》大碟发行四十周年。若是我的文字能够让老歌迷重拾一些被忽略的涟漪，让新歌迷进一步深入理解 Danny 的音乐，让非 Danny 的歌迷认识到 Danny 音乐的精彩，从而爱上 Danny 和他的音乐，那将是我最大的骄傲。我在写作中也愈发感觉到：音乐是人类创造出的最美好的事物。音乐及书的存在意义与其他事物之间最大的不同是，除了能够与同时代的人一起分享与感受，还可以传承给后辈或后代。尤其是音乐，在承继经典的同时，更加需要一代又一代的年轻人创造出新的音乐来，让我们在不同世代的聆听与对比中，找寻到前一代人存在的意义。希望本书能够带读者重回属于 Danny 的光辉岁月，让更多的人系统地了解他的艺术人生，若有人因此启发出新的创作灵感，这本书的意义便不仅限于回顾历史，还面向了未来。

本书正文及附录全部交稿时已是 2024 年 9 月 1 日。我用五天时间制作了《百强'84》大碟的四十周年纪念节目，赶在 Danny 的生日即将到来前上线。我也在写作这篇《后记》中度过了原本应该是 Danny "66 大寿" 的这一天。对于我来说，《陈百强：深爱着你》并不是终点，而是一个新的起点。之后，我依然会在每年的 9 月 7 日和 10 月 25 日继续制作 Danny 的大碟赏析专题节目，用我的方式、尽我所能，来纪念我的偶像，推广他的音乐。

写作本书第十一章的某一天，睡梦中依然在遣词造句的我，在凌晨四点多被浮现于脑中的一段旋律惊醒，第一句不完整的歌词还是对照着《如果没有你》的意境唱出的。黑暗中的我既怕会忘掉旋律又怕会吵醒家人，于是一边反复在心中默唱着，一边摸到手机、用钢琴软件小声弹着录了下来。或许，正是心中对于 Danny 那如燕盘旋而来的思念，才让我在凌晨四点多醒来，记下了这一段只有副歌的旋律。在此，我要把她献给 Danny，也为整本书画上一个休止符。希望有一天我能完成这首歌，在将军澳唱给 Danny 听！

2024 年 9 月 7 日 于天津

for Danny Chan

composed by Danny Chang
28 Feb,2024

一本书打开一个世界

欢迎订购、合作
订购电话：0571-85153371
服务热线：0571-85152727

KEY-可以文化　　浙江文艺出版社　　京东自营店

关注 KEY- 可以文化、浙江文艺出版社公众号，
及浙江文艺出版社京东自营店，随时获取最新图书资讯，
享受最优购书福利以及意想不到的作家惊喜